AF792249

Hanno Rauterberg bietet Orientierung: Er zeigt, nach welchen Kriterien sich Gegenwartskunst beurteilen lässt. Er durchleuchtet das Machtgeflecht des Kunstmarkts. Er benennt die zehn populärsten Irrtümer der Gegenwartskunst. Und er weist Wege aus der Qualitätskrise der Kunst. Ein fulminantes Plädoyer für eine neue ästhetische Wertedebatte.

Hanno Rauterberg, geboren 1967, ist seit 1998 Kunst- und Architekturkritiker im Feuilleton der ZEIT. Seine Doktorarbeit schrieb er über den legendärsten Geschmacksstreit der Kunstgeschichte, die Konkurrenzreliefs in Florenz von 1402. Nach der Promotion absolvierte er die Henri-Nannen-Journalistenschule in Hamburg.

Unsere Adressen im Internet: www.fischerverlage.de
www.hochschule.fischerverlage.de

HANNO
RAUTERBERG

UND DAS IST KUNST?!

EINE QUALITÄTS-PRÜFUNG

FISCHER
TASCHENBUCH
VERLAG

FSC
www.fsc.org
MIX
Papier aus verantwortungsvollen Quellen
FSC® C083411

2. Auflage: März 2011

Ungekürzte Ausgabe
Veröffentlicht im Fischer Taschenbuch Verlag,
einem Unternehmen der S. Fischer Verlag GmbH,
Frankfurt am Main, November 2008

Lizenzausgabe mit freundlicher Genehmigung der
S. Fischer Verlag GmbH, Frankfurt am Main
© 2007 S. Fischer Verlag GmbH, Frankfurt am Main
Alle Rechte vorbehalten
Druck und Bindung: CPI – Clausen & Bosse, Leck
Printed in Germany
ISBN 978-3-596-17728-8

INHALT

Einleitung
Masse statt Klasse: Die Kunst wird zur Erfolgsgeschichte 9

I Wie die neue Macht des Marktes die Kunst verändert 21

1. Im Kaufrausch: Die Messen als Emotionsmaschinen 22
2. Auf den Auktionen wird der Geldwert zum Kunstwert 33
3. Galeristen entfesseln den Markt – und beschränken ihn 38
4. Über die Suche und die Sucht der Großsammler 40
5. Warum aus den Museen Marktplätze werden 52
6. Wie den Kritikern die Kriterien abhanden kamen 70
7. Der befreite Markt und die neue Unfreiheit der Künstler 75

II Die 10 populärsten Irrtümer der Gegenwartskunst 89

Irrtum Nr. 1: Gute Kunst kennt keine Kriterien 89
Irrtum Nr. 2: Gute Kunst muss Neues bieten 95

Irrtum Nr. 3: Gute Kunst muss irritieren 102
Irrtum Nr. 4: Gute Kunst muss wahrhaftig sein 114
Irrtum Nr. 5: Gute Kunst braucht kein Handwerk 120
Irrtum Nr. 6: Gute Kunst muss sich verweigern 130
Irrtum Nr. 7: Alles kann gute Kunst sein 140
Irrtum Nr. 8: Gute Kunst hat es immer schwer 144
Irrtum Nr. 9: Gute Kunst muss kritisch sein 155
Irrtum Nr. 10: Gute Kunst braucht gute Ideen 163

III Wege aus der Qualitätskrise 175

Die Grundlagen: Über die Kunst des Unterscheidens 175
Qualitätvolles Sehen:
Was es heißt, ein Betrachter zu sein 175
Qualitätvolles Denken:
Warum aus Kunst so leicht Kitsch wird 187
Qualitätvolles Urteilen:
Weshalb Kunst eine Geschmackssache ist 192

Phase 1: Auf das Betrachten kommt es an!
Wie der Einzelne die Qualität der Kunst besser bestimmen kann – Eine Annäherung in fünf Schritten 196
1. Was sagt mir mein Kunstgefühl? 197
2. Finde ich Gefallen? 202
3. Wird mir die Kunst verständlich? 205
4. Was gibt mir die Kunst? 210
5. Auf ein Wiedersehen? 215

Phase 2: Auf das Bewerten kommt es an!
Wie sich gemeinsam besser über die Qualität der Kunst urteilen lässt – Eine Auseinandersetzung in fünf Kategorien 217
1. Witz komm raus – Kunst ist Vergnügen 221
2. Wahre Schrecken – Kunst wird gewaltsam 230
3. Verheile doch, du bist so schön – Kunst zum Wohlfühlen 237
4. Ungewohnt gewöhnlich – Kunst wird alltäglich 250
5. Stell dir vor – Kunst führt zu Erkenntnis 263

Anmerkungen 285
Danksagung 293
Bildnachweis 294
Namenregister 298

EINLEITUNG
MASSE STATT KLASSE: DIE KUNST WIRD ZUR ERFOLGSGESCHICHTE

Ein Anschlag, ohne Zweifel. Die Beretta 92 FS gezückt, acht Rohrbomben im Rucksack, das Messer griffbereit, so stürmt Michael Stone dem Parlament in Belfast entgegen. Schon mehrmals hat er gemordet, drei Menschen brachte er um, er war Mitglied der Ulster Freedom Fighters. Nun, am 19. Dezember 2006, schlägt er abermals zu, so hat es den Anschein. Die Wachmänner zögern nicht, sie stürzen sich auf ihn, ein kurzes Handgemenge, dann haben sie ihn überwältigt, er wird verhaftet. Kurze Zeit später jedoch lässt er verlautbaren, er sei in Wahrheit kein Terrorist, er sei Künstler. Er habe niemanden bedrohen wollen, das Ganze sei nur eine Performance gewesen. Das »unvollendet gebliebene Werk« trage den Titel »Sag niemals nie« und solle »die Sinnlosigkeit politisch motivierter Gewalt in einem politischen Vakuum entlarven«.[1]

Nur ein paar Jahrzehnte zuvor war es noch umgekehrt: Da wollten nicht Terroristen Künstler, sondern Künstler Terroristen sein. Manche träumten von »einem Dogma der absoluten Revolte, der totalen Unbotmäßigkeit, der obligatorischen Sabotage«, wie André Breton zum Beispiel, in seinem *Zweiten Manifest des Surrealismus*. Sein selbstherrlicher Aufruf zur Gewalt prägte sich vielen Künstlern ein: »Die einfachste surrealistische Handlung besteht darin, mit Revolvern in den Fäusten auf die Straße zu gehen und blindlings so viel wie möglich in die Menge zu schießen. Wer nicht wenigstens einmal im Leben Lust gehabt hat, auf diese Weise mit dem derzeit bestehenden elenden Prinzip der Erniedrigung und Verdummung aufzuräumen – der gehört eindeutig selbst in diese Menge und hat den Wanst ständig in Schusshöhe.«[2]

Kannte der Terroristenkünstler Michael Stone diese Worte des Künstlerterroristen André Breton? War der Franzose womöglich sein Vorbild? Als Stone in den neunziger Jahren im Gefängnis saß, begann er mit dem Malen; nach seiner Begnadigung konnte er ein paar seiner Bilder verkaufen. Allerdings war er nie als Performance- oder Konzeptkünstler aufgefallen, und bei den Bomben in seinem Rucksack handelte es sich auch keineswegs um Attrappen. Nur wenig spricht dafür, dass er seinen Überfall tatsächlich als Kunstaktion plante. Vermutlich kam ihm erst im Nachhinein die Idee (manche meinen auch, die Idee kam seinem Anwalt), die Parlamentsattacke als eine Art ästhetische Intervention darzustellen.

Als Künstler würde man ihn nachsichtig behandeln, das war Stones Hoffnung. Denn Künstlern wird gestattet, was sonst niemandem gestattet ist. Sie werden dafür gelobt, dass sie Tabus brechen und Grenzen überschreiten, dass sie unberechenbar und kompromisslos sind, dass sie hochbrisante oder unverständliche Dinge veranstalten – und zumindest etwas von diesem Lob wollte Stone für sich reklamieren. Er hoffte auf Strafminderung, auf den Bonus der Kunst.

Zu Bretons Zeiten wäre dergleichen undenkbar gewesen. Die Künstler der Avantgarde begriffen sich als Aufwiegler und Umstürzler, als Feinde der trägen Massen. Und von der trägen Masse wurden sie oft genug auch so gesehen. Nicht mit Verständnis, sondern mit Unverständnis konnten die

Künstler rechnen, nicht mit Nachsicht, sondern mit zorniger Ablehnung. Noch in den 1970er Jahren wäre kein Attentäter auf die Idee gekommen, in die Künstlerrolle zu schlüpfen, niemand hätte sich von der Kunst eine strafmildernde Wirkung versprochen.

Heute ist der große Zorn verpufft, der Widerstreit befriedet. Binnen weniger Jahrzehnte sind aus den Feinden Freunde geworden, aus Avantgarde wurde Mainstream. Vorbei die Zeit der ewigen Opposition, die Künstler sind dort angekommen, wo sie immer hin wollten: mitten in der Gesellschaft. Selbst Frauenzeitschriften wie *Elle* oder *Vogue* berichten nun regelmäßig über die neuesten Szenestars, und die *Bild*-Zeitung steht ebenfalls nicht zurück. Früher diffamierte sie Künstler wie Jörg Immendorff als Schmieranten und Steuermittelverschwender. Im Jahr 2006 durfte Immendorff, der einstige Kunstrevoluzzer und Maoist, die so genannte Bild-Bibel illustrieren, 2,5 Kilo schwer, Goldprägung, limitierte Auflage: 105 000.

Ebenso rechnen heute Konzerne wie Aldi oder Ikea mit einer verstärkten Kunstnachfrage, sie bieten nicht länger nur die üblichen Poster oder andere Massenbilder. Zwischen Tiefkühlkost und Hundefutter wurden 2004 bei Aldi Süd zwei Werke von dem Documenta-Künstler Felix Droese angeboten, in einer Auflage von je 10 000 Stück.

Diesem Kunstboom vorausgegangen war ein Museumsboom, der in den 1980er Jahren begann und über zwanzig Jahre anhielt. Fast alle Groß- und Mittelstädte bauten sich neue, oftmals spektakuläre Kunsthäuser, kräftig wuchs auch die Zahl der Galerien. Heute wird überall Kunst gezeigt, ganz gleich ob in der Kneipe, beim Friseur oder in der Bahnhofshalle. Selbst auf der Zugspitze gibt es eine Ausstellungshalle, und die Tiefgarage von Siemens in München diente eben-

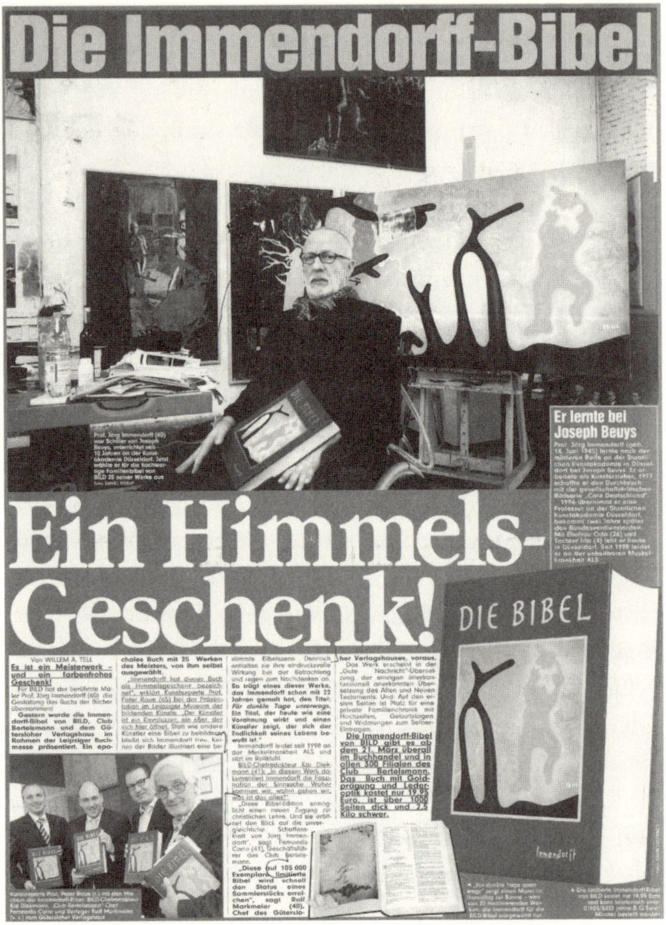

Die Immendorff-Bibel

Ein Himmels-Geschenk!

Von WILLEM A. TELL

Es ist ein Meisterwerk – und ein farbenfrohes Geschenk!

Für BILD hat der berühmte Maler Prof. Jörg Immendorff (60) die Gestaltung des Buchs der Bücher übernommen!

Gestern wurde die Immendorff-Bibel von BILD, Club Bertelsmann und dem Gütersloher Verlagshaus im Rahmen der Leipziger Buchmesse präsentiert. Ein epochales Buch mit 25 Werken des Meisters, von ihm selbst ausgewählt.

„Immendorff hat dieses Buch als Himmelsgeschenk bezeichnet", erklärt Kunstexperte Prof. Peter Raue (65) bei der Präsentation im Leipziger Museum der bildenden Künste. „Der Künstler ist ein Revoluzzer, ein éßer, der sich hier öffnet. Statt wie andere Künstler eine Bibel zu bebildern, bleibt sich Immendorff treu. Keines der Bilder illustriert eine bestimmte Bibelszene. Dennoch entfalten sie ihre eindrucksvolle Wirkung bei der Betrachtung und regen zum Nachdenken an. **So trägt eines dieser Werke, das Immendorff schon mit 22 Jahren gemalt hat, den Titel: *Für dunkle Tage unterwegs*. Ein Titel, der heute wie eine Vorahnung wirkt und einen Künstler zeigt, der sich der Endlichkeit seines Lebens bewußt ist."**

Immendorff leidet seit 1998 an der Muskelkrankheit ALS und sitzt im Rollstuhl.

BILD-Chefredakteur Kai Diekmann (41): „In diesem Werk dokumentiert Immendorff die Faszination der Sinnsuche. Woher kommen wir, wohin gehen wir, was ist das alles?"

„Diese Bibel-Edition ermöglicht einen neuen Zugang zur christlichen Lehre. Und sie eröffnet den Blick auf die unvergleichliche Schaffenskraft von Jörg Immendorff", sagt Fernando Carro (41), Geschäftsführer des Club Bertelsmann.

„Diese auf 105 000 Exemplare limitierte Bibel wird schnell den Status eines Sammlerstücks erreichen", sagt Ralf Markmeier (40), Chef des Gütersloher Verlagshauses, voraus.

Das Werk erscheint in der „Gute Nachricht"-Übersetzung, der einzigen interkonfessionell anerkannten Übersetzung des Alten und Neuen Testaments. Und: Auf den ersten Seiten ist Platz für eine private Familienchronik mit Hochzeiten, Geburtstagen und Widmungen zum Selber-Eintragen.

Die Immendorff-Bibel von BILD gibt es ab dem 21. März überall im Buchhandel und in allen 300 Filialen des Club Bertelsmann. Das Buch mit Goldprägung und Lederoptik kostet nur 19,95 Euro, ist über 1000 Seiten dick und 2,5 Kilo schwer.

Er lernte bei Joseph Beuys

Prof. Jörg Immendorff (geb. 14. Juni 1945) lernte nach der mittleren Reife an der Staatlichen Kunstakademie in Düsseldorf bei Joseph Beuys. Er arbeitete als Kunsterzieher, 1977 schaffte er den Durchbruch mit der gesellschaftskritischen Bilderserie „Café Deutschland".

1996 übernimmt er eine Professur an der Staatlichen Kunstakademie Düsseldorf, bekommt zwei Jahre später den Bundesverdienstorden. Mit Ehefrau Oda (26) und Tochter Ida (4) lebt er heute in Düsseldorf. Seit 1998 leidet er an der unheilbaren Muskelkrankheit ALS.

Jörg Immendorff und die Bild-Bibel

falls schon als Präsentationsraum für Bilder und Skulpturen. Heutzutage schmückt sich der Grafschafter Gewerbepark in Moers mit der »ersten freistehenden Videoskulptur Deutschlands«, entworfen vom Künstler Martin Mlecko. Und die Raiffeisen Central-Genossenschaft Nordwest eG in Münster hat ihre Getreidesilos in »eines der größten Flächenkunst-

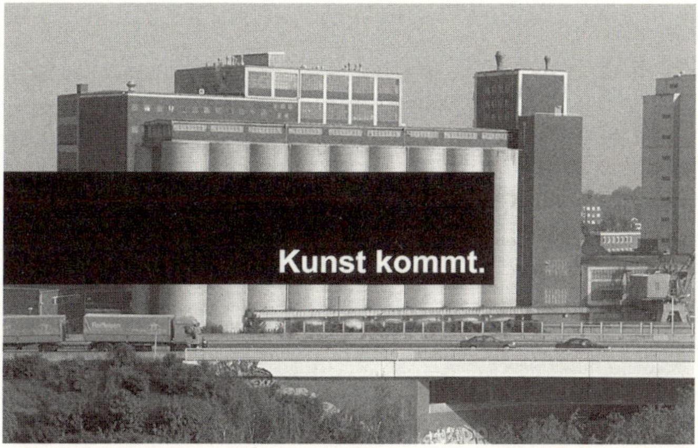

Werbung der Raiffeisen Central-Genossenschaft Nordwest eG in Münster

werke« verwandelt. Sie wirbt dafür unter dem Motto: »Landwirtschaft sucht Dialog durch moderne Kunst.«

Alles sucht heute Dialog, alles sucht Kunst. Jede zweite Ortschaft, jeder dritte Landstrich wird zum Skulpturenpark, und auch mittelständische Unternehmer wollen demonstrieren, wie ungemein aufgeschlossen, wagemutig und zukunftsfroh sie sind, und investieren in Bilder und Skulpturen.

Den Künstlern ist es recht. Sie profitieren vom anhaltenden Boom der Kunst, von ihrer Allgegenwart, und gern helfen sie mit, immer entlegenere Orte für ihre Installationen und Präsentationen zu erschließen. Charles Wilp ließ einige seiner Bilder mit einer Rakete ins All reisen; HA Schult präsentierte seine Müllfiguren im Salzstock von Gorleben, 880 Meter unter Tage; andere Künstler reisen ins ewige Eis. Luzius Ziermann zum Beispiel wollte dort eine acht Meter hohe Bronzeskulptur aufstellen, leider verstieß das gegen das Antarktis-Schutzabkommen und wurde untersagt. Dafür malte Marco Evaristti einen Eisberg vor Grönland bei minus 23 Grad rot an, mit 3000 Litern Spezialfarbe. Und Lutz Fritsch bescherte mit seiner Kunstaktion der Forschungsstation Neumayer in der Antarktis das »südlichste Lesesälchen der Welt«, einen Spezialcontainer mit 1000 Büchern, Kirschholzregalen und Ledersofa. Die Botschaft all dieser Expeditionen: Kunst ist alles, Kunst ist überall.

Einst galt sie als elitär und exklusiv, heute ist sie ein Massenphänomen. Die Umsatzraten, die Besucherzahlen, die Beliebtheitswerte sind hoch wie nie – das Glück ist in der Kunst und die Kunst im Glück. Nur scheint erstaunlicherweise kaum jemand das neue Glück genießen zu können.

Unverhohlen äußern viele ihre Unzufriedenheit, ihr Misstrauen, ihren Ärger. Selbst jene, die am meisten von der wachsenden Nachfrage profitieren, sind besorgt. Ein »bisschen weniger Dekadenz und durchgeknallte gute Laune« wünscht sich zum Beispiel der überaus erfolgreiche Galerist Tim Neuger aus Berlin. Sein nicht minder erfolgreicher Kollege Bruno Brunnet, ebenfalls aus Berlin, findet: »Es kann so nicht weitergehen. Wir rutschen ab in die Unterhaltungsindustrie. Es fehlt am intellektuellen Unterfutter.« Und Gérard Goodrow, der die Art Cologne in Köln leitet, die größte deutsche Kunstmesse, stimmt ein: »Dieser Boom, den wir erleben, ist gefährlich. Da geht es nur noch um die Oberflächen, und für Vertiefung bleibt keine Zeit.«[3] Sogar Mitarbeiter großer Auktionshäuser, etwa Michaela Neumeister, Seniorpartnerin bei Philipps de Pury, betrachten den Erfolg der Kunst mit Unbehagen: »Wenn ich von einer weiteren neuen Messe höre, bereitet mir das fast physische Schmerzen. Als ich das letzte Mal auf die Art Cologne kam, spürte ich plötzlich einen schweren Kunstkater, es kam mir so vor, als würden die Gemälde alle ineinander fließen.«[4] Noch drastischer formuliert seinen Überdruss der Chefredakteur der *Kunstzeitung*, Karlheinz Schmid. Früher habe es eine Künstlerschaft gegeben, »die das

Neue suchte und nicht auf die Idee kam, sich zeitlebens, bewusst oder zufällig, aufs bequeme Zitieren zu beschränken … Heute dagegen dominieren die Weicheier, die Durchhänger, die bestenfalls so tun, als wollten sie die Welt erobern.«[5]

Alle kommen sie zu derselben paradoxen Diagnose: Je mehr Kunst es gibt, desto weniger Kunst gibt es. Der Erfolg erweist sich als Inflation, die ursprünglichen Werte der Kunst, ihre Besonderheiten, gehen verloren. Offenbar ist das der Preis für die allgemeine Anerkennung: eine allgemeine Aushöhlung. »Es gibt so viel schlechte Kunst auf dem Markt«, beklagt die bekannte Münchner Sammlerin Ingvild Goetz. 80 Prozent aller Werke, die angeboten werden, seien miserabel: »Nur Déjà-vu, altmodisch, langweilig, berührt niemanden mehr, macht dich nicht nervös, weckt keine Hassgefühle.«[6]

Nun sind solche kulturpessimistischen Diagnosen nicht unbedingt neu. Die Klagen über den Niedergang der Kunst, ihren Ausverkauf, sind mindestens so alt wie der Kunsthandel selbst. Schon 1797 beschwert sich Wilhelm Heinrich Wackenroder: »Bildersäle werden betrachtet als Jahrmärkte, wo man neue Waren im Vorübergehen beurteilt, lobt und verachtet.«[7] Allerdings ist die Kritik, die in jüngster Zeit vermehrt zu hören ist, ungewöhnlich breit und pauschal. Generalabrechnungen wie die von Ingvild Goetz waren in der Vergangenheit nur von Verächtern der Gegenwartskunst zu hören, nicht aber von ihren Händlern oder Sammlern. Wer noch vor zehn Jahren in Bausch und Bogen die meisten aktuellen Kunstwerke als minderwertig bezeichnet hätte, wer sich über die Phantasielosigkeit vieler Künstler, ihre Maß- und Grenzenlosigkeit lauthals beklagte, wurde oftmals als reaktionärer Spießer geächtet. Dieses eiserne Treuebündnis, das selbst Langweiliges und Seichtes vor Kritik in Schutz nahm, beginnt sich zu lösen.

Allerdings hat sich trotz aller Klagen eines bislang nicht einstellen wollen: eine offene, breit angelegte Debatte über die eigenen Grundlagen. Warum ist das meiste, was auf den Messen, in den Galerien und Museen gezeigt wird, von so schlechter Qualität? Wie eigentlich lässt sich das Schlechte beschreiben? Wie ließe sich umgekehrt das Gute definieren? Was sind die Kriterien der Kunst?

Diese Fragen nach den Maßstäben werden in aller Regel ausgeklammert. Wer mit Händlern, Sammlern, Künstlern spricht, hört zwar viele harsche Urteile. Sie machen sich lustig über »peinliche Arbeiten« und loben andere Kunstwerke wegen ihrer »Qualität«. Worin aber die Peinlichkeit besteht, was die Qualität ausmacht, wird meist nicht weiter erläutert. Das habe man einfach im Gespür, heißt es dann, man sei ja nicht zufällig Händler, Sammler, Künstler. Die eigenen Kriterien klar zu formulieren, ersparen sich viele.

Das mag an einer gewissen Bequemlichkeit liegen, doch gibt es auch historische Gründe. Lange Zeit galt es im 20. Jahrhundert als geradezu unstatthaft, die Maßstäbe der Kunstbewertung überhaupt zu erörtern. »Der Begriff des Kunstwerks impliziert den des Gelingens«, so hatte es der Philosoph Theodor W. Adorno verfügt. »Mißlungene Kunstwerke sind keine.«[8] In der Folge wurde bereits der Begriff Qualität »für viele Kunstkritiker fast ein Synonym für Konservatismus und Anachronismus«, sagt der Kunsthistoriker Lorand Heygy.[9] Ähnlich die Analyse des Theoretikers Boris Groys: Die Kunstkritik der letzten Jahrzehnte habe »alle denkbaren Wert- und Qualitätskriterien bekämpft und abgeschafft, die dazu verwendet werden könnten, ein Urteil über ein Kunstwerk zu begründen. Hinter allen diesen Kriterien wurden gesellschaftliche Machtstrukturen vermutet, deren Stabilisierung diese Kriterien letztendlich dienen sollen – wodurch all diese Kriterien unglaubwürdig wurden.«[10] So wundert es nicht weiter, dass auch in der Fachliteratur nur selten über Qualitätsmerkmale diskutiert wird. Das *Begriffslexikon zur zeitgenössischen Kunst*, herausgegeben von Hubertus Butin und erschienen bei DuMont, erörtert zwar Begriffe wie Fake, Fiveaway, Hybridität oder Ortsspezifität, der Kriterienfrage aber ist kein eigenes Stichwort vergönnt.

Doch nicht nur Kritiker scheuten die Beurteilung. Auch das Publikum lernte mit der Zeit, im Bannkreis der Kunst auf das reflektierende Bewerten zu verzichten. Noch heute stehen viele Besucher der Museen und Galerien fast sprachlos vor den ausgestellten Werken. Während sie sich über Bücher oder Kinofilme angeregt und weitschweifig zu unterhalten wissen und in vielen Gesprächen ganz selbstverständlich zu einer differenzierten, oft auch kontroversen Einschätzung der Lektüre oder des Films kommen, scheinen viele Menschen vor der Kunst zu verstummen. Ihre Kommentare beschränken sich oft auf ein »Gefällt mir ganz gut«, ein »Sagt mir nur wenig« oder das bewährte »Ist ja interessant«.

Unter der Überschrift »Find' ich auch – das schnelle Kunsturteil« machte sich die Zeitschrift *Art* in einer ihrer Ausgaben über diese Form der Maul- und Denkfaulheit lustig. Sie stellte eine Liste von Standardfloskeln zusammen: »Bemüht, gewollt, medioker, durch, geht gar nicht, platt, … prätentiös, überschätzt« lauteten die abwertenden Schnellurteile. Unter dem Vorzeichen Plus wurden aufgelistet: »subtil, bewegend, intensiv, spannend, … ambitioniert, scharf, visionär, ergreifend, präzise, komplex, zu Ende gedacht«.[11] Bereits in der darauf folgenden Ausgabe des Magazins wurde eine begeisterte Leserstimme abgedruckt: »Endlich hat mal jemand die ganzen Worthülsen aufgeschrieben, aus denen 90 Prozent des Geplauders auf Vernissagen besteht«, schrieb Frank

König aus Berlin. »Meine Erfahrung ist: Wenn man sich mit einem Urteil vorwagt, stimmt das Gegenüber meistens zu. Ich habe ... bei einer einzigen Eröffnung sämtliche Worte ausprobiert ... Und tatsächlich war die Antwort meistens: »›Find ich auch.‹«[12]

Woher rührt diese Sprach- und Überzeugungsarmut? Wie ließe sich das Gespräch beleben? Geredet wird zwar viel im Reich der Kunst, vor allem wird viel gelästert: über anmaßende Kuratoren, machtversessene Sammler oder verschlagene Galeristen. Besonders beliebt ist es, über die Hysterie auf Messen und Auktionen zu räsonieren. Die Kunst selbst bleibt aber oft ausgeblendet. Viele klagen lieber über die Krise namens Erfolg, sie meinen, der überhitzte Markt sei an allem Schuld, ein Markt, der seinen eigenen Spielregeln folgt und alle Kriterien aushebelt – warum also noch Qualitätsdiskussionen?

Doch zeugt es nicht von einer sonderlich progressiven Haltung, den Status quo abzulehnen, sich aber ins scheinbar Unvermeidliche zu fügen. Weit sinnvoller wäre es, offensiv auf Veränderungen zu dringen. Das könnte zum einen heißen: die Kritik klar zu adressieren und von den Künstlern, Galeristen oder Museumsdirektoren zu fordern, endlich bessere Kunst zu machen und zu zeigen. Es könnte zum anderen heißen: dass sich diejenigen, die Kunst betrachten – also alle – offener als bisher darüber verständigen, was denn das Bessere überhaupt sein könnte.

Dieses Buch will beides: Es zeigt in seinem ersten Teil, wie viel Macht die Messen und Auktionen, die Galeristen und Sammler in den letzten Jahren gewonnen haben und wie sich dadurch das allgemeine Bild der Kunst verändert. Es fragt in seinem zweiten Teil nach der Kunst selbst, nach den Regeln, denen sie bislang meist blindlings folgte. Und es diskutiert in einem dritten Teil alternative Bewertungskriterien, die es dem Betrachter ermöglichen, sich ein differenzierteres Urteil zu bilden als nur das übliche »Find ich auch«.

Es ist ja nie die Kunst allein, die langweilig oder seicht oder borniert ist. Dazu gehören zwei – das Werk und sein Betrachter. Kunst kann nur gelingen, wenn sie ein Gegenüber hat, das verweilt und das Auge ruhen lässt, das seine Eindrücke zu fassen und zu durchdenken sucht, das selbstbewusst und reflektierend dem Bild, der Skulptur, der Installation begegnet.

Von dieser Wechselbeziehung zwischen sehendem Subjekt und besehenem Objekt ist in den Kunstdiskussionen der letzten Jahre vergleichsweise selten die Rede gewesen. Trotz aller Rezeptionstheorien und Besucherschulen ist der Betrachter eine Randfigur geblieben. Was er sieht, fühlt, denkt, das zählt nicht weiter. Viel öfter jedenfalls ist von dem zu hören und zu lesen, was der Künstler will und tut und meint. Auch daran möchte dieses Buch etwas ändern: Es interessiert sich mehr für die Wirkungen der Kunst und weniger fürs Wollen der Künstler. Es rückt die Anliegen, Bedürfnisse, Ansprüche der Betrachter in den Mittelpunkt.

Denn verfliegen wird das allgemeine Missvergnügen an der Kunst, das selbst die Profis, die Händler, Sammler und Kuratoren empfinden, nur dann, wenn sich das Publikum emanzipiert. Wenn es nicht länger hinnimmt, dass viele Künstler nur um sich selbst kreisen, sich begnügen mit ein paar imposanten Gesten oder Insider-Witzen. Die Kunst ist zu sehr auf sich selbst fixiert, sie braucht Betrachter, die diese Fixierung lösen, indem sie offen bekunden, was ihnen warum gefällt und was nicht.

Nach den Normen der Kunst zu fragen, nach ihren Werten und Maßstäben, muss also niemandem verdächtig vorkommen. Es bedeutet keine Rückkehr in die gute alte Zeit, ins 18. Jahrhundert, als die Kunstwelt noch im Lot war und die Akademien streng über die vorschriftsmäßige Einhaltung aller ästhetischen Ideale wachten. Nicht eine neue, autoritäre Regelpoetik soll in diesem Buch errichtet werden, im Gegenteil. Den autoritären Regeln, wie sie heute unausgesprochen bestehen, bestimmt vor allem vom Markt, soll eine Gegenautorität erwachsen: der aufgeklärte, selbstbestimmte, urteilsfreudige Betrachter. Einer, der sich von keiner Beretta, keiner Rohrbombe, keinem künstlerterroristischen Rollenspiel abschrecken lässt, der die neuesten Auktionsrekorde beflissentlich überhört, unbeeindruckt bleibt von Boulevard-Bibel-Kampagnen oder hochgestochener Galeristentheorie, einer, der auch auf das Krisengerede nichts gibt. Sondern nur eines will: sich selbst ein Bild von den Bildern zu bilden.

I
WIE DIE NEUE MACHT DES MARKTES DIE KUNST VERÄNDERT

Alles beginnt auf dem Markt. Nur weil gekauft und verkauft wurde, entstand, was heute Stadt heißt; nur weil die Stadt entstand, entwickelte sich, was sich Kultur nennt; und nur weil sich Kultur entwickelte, wurde möglich, was wir heute als Bilder und Skulpturen betrachten. Doch man muss gar nicht so grundsätzlich werden, um zu erkennen, welche prägende Wirkung der Markt auf die Kunst ausübt. Vor allem ihm verdankt sie die hohe Aufmerksamkeit der letzten Jahre, die vielen Medienberichte und staunenden Kommentare. Ein Maler wie Matthias Weischer zum Beispiel war schon berühmt, bevor irgendein Museum seine Bilder in einer größeren Ausstellung gezeigt hatte – und zwar deshalb, weil eines seiner Werke für 384 854 Dollar bei einer Auktion versteigert worden war, für fast zehnmal so viel, wie ursprünglich geschätzt. Ähnlich war es zuvor Neo Rauch ergangen: Erst als sich herumgesprochen hatte, dass seine Bilder in den USA hoch gehandelt wurden, begannen sich viele Menschen für ihn zu interessieren. Nicht schöne Bilder machen Schlagzeilen, sondern die irrwitzigen Preise, die dafür auf Messen und Auktionen gezahlt werden.

Denn mag die Kunst auch noch so abstrakt und unverständlich sein, verstanden wird sie dennoch, spätestens sobald ihr Tauschwert festgelegt ist. Sie geht in keiner ökonomischen Logik auf, und doch hat sie ihren Platz und Rang in der ökonomischen Ordnung. So entsteht eine seltsame Spannung zwischen dem Unverstandenen und dem Verständlichen, ein Staunen, das früher vor allem der Kunst galt und heute vor allem ihrem Preis gilt. Denn Preise kennt jeder, Geld kennt jeder, jeder kann mitreden, und daher wird noch die komplexeste Kunst durch den Markt geerdet. Viele Künstler bemühen sich zwar redlich, alle Grenzen zu durchbrechen, alle Verbindlichkeiten zu lösen; am Ende werden sie dennoch verbunden, dank der Galerien und Auktionshäuser. Auch wenn sich die Künstler im Laufe des letzten Jahrhunderts von den klassischen Leitwerten, von Schönheit und Proportion oder Handwerklichkeit weitgehend losgesagt haben, ist ein Leitwert doch geblieben: das Geld. Nur dank des Geldes wird auch das Disparate vergleichbar.

So erklärt sich auch, warum die Messen und Auktionen in den letzten Jahren immer populärer geworden sind. Hier kann sich die große Gemeinde der Kunst, die eigentlich längst zerfallen ist, sich aufgesplittert hat in abertausende Denominationen und Sekten, noch einmal als große Gemeinschaft erfahren.

1. IM KAUFRAUSCH: DIE MESSEN ALS EMOTIONSMASCHINEN

Anders als im Museum, das mühsam versucht, eine Ordnung in die Unübersichtlichkeit der Gegenwart zu bringen, darf sich auf den Messen und Auktionen alles mit allem wild vermengen. Dort stehen die gestrengen Kuben des Minimalisten Donald Judd gleich neben den überbordenden Trash-Skulpturen eines Jonathan Meese – und niemanden stört es, dass sich die Werke gegenseitig die Luft nehmen. Im Gegenteil: Dass die Messe das Heterogene homogenisiert, dass sie selbst krudeste Gegensätze für vereinbar hält, scheinen viele Besucher zu genießen. Als ginge von dem Durcheinander eine Botschaft aus: Hier ist alles möglich, und alles existiert gleichrangig nebeneinander – die Welt der Kunst ist entgrenzt und in dieser Entgrenzung doch friedlich vereint. Auch für die wirkliche Welt ließe sich kein schöneres Versöhnungsmodell denken.

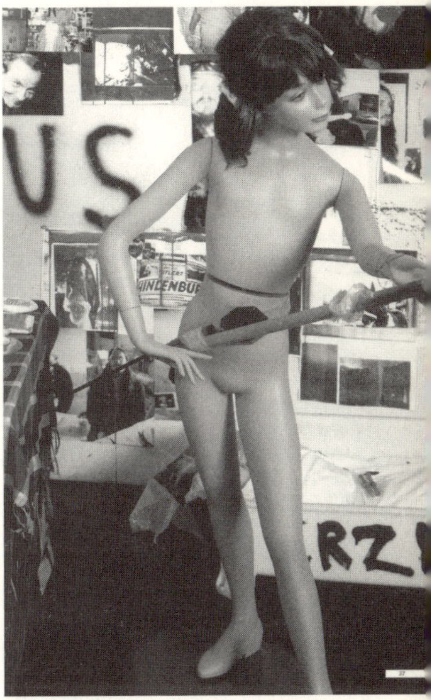

Jonathan Meese: »Casino Royal (Goldenes Skelett)«, 2000 (Ausschnitt)

Je bedrohter die Gegenwart ist, je mehr Regionen sich wehren gegen die grenzüberschreitenden Wirkungen des globalen Kapitals, desto euphorischer feiern die Messen das Prinzip der Konfliktvermeidung durch Beliebigkeit. Wohl nicht zufällig begann der Boom der Kunst kurz nach dem 11. September 2001. Die Reichen von heute kaufen sich Yachten, Flugzeuge, teure Autos und Mobiltelefone, lauter grenzüberschreitende Mittel; in keinem aber scheint die Idee der völligen Grenzaufhebung so eindringlich verkörpert zu sein wie in der Kunst.

Da macht es auch nichts, dass die Kunst auf Messen meistens sehr lieblos präsentiert wird. Möglichst viele Bilder und Skulpturen werden in möglichst enge Kabüffchen gequetscht, und ebenso gequetscht fühlt sich auch der Messebesucher. Er schiebt sich durch die Menschenmenge, wird bestürmt von tausend Eindrücken, sieht alles und sieht nichts. Nirgends hat er es schwerer, sich unbehelligt auf die Kunst zu konzentrieren. Die Luft ist stickig, das Licht oft miserabel, es lärmen die Handys der Händler und Käufer, die Hektik könnte größer kaum sein. Alles spricht dagegen, ausgerechnet in diesem Getöse ein Kunstwerk zu kaufen, und doch laufen die Geschäfte der Messen besser denn je. Seit einigen Jahren verkaufen die meisten Galeristen weit mehr Kunstwerke in den engen Kojen der Messen als daheim in den eigenen Räumen. Manche könnten auf diese Räume sogar gut verzichten und behalten sie allein deshalb, weil nur Galeristen, die auch eine Galerie betreiben, der Zugang zu den Messen gestattet wird. Vorbei also die Zeiten des Rückzugs: Der Handel sucht nicht die Ruhe, er sucht das Marktgeschrei, er hat die Hinterzimmer verlassen.

Offenbar begehren viele Sammler solche Orte der Überforderung, mit Tausenden Stimmen und Zehntausenden Bildern. Die Messe bietet ihnen ein Zapping-Erlebnis, sie können hin- und herspringen, gespannt darauf, ob nicht vielleicht gleich hinter der nächsten Stellwand die große Entdeckung wartet. Früher wurde oft lange geredet, intensiv studiert, innig betrachtet, doch diese Zeiten sind für viele Sammler passé. Der Kunstkäufer von heute scheint die Stille der Galerien nicht mehr auszuhalten. Dort war er ganz allein mit der Kunst und allein mit seiner Kaufentscheidung, dort musste er sich auf sein Wissen und sein Gespür verlassen, auf sein Auge. Und nie konnte er ganz sicher sein, ob er nicht vielleicht doch der Einzige war, der sich für diesen Künstler, für jenes Werk interessierte. Hingegen muss in der Hektik der Messen niemand begründen, warum ihm etwas gefällt oder abstößt, und auch die Händler kommen nicht in die Verlegenheit, die Qualitäten eines Werks intensiv erläutern zu müssen, für mehr als ein paar Floskeln reicht die Zeit meistens eh nicht. So kann der Käufer auf einer Messe sicher sein, dass es niemandem auffällt, wenn er vielleicht unsicher, unwissend oder hilflos sein sollte.

Zudem beruhigt ihn der Trubel. Er kann sich aufgehoben fühlen im Begehren der Menge, kann sich forttragen lassen von der großen Kaufwelle, kann sich mitreißen lassen von der Hektik und auch von dem Gefühl der Dringlichkeit, möglichst schnell eine Entscheidung treffen zu müssen, weil ja sonst das Bild womöglich an einen anderen Käufer ginge. Selbst langjährige Händler wie Konrad O. Bernheimer wundern sich, »dass vieles unbesehen und sogar noch nicht Gemaltes gekauft wird! Nach dem unreflektierten Motto: Was vielen zu gefallen scheint, muss gut sein.«[13]

Bislang kannte man solche Erfahrungen einer sich selbst euphorisierenden Menge nur von Auktionen, auf denen sich manche Bieter gegenseitig ins Unermessliche treiben. Rasend schnell, meist binnen weniger Minuten, wird dort Geld in Kunst verwandelt, und manch einer lässt sich von dem Fieber der schnellen Entscheidung anstecken. Ähnlich stürzen sich nun auch auf den Messen viele Käufer in einen geradezu rauschhaften Wettbewerb und lassen sich zu Dingen hinreißen, die sie normalerweise nie tun würden. Zum Beispiel der Milliardär und Großsammler François Pinault: Als Handwerker verkleidet, verschaffte er sich 2005 vorab Zugang zu den Messehallen der Art Basel, nur um die Kunstwerke vor allen anderen zu sehen und die vermeintlich besten Schnäppchen machen zu können. Andere stürmen gleich nach Eröffnung die Kojen, und schon nach Minuten sind die ersten Bilder verkauft. Das Kunstsammeln wird zur Kunstjagd, oder besser: Es soll sich nach Kunstjagd anfühlen. Denn auch wenn viele Bilder und Skulpturen tatsächlich binnen kürzester Zeit verkauft werden, sind die bedeutenden und hoch begehrten Werke doch oft vorab schon vergeben. Bereits Wochen vor der Messe telefonieren Sammler und Museumskuratoren mit den Galerien, fragen nach neuen Werken und den Kosten, verhandeln hin und her und irgendwann einigen sie sich. So manches Bild reist dann nur noch pro forma auf die Messe, schließlich will sich der neue Besitzer vieler neidischer Blicke gewiss sein und sich abends an der Bar des tollkühnen Fanges rühmen.

Zwar sagen viele Sammler, sie schätzten die Messen vor allem deshalb, weil dort noch ein Überblick über die zeitgenössische Kunst zu gewinnen sei; alle wichtigen Galerien zu besuchen, käme ungleich teurer und kostete vor allem sehr viel mehr Zeit. Allerdings ist dieses Argument nur bedingt stichhaltig, denn die routinierten Sammler pflegen zu ihren Stammgalerien ohnehin ein enges Verhältnis und wissen dank Telefon und Internet sehr genau, welche Werke wo zu haben wären. Manche potenten Käufer reisen wohl eher deshalb nach Basel, Köln oder London, weil die dortigen Messen ihnen das Gefühl des Dazugehörens vermitteln. Wichtigen Sammlern werden sogar Flug und Übernachtung bezahlt, sie werden auf exklusive Empfänge geladen und erhalten privilegierten Zugang zur Kunst. Wie in einem höfischen Zeremoniell werden die Sammler je nach Bedeutungsrang mit Sonderrechten ausgestattet, wer besonders viel Geld ausgibt, gilt als Super-VIP und wird zur extrafrühen Vorvorbesichtigung zugelassen. Auch hier bewahrheiten sich die Studien von Jeremy Rifkin: Um sich zu unterscheiden und sich selbst hervorzuheben, sind Mode, Schmuck, Markenartikel heute immer noch wichtig. Ein noch wichtigeres Statussymbol aber ist es, zu exklusiven Erfahrungswelten zugelassen zu werden.[14]

Weit stärker als noch vor einigen Jahren zählen mittlerweile solche Status- und Stimmungswerte. Vor allem jene Messen, die erst in den letzten Jahren gegründet wurden, allen voran die Frieze Art in London und die Art Basel Miami Beach in Florida, aber auch die Fine Art Fair in Frankfurt haben viel von den Verkaufsstrategien der großen Modehäuser oder Autokonzerne gelernt. Dort wird der Akt des Kaufens gern mit großem Aufwand als ein Erlebnis besonderer Güte inszeniert. Volkswagen etwa hat sich nur zu diesem Zwecke einen riesigen Themenpark errichtet, in dem die Autos bewusst nicht als Konsumobjekte dargeboten werden, sondern als Insignien eines besseren, sinnreichen Lebens. Ähnlich wollen nun auch die Messen nicht länger nur Kunst verkaufen, sie wollen eine eigene Atmosphäre erzeugen, die dem Käufer signalisiert, er sei zur richtigen Zeit am richtigen Ort.

So hebt sich die Frieze in London, die es erst seit 2002 gibt, ganz bewusst von den tradierten Verkaufsformen ab, die eher um Seriosität bemüht waren. Sie setzt auf das Image des Jungen und Unkonventionellen, sie verspricht Abwechslung, Party und viel Glamour. Die Messemacher haben mitten im grünen Regent's Park ein großes Zelt aufgebaut, in den Anfangsjahren gestaltet von dem Künstlerarchitekten David Adjaye, und schon das ist als Signal gemeint: Wir lieben das Vorläufige, wir erschaffen uns eigene Orte, wir halten uns flexibel.

Zugelassen werden nur solche Galeristen, die fast ausschließlich Künstler unter 40 Jahren vertreten. Alles soll möglichst wild und schrill erscheinen, eine Spielwiese für wahre Entdecker. Manche große Namen lassen sich davon anlocken, Glitzergestalten wie Gwyneth Paltrow oder Kate Moss, viele jüngere Sammler, aber ebenso die Älteren. Hier kann man sich auch als Siebzigjähriger ungeniert unter das jugendliche Volk mischen. Anders als etwa die Disco grenzt die Kunstmesse keine Altersgruppe aus, sie schenkt allen das

Gefühl, jung und aktiv und potent zu sein. Wer Kunst kauft, so die Botschaft dieser Messe, vermag die Zeit- und Generationengrenzen aufzuheben.

Und an noch einer Entgrenzung arbeitet die Frieze ebenso wie manch andere neue Messen: Sie beschränkt sich nicht auf ihr Kerngeschäft, sondern inszeniert sich als etwas Allgemeinnütziges. Fast erscheint sie wie ein junges Museum, ein engagiertes Zentrum für zeitgenössische Kunst. Die Frieze will kein schnöder Marktplatz sein, sie will als kulturell wertvoller Kulturstifter auftreten. So veranstaltet sie gleich hinter dem Messezelt im Regent's Park eine große Skulpturenausstellung, sie arrangiert ein umfangreiches Kunstfilmprogramm, sie vergibt Stipendien an Künstler, sie gewinnt Sponsoren für einen Ankaufsetat von immerhin 150 000 Pfund, der dann der Tate Modern zugute kommt. Auch Schulklassen lädt dieses »Messe-Museum« ein und unterrichtet sie in zeitgenössischer Kunst. Es werden Performancekünstler gebeten, die Messe mit gezielten Kunstinterventionen zu beleben, Andrea Zittel etwa, die 2005 mit ihrem Tross auf der Messe übernachtete. Andere wie Lara Almarcegui werden eingeladen, »die architektonische Dynamik der Messe, die Ideale der Sichtbarkeit und der Darbietung in diesem spektakulären Umfeld zu untersuchen«, wie es in einem Faltblatt hieß. Die Künstler halten Führungen für Besucher ab und zeigen ihnen, wie es hinter den Kulissen zugeht, sie durchleuchten den Wirtschaftsbetrieb Messe oder beschäftigen sich mit ihrer Vorgeschichte. Im Kunstjargon heißt so etwas Institutional critique, eine Kunstform, die vielen Messebesuchern aus den Museen vertraut vorkommen dürfte und so abermals dazu beiträgt, den schnöden Marktplatz zu nobilitieren.

Als ob das der Aufwertung nicht genug wäre, lädt man

auch noch große Denker und Künstler der internationalen Kulturwelt ein, Karlheinz Stockhausen zum Beispiel oder Jacques Rancière. Selbst wenn diese dann im letzten Moment absagen, was nicht selten passiert, verleihen doch allein die Namen auf dem Programmheft der Messe den Anschein intellektueller Tiefe, so als würden hier die wichtigsten Themen der Gegenwart verhandelt. Für das große Rahmenprogramm gibt es sogar einige Millionen aus dem EU-Fördertopf Culture 2000, offenbar zeigt man sich auch in Brüssel von den Inszenierungsstrategien der Messe beeindruckt und fördert deshalb den überschießenden Kunstmarkt kräftig mit Subventionen, zumindest seine traditionskulturellen Extras. Dabei erfährt die Frieze ohnehin schon die Unterstützung mächtiger Sponsoren, was allen Beteiligten ganz normal vorkommt, aber trotzdem sehr merkwürdig ist. Schließlich sponsert die Deutsche Bank auch nicht Kaufhof oder Karstadt.

Es scheint auf den ersten Blick vieles nicht zu passen: Zum einen erklären die neuen Messen das Jungsein, die Lockerheit, das Anderssein zu ihrem Markenkern, und es werden dort vor allem Kunstwerke gezeigt, die selbstgebastelt wirken, unvollendet oder nachlässig gemacht, und so ebenfalls das gewünschte Messe-Image der Vorläufigkeit und des Aufbruchs unterstützen. Zum anderen will eine Messe wie die Frieze durchaus auf Augenhöhe mit den alteingesessenen Kunstinstitutionen agieren, sie hat sich hochkulturell aufgerüstet und begreift sich als gleichwertiger Partner etwa der Tate Modern in London. Auf den zweiten Blick erweist sich dieser Widerspruch als durchaus kalkuliert: Er sorgt für einen angenehmen Kitzel, er markiert sogar das eigentlich Besondere dieser Messen. Der Besucher darf sich dort als Mitglied zweier Welten verstehen: Es wird ihm suggeriert, hochkulturelle

Ansprüche mit subkultureller Hippness vereinen zu können, das Gültige mit dem Augenblicklichen. Und dieses scheint ein weiteres Mal zu belegen, dass im Zeichen der Kunst alle Grenzen durchlässig werden.

Auf viele Menschen wirkt das ungemein verlockend, sogar oft verlockender als manche Biennale oder Kunstausstellung im Museum. Mehr als 40 000 Menschen besuchen in der Regel die Messe Art Forum in Berlin, bei einer Messelaufzeit von nur fünf Tagen; hingegen kamen auf die viel beworbene Sonderschau Manifesta 2004 in Frankfurt gerade mal 24 000 Besucher, binnen dreier Monate.

War der Markt ursprünglich begrenzt, festgelegt auf seine Funktion als Handelsort und Versorgungsstätte, so entgrenzt er sich nun und wird zur Erlebniswelt, in der die Kunst für viele nur noch ein Mittel zum Zweck ist – ein schönes Hintergrundrauschen für ein noch schöneres Vordergrundleben. »Die Leute lieben es, ein Teil dieser Welt zu sein. Es macht Spaß, es ist sexy«, erzählt Jeffrey Deitch, einer der weltweit einflussreichsten Galeristen, in einem Interview. »Für die Hedge-Fonds-Jungs ist es eine Möglichkeit, sich wirklich zu vergnügen, sich mit ein paar Leuten zu treffen, die sie kennen. Für viele von ihnen hört ja das Geschäftliche nie auf. Deshalb ist Kunst grad das Richtige für sie, da gibt es ein ästhetisches Objekt, und ein Geschäft ist es außerdem.«[15] Besonders eindrücklich lässt sich diese Art von kombinierter Kunstgeschäftsbeziehungspflege auf der Art Basel Miami Beach beobachten, einem juvenilen Ableger der traditionellen Art Basel. Die Messe lädt alljährlich Anfang Dezember zum tropischen Kunstrausch, mit großen Strand- und Poolpartys, mit Sammlern, die ausgewählte Messebesucher in ihre Privathäuser bitten, um ihre Kunst und auch sich selbst auszustellen, mit vielen Sonderschauen der Museen und einer

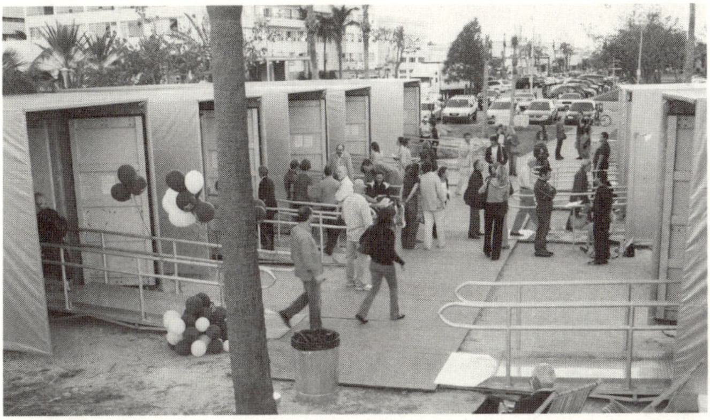

Kunst Messe Miami Beach: Galerie-Container, 2005

eigens zelebrierten Designmesse. Auch in anderen Städten, etwa in Berlin, wird die Messe regelmäßig zum Fixpunkt des Kunstherbstes oder Kunstfrühjahrs. Eigens stimmen die Museen ihren Ausstellungskalender auf diesen Termin ab und legen die Eröffnung so, dass alle Sammler und Händler vorbeischauen können; man könnte denken, diese seien ihr wichtigstes Publikum.

In Miami, dessen Kulturszene eher übersichtlich ist, lässt sich dieser Effekt in extremer Form erleben: Die Messe und damit das Kaufen von Kunst ist kein isoliertes Ereignis mehr, sondern wird eingebettet in eine Gesamterfahrung, die alle und alles zu erfassen scheint. Viele Sammler reisen gleich für mehrere Tage an, tauchen ein in das Inszenierungsfeld der Messe, genießen das Gefühl, zu einer kunstwilligen Masse zu gehören, zu einer Bewegung. Vor allem die neu gegründeten Messen sind Orte der Selbstbestätigung, Orte der Bejahung, nicht der Reflexion. Hierher kommt man nicht ausschließlich, um Kunst zu kaufen. Hierher kommt man, um teilzuhaben an einer großen Wertegemeinschaft. Die Messe verspricht eine einmalige Erfahrung, ganz ähnlich übrigens wie der Reiseanbieter Studiosus. Bekannt ist Studiosus für seine

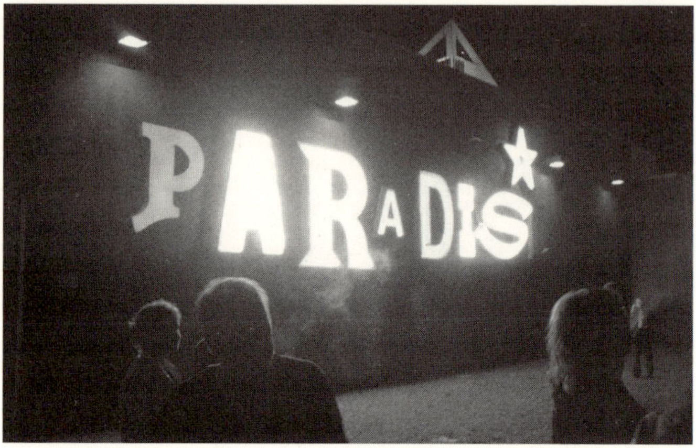

Kunst-Messe Miami Beach: Museumsparty, 2005

Bildungsfahrten – in seinen Werbeanzeigen wirbt er hingegen mit dem Kurzslogan »intensiverleben«.

Gerade in Miami ist das Leben intensiv: Käufer und Verkäufer, Museumsleiter und Kritiker verbringen ihre Tage und Nächte mit Gleichgesinnten. Mag man sich über einzelne Künstler streiten, in der Faszination für das Kaufen von Kunst weiß man sich verbunden. Es ist wie auf einer großen Klassenfahrt – ein Ausflug im Ausnahmezustand.

Auch die Kunst versprach lange eine solche Erfahrung, sie stand für das Ungeahnte, das Ausufernde, für das bessere Leben. Die neuen Messen spielen mit diesen Erwartungen, am liebsten wären sie selbst das ideale Gesamtkunstwerk, eines, das Intensität verheißt, Lebendigkeit und Glanz.

2. AUF DEN AUKTIONEN WIRD DER GELDWERT ZUM KUNSTWERT

Auktionshäuser gehören ebenfalls zu den Emotionsmaschinen. Ähnlich wie die Messen beschränken sie sich nicht allein auf den Verkauf von Kunst, sondern erzeugen Spannung und Emphase, manchmal sogar Empfindungen der Erhabenheit. Erhabenheit ist als Begriff längst aus der Mode gekommen, obwohl er wie kaum ein anderer das Gespräch über die Qualitäten von Kunst jahrzehntelang prägte, vor allem im 19. Jahrhundert. Das Bedürfnis nach Erhabenheit scheint indes ungebrochen zu sein. So sorgen die Rekordergebnisse, die regelmäßig von den Auktionen gemeldet werden, nicht nur deshalb für so viel Aufsehen, weil es sich um hohe Summen handelt. Hohe Summen werden auch für teure Villen, schnelle Autos oder andere Statussymbole ausgegeben, ohne dass darüber in den Zeitungen ausgiebig berichtet würde. Was den Rekordpreis zur Nachricht macht, ist das offenkundige Missverhältnis zwischen Preis und Ware. Die Vernunft will nicht verstehen, wie es sein kann, dass Produktionsaufwand und Produktkosten so weit auseinander klaffen können – ein Abgrund scheint sich aufzutun. Die Kunst wirkt wie entrückt, befreit von allen irdischen Maßstäben. Und je höher der Preis ist, der für ein Werk gezahlt wird, desto klarer das Signal: Eigentlich ist Kunst unbezahlbar.

In ihrem Angesicht entwertet sich selbst das Geld, der letzte globale Leitwert. Alle rationalen Maßstäbe scheinen außer Kraft gesetzt, wenn wieder einmal für ein Bild der klassischen Moderne weit höhere Summen gezahlt werden als für viel seltenere und ältere Kunstwerke. Ein Gemälde von Johannes Vermeer war vor einigen Jahren bereits für 14,5 Millionen

Dollar zu erwerben, für nur ein Zehntel dessen, was das Bild No. 5 von Jackson Pollock kostete, als es der Sammler David Martínez 2006 erwarb. Egal ob Monet oder Rubens, Beckmann oder Turner, sie können mit den Jungen, mit Damien Hirst oder Maurizio Cattelan preislich kaum noch konkurrieren. »Beim Erhabenen … stimmen Vernunft und Sinnlichkeit nicht zusammen, und eben in diesem Widerspruch zwischen beiden liegt der Zauber, womit es unser Gemüt ergreift«, so würde wohl Friedrich Schiller beschreiben, dass auf dem Kunstmarkt die üblichen Kategorien des Rationalen überwunden scheinen.[16]

Doch ist es nicht nur Zauber, mitunter lösen Auktionen auch Gefühle der Ohnmacht aus. Denn wie kann es sein, dass ein einzelner Mensch einen dreistelligen Millionenbetrag für ein Bild ausgibt, also eine Summe, die das jährliche Bruttoinlandsprodukt von Entwicklungsländern wie Kiribati deutlich übersteigt? Das sorgt bei manchen für einen Schauer der Ehrfurcht, bei anderen für angstvolle Erregung – beides klassische Anzeichen für das, was man Erhabenheit nennt. Sich ausgeliefert fühlen, klein sein im Auge des Unfasslichen, etwas erleben, das unser Vorstellungsvermögen übersteigt, all das waren früher Merkmale gelingender, erhabener Kunst. Heute sind es Merkmale einer gelungenen Auktion.

Ähnlich erscheinen viele Eigenschaften, die einst der Kunst zugeschrieben wurden, mittlerweile als Eigenschaften des Marktes und seiner Institutionen. Und das verändert nicht ganz unerheblich die Art und Weise, wie Menschen über Bilder und Skulpturen urteilen. Wer früher nach der Qualität eines Kunstwerks fragte, suchte eine Antwort im Kunstwerk selbst. Heute ergeht die Frage eher an den Markt, und je kunsthafter die Eigenschaften dieses Marktes werden, desto glaubwürdiger erscheinen seine Antworten. Wie sehr Galerien, Messen und Auktionshäuser die Vorstellungen innerhalb der Kunstwelt prägen, ist schon daran zu erkennen, dass New York weiterhin als die Hauptstadt der Künste gilt. Sie genießt diesen Ruf allerdings nicht, weil dort besonders viele einflussreiche Künstler lebten oder zumindest die Szene ungewöhnlich lebendig wäre. London oder Berlin bieten in dieser Hinsicht viel mehr. Dass New York dennoch die Nummer eins unter den Kunststädten ist, verdankt es zwei, drei mächtigen Galerien, die dort ihren Sitz haben, und vor allem den Auktionshäusern, die dort regelmäßig Rekordumsätze melden können. Allein im Herbst 2006 wurden binnen weniger Tage mehr als 1,3 Milliarden Dollar erzielt.

Diese wirtschaftliche Potenz wird von nicht wenigen in der Kunstwelt gleichgesetzt mit ästhetischer Kompetenz – je mehr Erfolg jemand hat, desto verlässlicher erscheinen seine Qualitätsurteile. Als gute Kunst gilt, was von einer guten Galerie verkauft wird; und als gute Galerie gilt diejenige, die gut im Geschäft ist – Quantität wird zum Inbegriff von Qualität. Besonders deutlich wird dies an den diversen Ranglisten, die von Wirtschafts- und Kunstzeitschriften erstellt werden und ebenso in den Untersuchungen so genannter Kunstanalysten, die mit vielen Kurven und Balkendiagrammen den Wert eines Künstlers zu bestimmen versuchen. So vergleicht der Informationsdienst arttactic die beiden Maler Matthias Weischer und Lari Pittman, und als Vergleichsgrößen dienen nicht die Bilder selbst, unwichtig ist auch, welche Ausstellungen die Künstler wo bestreiten durften, welche Hochschulen sie besuchten, welche Auszeichnungen ihnen verliehen wurden. Aufgelistet werden lediglich die üblichen Galeriepreise, ferner die bei Auktionen erzielten Ergebnisse, der Collector

	Lari Pittman	Matthias Weischer
Record Price at Auction	$48,000 (May 2000)	$332,000 (Feb 2006)
Primary market prices	$50,000 - $150,000	$20,000 - $75,000
Artfacts.net Ranking*	613	2019
Collector support	SELECTED PRIVATE COLLECTIONS: Eli Broad Family Foundation Sammlung Goetz Peter Norton Family Foundation SELECTED MUSEUM COLLECTIONS: Carnegie Institute LA County Museum MoMA, NY MoCA, LA SFMoMA, San Fran Whitney Museum, NY	SELECTED PRIVATE COLLECTIONS: Sammlung Goetz, Sammlung Hauser & Wirth Sammlung der Deutschen Bank Flick Collection, Zurich, Schweiz Neuberger Neuman Collection, NY SELECTED MUSEUM COLLECTIONS: MoMA, NY Guggenheim, NY
Curator support	Paul Schimmel, MOCA Lisa Lyons, former Walker Art Carol S. Eliel, LACMA Catherine Grenier, Centre Pompidou Stephanie Barron, LACMA	María de Corral and Rosa Martínez, Venice Biennale 2004, Mark Coetzee, Rubell Collection Christian Ehrentraut Markus Stegmann Laura Heon. MASS MoCA
Gallery support	Regen Projects, Barbara Gladstone, Atle Gerhardsen, Galerie Sprüth Magers	Eigen + Art
More info	www.atlegerhardsen.com	www.eigen-art.com

Kunstbewertung von arttactic

support, der Curator support und der Gallery support.[17] Geht es nach dieser Statistik, dann entscheiden darüber, ob ein Künstler gut ist oder nicht, einzig der Sammler, der Kurator und der Galerist.

Tatsächlich treten manche von diesen mit entsprechender Selbstherrlichkeit auf. Und viele Zeitungsporträts und Fernsehfilme bemühen sich, ihren Einfluss zu würdigen, was vor zehn Jahren noch unüblich war. Damals wurde primär über Künstler und ihre Ateliers berichtet, ab und an durfte vielleicht noch ein Museumsdirektor vorkommen. Nun jedoch werden sogar mit Auktionatoren seitenlange Interviews geführt, was ebenfalls darauf hindeutet, dass sie nunmehr als einflussreich und kunstbestimmend gelten. Gerade in Zeiten des Booms scheint der Markt das finale Qualitätsurteil sprechen zu können.

Ihre Macht haben die Auktionshäuser vor allem dadurch gewonnen, dass sie nicht wie vor einigen Jahren noch nur ältere Kunst versteigern, sondern auch zeitgenössische Werke.

Neuerdings beteiligen sie sich sogar aktiv am Messegeschäft mit Zeitgenössischem. Christie's kaufte die erfolgreiche Galerie Haunch of Vension mit Filialen in London, Zürich und Berlin und macht nun den traditionellen Galeristen Konkurrenz.

Bis 1998 galt das ungeschriebene Gesetz, dass auf Auktionen nur Werke, die älter als zehn Jahre waren, angeboten werden durften. Dann aber fiel diese Schamgrenze und seither ist die Lust an der Spekulation bei vielen Kunstkäufern gestiegen und der Einfluss der Auktionshäuser ebenfalls. »Die teuersten Werke sind die besten«, kann nun der Auktionator Tobias Meyer behaupten, der bei Sotheby's die Abteilung für zeitgenössische Kunst leitet.[18] Meyer sieht in der Versteigerung eines Bildes oder einer Skulptur den sichersten, wenn nicht sogar den einzigen Weg, den tatsächlichen Wert zu ermitteln, nicht nur den Markt-, sondern auch seinen Kunstwert. Das stimmt schon deshalb nicht, weil viele Auktionshäuser manchen ihrer Einlieferern einen Garantiepreis für ihre Bilder und Skulpturen zusichern und damit dem vermeintlich freien Spiel der Marktkräfte ein Sicherheitsnetz einziehen. Dennoch sagt Meyer: »Auf einer Auktion zeigt sich für mich eine Wahrheit – und das ist recht eigentlich auch das Schöne daran. Da geht es darum: Wer besitzt die größte künstlerische Qualität? … Am Ende des Tages kommt die Wahrheit heraus.«[19]

Ob absichtlich oder nicht jongliert der Auktionator mit einigen Zentralbegriffen der Kunstphilosophie, die bereits zu den Zeiten Platons im Umlauf waren. Dass die Schönheit nicht in der Kunst selber liege, sondern in der Wahrheit, dass diese Wahrheit aber erst erkannt sein will und dazu die Künstler selbst nicht in der Lage seien, es dazu anderer, befähigter Menschen bedürfe, das sind geläufige Topoi der Theorie. Nur war bislang für die Rolle des befähigten Menschen meist der Philosoph vorgesehen, nicht der Auktionator.

3. GALERISTEN ENTFESSELN DEN MARKT – UND BESCHRÄNKEN IHN

Wo früher Kunstglaube herrschte, da herrscht heute ein Marktglaube. Das ist umso verwunderlicher, da der Kunstmarkt eigentlich kein richtiger Markt ist. Galerist darf sich zwar jeder nennen, er braucht keine Bildung, nur Startkapital. Doch um als Galerist erfolgreich zu sein, muss er sich international einen Namen machen, was wiederum nur möglich ist, wenn er auf den wichtigen Messen zugelassen wird. Dort wird in der Regel eine rigide Politik der Ab- und Ausgrenzung betrieben. Anders als auf einer Buchmesse wie in Frankfurt, die fast Jahr für Jahr neue Aussteller und Verlage begrüßt und es als Unglück empfände, wenn sie nicht mehr wachsen dürfte, setzen die Kunstmessen auf Verknappung.

Beschränkt werde die Zahl der teilnehmenden Galerien, so ist es oft zu hören, einzig im Interesse der Besucher, die nicht überfordert werden dürften und Anspruch hätten auf eine Auswahl der besten Galerien mit den besten Künstlern. Gleiches ließe sich auch für die Buchmesse behaupten, dort aber freut man sich über die Vielfalt und traut den Besuchern zu, dass sie schon finden werden, was sie suchen. Im Reich der Kunst gilt hingegen nur die begrenzte Messe als gute Messe – mit der Folge, dass sich in Berlin, Basel oder Miami neben den Hauptmessen viele kleine Nebenmessen gründen, die zeitgleich abgehalten und von den meisten Sammlern auch besucht werden. Das Argument, eine strikte Vorauswahl der

Galerien erfolge allein im Dienste des Kunden, erweist sich schon deshalb als fragwürdig. Denn die Kunden müssen nun kreuz und quer durch die Stadt reisen, um sich einen Überblick zu verschaffen.

So ist es vor allem ein Mittel der Macht, die Messen klein zu halten und stets nur eine begrenzte Zahl von Galeristen zuzulassen. Gerade weil die Messen und ihre Teilnehmer über Wert und Unwert in der Kunst befinden möchten, müssen sie peinlich darauf bedacht sein, die eigenen Wertvorstellungen klar zu konturieren. Wobei sich diese Wertvorstellungen wiederum daran orientieren, ob eine Galerie erfolgreich ist oder nicht. Weil aber, wie gesagt, eine Galerie in der Regel nur dann erfolgreich ist, wenn sie an den Hauptmessen teilnehmen darf, erzeugen die Auswahlkriterien eine Art Zirkelschluss. Fast zu allen großen Messen bewerben sich dreimal so viele Galerien, wie am Ende zugelassen werden. Das ist erstaunlich genug, denn eine Messeteilnahme ist teuer, für eine Reise nach Miami und die Anmietung einer Koje mit 80 Quadratmetern zahlt ein Galerist leicht 100 000 Euro. Doch offenbar sind viele bereit, diese Investition, die immer auch eine Investition in ihre Reputation bedeutet, zu tätigen – nur dürfen die meisten nicht. Fast immer kommen dieselben großen und etablierten Namen, die Zahl der Neueinsteiger liegt oft unter zehn Prozent. Dies hat auch damit zu tun, dass in der Zulassungsjury meistens nur andere, etablierte Galeristen sitzen. Es befinden also Kollegen über Kollegen – ein mittelalterlich-zünftisches System, in dem Ungeliebtes leicht kleingehalten werden kann. Man bleibt unter sich. Selbst auf der jungen Frieze Art Fair, die sich gern als multinational und weltoffen geriert, kommen die allermeisten Galerien aus Europa und den USA; aus Asien hingegen, aus Südamerika, gar Afrika verirren sich nur ein paar Alibi-Händler nach London.

Daher gibt es paradoxerweise beides: Es gibt den großen Kulturrummel, einen übermächtigen Markt. Und es gibt zu wenig Markt, viel weniger etwa als in der Literatur oder in der Musik, wo das Publikum nicht nur schauen, sondern immer auch kaufen darf. Und wo der Kauf mit darüber entscheidet, ob ein Künstler erfolgreich wird oder nicht. In der Kunst bestimmt ein kleiner Zirkel, in dem sich fast nur Menschen bewegen, die mit der Kunst Geld verdienen oder die ihr Geld für die Kunst ausgeben. Es braucht keine großen Berichte in den Magazinen, kein Kritikerlob und auch nicht das Urteil der Museen, um über die Qualität eines Kunstwerks zu befinden. Nur ein paar Agenten des Marktes, einige wichtige Sammler und Berater gilt es zu überzeugen, dann kann die Weltkarriere beginnen. Die Kunst, so könnte man meinen, liegt in den Ketten des Marktes.

4. ÜBER DIE SUCHE UND DIE SUCHT DER GROSSSAMMLER

Doch gibt es diese Ketten wirklich? Ist die Rede vom Markt und seinen Mechanismen nicht übertrieben, ein später kunstreligiöser Reflex, der alles Ökonomische unter Generalverdacht stellt und die Kunst am liebsten zu einem marktfernen Terrain erklären möchte? Schließlich sind die Sammler frei, sie können kaufen, was sie möchten, ganz ungenormt und ungebunden.

Tatsächlich besteht die Welt der Kunst nicht allein aus Messen und Auktionshäusern, und der Markt kennt nicht nur die Großsammler. Es gibt viele kleine Verkaufsveranstaltungen, in Schulen, in Hotels, sogar auf Kreuzfahrtschiffen wie der MS Europa werden Kunstwerke angeboten. Dort prägen die kleinen Sammler, die Liebhaber das Bild und sorgen für rund 95 Prozent des Umsatzes. Sie sind die verlässliche Größe auf einem Markt, der manchmal kräftig schwankt und auch heftige Einbrüche kennt.

Zuletzt kam es zu einem solchen Crash 1990, damals hatte der japanische Unternehmer Ryoei Saito gleich zweimal hintereinander für Aufregung gesorgt: Erst kaufte er Vincent van Goghs »Portrait des Dr. Gachet« für 82,5 Millionen Dollar, nur zwei Tage später dann das Bild »Au Moulin de la Galette« von Pierre-Auguste Renoir für 78,1 Millionen. Als kurz darauf die Immobilienpreise in Japan deutlich nachgaben, wurden viele Sammler nervös, zusätzlich beunruhigte die irakische Invasion in Kuwait die Märkte. Vor allem jene, die ihre Bilder mit geliehenem Geld gekauft hatten, stießen nun plötzlich zahlreiche bedeutende Werke ab und die Preise brachen ein.

Es wäre für den Markt also widersinnig, sich nur auf die kapitalstärksten, doch nicht selten wankelmütigen Käufer zu verlassen. Den kleineren Galerien bleibt ohnehin kaum etwas anderes übrig, als sich Kunden in der Mittelschicht zu suchen, die den Weg auf teure Messen und in edle Großgalerien scheuen. Das Angebot ist also breiter, die Vertriebswege für Kunst sind vielfältiger, als dies auf den ersten Blick den Anschein hat. Noch breiter und vielfältiger werden die Möglichkeiten, seitdem es das Internet gibt und es dort für Gelegenheitskäufer wesentlich leichter ist als ehedem, sich auf dem Kunstmarkt zu orientieren. Vor allem Internetdienste wie artfacts.net oder artnet.de sorgen für mehr Transparenz und erleichtern so den Zugang zu Kunstwerken, die sonst nur selten oder gar nicht angeboten würden.

Dennoch wäre es falsch, die prägende Wirkung gerade der Großsammler zu unterschätzen. Sie stehen vermittelnd zwischen den Welten: auf der einen Seite die Institutionen des Marktes, die Galerien, Messen, Auktionshäuser; auf der anderen die Institutionen der Kunst, die Museen, Hochschulen und Kunstvereine. Gerade weil sie mit beiden Sphären vertraut sind, weil sie viel reisen, viel wissen und letztlich auch weil sie viel kaufen, genießen sie hohes Ansehen. Dieses Ansehen wird umso wichtiger, je offener das Feld der Kunst erscheint, je weniger also über Bewertungskriterien diskutiert wird. Der Kunstmarktkenner Marek Claaßen von artfacts.net vergleicht die Kunstwelt mit einem Schulhof: »Da gibt es die Cool-Cliquen und die anderen, die gerne dabei sein wollen. Die Eliten leben vor, was dann die Masse haben möchte. Das ist auch in der Kunst so.«[20]

Dass es diese Elite gibt, dass sie zudem an Potenz gewinnt, würde niemand bestreiten; 793 Milliardäre zählte die Zeitschrift *Forbes* 2006, dreimal so viel wie drei Jahre zuvor. Doch verfolgen natürlich nicht alle der weltweit rund 500 Groß- und Größtsammler dieselben Ziele, nicht alle haben dasselbe Verständnis von Kunst. Viele gibt es, die sich mit Ernsthaftigkeit und Emphase den erworbenen Werken widmen, sie empfinden eine große Verbundenheit. Welche Intensität diese Verbundenheit gewinnen kann, davon hat Bruce Chatwin in seinem Roman *Utz* erzählt: »Im Idealfall sollten Museen alle fünfzig Jahre geplündert und ihre Sammlungen wieder in Umlauf gebracht werden …«, lässt er den Porzellansammler Utz schreiben. »In einem Museum stirbt der Gegenstand – an Erstickung und den starrenden Blicken des Publikums –, während der Privatbesitz dem Besitzer das Recht und die Notwendigkeit der Berührung zugesteht. So wie ein kleines Kind die Hand ausstreckt, um das Ding, das es benennt, zu ergreifen, so stellt der leidenschaftliche Sammler, das Auge im Einklang mit seiner Hand, für den Gegenstand die lebensspendende Berührung seines

Herstellers wieder her.«[21] Künstler, Sammler, Kunstwerk, alles fällt in eins.

Eine so intensive Beziehung zwischen Mensch und Ding ist allerdings selten, auch unter den einflussreichen Großsammlern der Kunstwelt. Nicht wenigen ist die Beziehung zu den Künstlern wichtiger oder die Beziehung zu den Händlern oder die Beziehung zur Öffentlichkeit. Die meisten dieser Sammler haben ihr Geld als selbständige Unternehmer verdient, und häufig sind sie gerade von den seltsam vertrackten ökonomischen Prinzipien des Kunstmarkts fasziniert. Manche begreifen die Kunst auch nur als eine andere Form von Geld. Nicht zufällig haben in den letzten Jahren viele Börsenhändler die Messen und Auktionen für sich entdeckt, um dort ihre Hedge-Fonds-Millionen in etwas Anschaubares umzutauschen. Sie scheinen die Gegenwartskunst als ihr neues Lieblingsspielzeug zu begreifen: Nach all den Rennpferden, Rennyachten, Rennautos geht es nun in ein Rennen um die besten Werte im Sektor Ästhetik. Es ist ein schweres Rennen, besonders wenn es um die Meisterwerke der Meisterkünstler geht, denn anders als bei vielen anderen Luxusgütern ist das Angebot knapp – der Anreiz deshalb umso größer. Steven A. Cohen ist einer der Manager, die dieses Spiel schätzen, ihm erscheinen selbst die 12 Millionen Dollar, die er für das Hai-Kunstwerk von Damien Hirst ausgab, noch günstig. Leute wie er kennen das Risiko, sie leben davon, denn auch an der Börse wird ja nur selten mit realen Werten gehandelt. Dort werden viele Entscheidungen intuitiv getroffen, vieles lebt von der Behauptung – ein Kurs steigt nicht allein deshalb, weil ein Unternehmen gut wirtschaftet, sondern weil behauptet wird, es werde in Zukunft noch viel besser wirtschaften, und weil viele Investoren an diese Behauptung glauben.

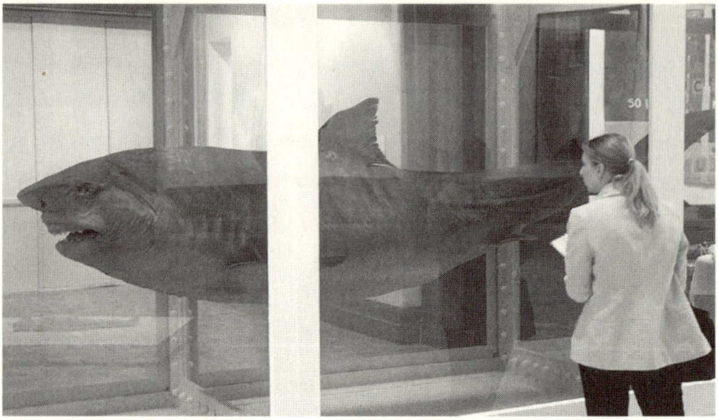

Damien Hirst: »Die physische Unmöglichkeit des Todes in der Vorstellung eines Lebenden«, 1991

Ähnliche Prinzipien meinen manche Börsianer auch auf dem Kunstmarkt ausgemacht zu haben. Die enormen Gewinnmargen, die hier mitunter möglich sind, wecken ihre spekulativen Phantasien. Gerne erzählt man sich Geschichten wie die von der wohlhabenden Dame, die sich ein Kunstwerk mit dem Titel »Happy« kaufte, ein Neonschriftzug des Künstlerpaars Tim Noble und Sue Webster; 2000 Dollar zahlte sie dafür. Später verkaufte sie es bei einer Auktion für mehr als 10 000 Dollar, musste aber feststellen, dass sie das Werk so sehr vermisste, dass sie es nur zwei Jahre darauf für 100 000 Dollar zurück erwarb.[22]

Manchmal steigt ein Bild auch binnen weniger Minuten um das Vielfache seines ursprünglichen Werts. So konnte etwa im Februar 2007 ein Bild von Peter Doig, »White Canoe«, 1990–91 entstanden, für die unglaubliche Summe von 11,3 Millionen Dollar verkauft werden, obwohl es vom Auktionshaus Sotheby's lediglich auf maximal 2,3 Millionen geschätzt worden war.

Dieses Wechselspiel von Kaufen, Verkaufen und wieder Kaufen, von Gewinnen, Verlieren, Spekulieren, von Kalkül und Gefühl, ist vielen Sammlern von der Börse vertraut, und emsig spielen sie auf dem Kunstmarkt weiter. Wäre es anders, würden Gemälde und Skulpturen gar als ähnlich berechenbar gelten wie Staatsanleihen und böten sie »hohe Zinsen und trotzdem hohe Sicherheit«, wie es die Werbung einer Bank verspricht, dann wäre es wohl nie zu der gewaltigen Messe- und Auktionseuphorie der letzten Jahre gekommen.

Paradoxerweise hat erst die Aussicht auf himmelhohe Gewinne die vermeintlich sakrale Sphäre der Kunst verweltlicht. Die einstige Scheu vieler Menschen, der Glaube, die Kunst sei nur etwas für die Connaisseure, ist gewichen. Auch der Künstler gilt nun nicht mehr als unnahbarer, unverständlicher Außenseiter. Viele Unternehmer sehen in ihm sogar einen der ihren, einen großartigen Entrepreneur.

Auch deshalb legte der Kulturkreis des Bundesverbands der Deutschen Industrie 2004 eigens ein Förderprogramm auf, um die »kulturelle Kompetenz« von Wirtschaftsstudenten zu fördern. Weil 90 Prozent von diesen in einer Umfrage angegeben hatten, sie wollten nach ihrem Studium am liebsten als Manager im Angestelltenverhältnis arbeiten und nicht etwa als freie Unternehmer, sie würden also gerne viel verdienen und nur wenig Verantwortung tragen, sollen wieder Wagemut und Dynamik trainiert werden. Einige Ausgewählte dürfen nun in der Begegnung mit Künstlern, bei Ateliergesprächen oder in Orchesterproben lernen, wie sich künstlerische Produktionsabläufe in Renditezuwachs übersetzen lassen. »In einer Wissensgesellschaft wird Kreativität immer wichtiger. Man kann die Dinge auch anders machen, als es die Managementlehrbücher vermitteln, und da kann man von Künstlern viel lernen«, erklärt Karin Heyl, die den Kulturkreis des Bundesverbands der Deutschen Industrie leitet.[23]

Offenbar vereinen sich im Künstler viele Kernwerte des

Kapitalismus, er gilt manchen als Inbild des innovativen, kreativen, flexiblen Menschen der Zukunft. Sie sehen in ihm den idealen Unternehmer, weil er seine Ideen frei aus sich heraus gewinnt und immer wieder neue Marktlücken entdeckt, weil er sie mit Produkten füllt, die es zuvor nicht gab und die eigentlich auch keiner braucht, die aber einen hohen Wiedererkennungswert besitzen, großen Prestigegewinn versprechen, sich nicht abnutzen wie ein Paar handgenähter Schuhe, sondern meist noch an Wert gewinnen.

Künstler agieren auf einem geradezu utopischen Markt, gänzlich frei und schrankenlos scheint er zu sein. Mögen sich manche Kritiker darüber beklagen, dass die Kunst so regellos und beliebig geworden sei – für nicht wenige Großmanager ist gerade diese Regellosigkeit ein Versprechen, das sie nur zu gerne auch in der Wirtschaftswelt erfüllt sähen. Je weniger Bewertungskriterien es gibt, desto besser, denn jede Art der Einengung widerspräche ihrem Freiheitsideal. Ein Künstler darf, ja, er muss schroff und erratisch sein, er braucht nicht argumentieren, braucht nichts begründen, er muss keinen Vorschriften genügen – und taugt gerade deshalb bestens zum geheimen Wunschbild mancher Konzernlenker.

Auch er, der Manager, verfügt oftmals über keine spezifischen Kenntnisse, er kann ein Strom- genauso wie ein Pharmaunternehmen leiten, schließlich ist er kein Produzent. Ähnlich produzieren viele Künstler der Gegenwart keine Werke mehr wie ehedem, sie legen keinen großen Wert auf handwerkliche Fähigkeiten, auch sie sind oftmals Manager, und ihre Kunst entsteht nach dem Prinzip der freundlich-feindlichen Übernahme. Sie sammeln bestehende Bilder, existierende Produkte, verfremden sie vielleicht ein wenig, erklären sie dann zu ihren eigenen und nennen es Readymade. Nicht das Malen oder Bildhauern ist gegenwärtig die wichtigste Form der Kunstproduktion, sondern das Zugreifen und Einverleiben. Und auch in dieser Methode dürften viele Unternehmer ihre eigenen Methoden wiedererkennen, zumindest solche, die eigentlich keine Unternehmer mehr sind, sondern Aufkäufer, Aneigner, Fusionsbeauftragte. Aus der Grenzenlosigkeit der Kunst spricht für sie die Verheißung auf einen gänzlich entgrenzten Markt.

Doch ist es nicht allein die Begeisterung für die ökonomische Seite der Kunst, die viele Sammler reizt. Sie genießen auch die sozialen Gewinne. Über die Kunst erlangen sie Zugang zu sozialen Milieus, die ihnen sonst verschlossen blieben. Sie dürfen Ateliers besuchen, verkehren in Künstlerclubs, schließen Freundschaften, und für manche Sammler zählen am Ende diese Freundschaftswerte sogar mehr als die Kunstwerte. So schwärmte zum Beispiel Friedrich Christian Flick nicht von den Videoinstallationen des Künstlers Bruce Nauman, sondern von seinem exklusiven Zugang zu dem Künstler und von dessen Lebensweise. »Ich bin einer der wenigen, dem er erlaubt hat, ihn zu besuchen. Er lebt sehr zurückgezogen in Galisteo, New Mexico, auf einer Farm. Er ist Künstler, aber genauso sehr Cowboy. Er züchtet Pferde. Ist doch verrückt, oder?«[24]

Im Vergleich zu teuren Schmuckstücken oder einem erlesenen Abendkleid beschert die Kunst also gleich einen doppelten Mehrwert: die Aussicht darauf, sie eines Tages mit Gewinn weiterverkaufen zu können, und die Sozialdividende. Wer Geld für Kunst ausgibt, der kann sich nachsagen lassen, er habe etwas für die Bildung und ganz allgemein für die Menschlichkeit getan. Er darf sich als Sponsor der Künste fühlen, auch wenn er nur Konsument ist. Nirgends verwandelt sich Geld so umstandslos in Prestige.

Vor allem dieses Umstandslose ist es wohl, das gerade die bildenden Künste attraktiv macht. Auch wer das Libretto für eine Oper in Auftrag gibt oder die Rechte an einer guten Fernsehserie erwirbt oder gar eine eigene Filmproduktionsfirma gründet, könnte sich ja seines kulturellen Sinnes rühmen. Eine weitere Möglichkeit wäre es, eine große öffentliche Bibliothek anzulegen und viele der Bücher womöglich zu lesen, auch das verspräche soziale Anerkennung. Doch das alles wäre mit weit größerer Mühe, mit viel mehr Einarbeitung und Zeitaufwand verbunden als der Kauf einiger Kunstwerke. Den neuesten Roman von Thomas Pynchon kann man nicht genießen, ohne die tausend Seiten zu lesen; eine Vernissage aber lässt sich guten Gewissens besuchen, ohne dabei viel von den Bildern oder Skulpturen zu sehen, sie gehen in den Besuchermengen ohnehin unter.

Dass manche Sammler nicht so sehr aus einer Zuneigung zur Kunst handeln, sondern aus einer Zuneigung zum Kunsterwerb und dessen Wirkungen auf andere, verblüffte bereits Julius Meier-Graefe vor gut hundert Jahren: Nicht um Kunstliebe gehe es vielen Sammlern, »dafür ist der Kauf zum springenden Punkt geworden; er ist, wie die Heirat, das einzig untrügliche Zeichen der Liebe«.[25] Um dieses Zeichen setzen zu können, bedarf es heute weniger denn je einer inhaltlichen Auseinandersetzung. Es reicht ein gut gefülltes Konto, alles andere übernehmen gerne so genannte Art Consultants oder Agenten, wie sie etwa die Art-Banking-Abteilung der Schweizer Bank UBS beschäftigt. Sie besorgen die richtigen Repräsentationsgüter für den heimischen Salon. Den »Schauer des Erworbenwerdens«, wie Walter Benjamin es nannte, tauschen diese Sammler ein gegen einen Schauer des Beworbenwerdens.

Viele Sammler geben freimütig zu, dass sie ihre Bilder nicht nur kaufen, weil sie selber daran Freude hätten. Sie kaufen, um damit herauszukommen, ein eigenes Museum zu eröffnen oder einen Trakt in einem öffentlichen Haus zu bestreiten. So sagte Charles Saatchi, einer der weltweit bekanntesten Sammler: »Ich kaufe Kunst vor allem, um sie auszustellen. Es ist wichtig für mich, dass die Öffentlichkeit darauf reagiert.«[26] Saatchi war früher äußerst erfolgreich in der Werbebranche tätig, noch heute handelt er oftmals nach den dort erlernten Prinzipien. Er liebt Künstler, die sich auf die Kunst des Einzeilers verstehen, auf Gewalt und Knalleffekt, auf Köpfe aus Tiefkühlblut, Bilder aus Elefantenmist, eingelegte Rinder. Er ist bekannt für seine kampagnenartigen Ausstellungen, für eine schier unersättliche Kaufwut und dafür, ganze Tranchen seiner Sammlung binnen kürzester Frist wieder abzustoßen. Nur, was Eindruck macht, erwirbt er; sobald sich das Eindrückliche verflüchtigt, wird es nicht selten ausgetauscht. Schließlich verfolgt er das ehrgeizige Ziel, pro Jahr mehr als eine Million Besucher in sein Museum in London zu ziehen. Dies bedeutet nicht, dass er sich selbst vor seiner Kunst in Szene setzen würde. Vielmehr gibt er den Geheimnisvollen, lädt ein zu großen Champagnerpartys, über 1000 Gäste kommen, er aber bleibt fern. Gern inszeniert er für seine Kunst die dicksten Schlagzeilen und ist doch selbst derart pressescheu, dass es fast keine Fotos von ihm gibt.

Ähnlich wie Saatchi besitzen etliche Großsammler derartig viele Werke, dass sie selbst kaum den Überblick behalten und sie mehrere Assistenten einstellen müssen. Bei Friedrich Christian Flick ist das zum Beispiel so. Er kaufte innerhalb von nur vier, fünf Jahren mehrere tausend Bilder, Skulpturen, Installationen. Das Inbesitznehmen zählt mehr als das Besitzen.

Dabei bedeutet der Erwerb eines Kunstwerks oft mehr als

nur einen Eigentümerwechsel. Er konstituiert erst Bedeutung. Während etwa ein Luxuswagen immer ein Luxuswagen ist, der gefahren werden kann, sind ein Bild oder eine Skulptur zunächst einmal zu nichts nütze. Außerdem geht ihr materieller Wert meistens gegen Null, und viele zeitgenössische Künstler betonen diese Nichtigkeit auch noch, indem sie ihre Werke aus alten Joghurtbechern oder bunter Knete anfertigen. Umso eindrücklicher gestaltet sich das Ereignis der Aufwertung: Erst durch das Kaufen wird das materiell Unwerte zu wertvoller Immaterialität erhoben. Jeder Kauf ist für die Kunst ein Akt der Anerkennung, und nebenbei natürlich ein Akt der Selbstanerkennung für den Sammler.

Wer also viel Geld für Kunst ausgibt, der konsumiert nicht einfach nur, er scheint auch zu produzieren. Selbst das ästhetisch Unterbemittelte gewinnt dank seiner Geldmittel an Bedeutung, er schreibt dem Werk einen Wert zu, und dieser Wert bleibt nicht ohne Wirkung, vor allem dann nicht, wenn es sich um Kunst eines jungen, unbekannten Künstlers handelt.

Das Bedürfnis mancher Sammler, einen Künstler zu entdecken und groß zu machen und damit auch das eigene Wissen, die eigene Intuition unter Beweis zu stellen, führt dazu, dass gerade die Nachfrage nach Hochschulabsolventen und überhaupt nach jungen Talenten besonders ausgeprägt ist. Denn für bereits etablierte Kunstwerke bedeutet der Ankauf nur einen Akt der Bekräftigung, allenfalls der Wertsteigerung, nicht aber die Erstbegründung eines Werts.

Ohne einen Charles Saatchi wären viele der Künstler, die heute unter dem Rubrum Young British Artists bekannt sind, wohl nie so bedeutend und einflussreich geworden. Etliche ihrer Arbeiten wurden erst dann international beachtet und als Kunst ernst genommen, als er sie in großer Stückzahl und zu rasch steigenden Preisen erwarb. »Viele ehrgeizige Werke von jungen Künstlern enden auf der Müllkippe«, sagt Saatchi in einem Interview. »Bis der Künstler ein Star wird, dann kann er alles verkaufen, was er berührt.«[27] Wer aber macht den Künstler zum Star, wer erschafft diesen Verkaufsmagier, der qua Handauflegen aus Müll teure Kunst macht? Es kann nur ein noch größerer Star, ein noch größerer Magier sein. Es ist der Sammler.

Auch in den USA folgen viele diesem Prinzip Schöpfung, Donald und Mera Rubell zum Beispiel, die in Miami ein ganzes Lagerhaus voller Kunst besitzen und dort auch ihre Kunst zeigen, bevorzugt ihre frisch erworbene Ware. Sie kaufen so viel und vermarkten die Künstler so geschickt, dass ihr Name mittlerweile als Qualitätsstempel gilt. Jeder Galerist, der einen von den Rubells geschätzten Künstler vertritt, wird dieses als gewichtigen Marktvorteil preisen. »He is Rubell«, heißt es dann, so als sei das der Name einer ehrwürdigen Kunsthochschule.

Auch die Museen beruhen auf dem Prinzip der Bedeutungszumessung: Aus der unendlichen Produktion der Künstler wählen sie aus, und immer bedeutet diese Auswahl eine von hoher Warte aus zugesprochene Qualitätsbescheinigung. Der Wert dieser Bescheinigung gilt allgemein als besonders groß, das Museum besitzt Autorität. Doch wird diese institutionalisierte Macht vom Kunstmarkt demokratisiert. Es ist nicht zuletzt dieses Gefühl, an der Macht der Museen und ihrem Ewigkeitsauftrag zu partizipieren, das aus Kunstkäufern Kunstsammler werden lässt.

Zwar ist diese Erfahrung, über die Kunst mitzubestimmen, auch auf andere Weise möglich. Niemand muss dafür viel Geld besitzen, es reicht der Wille zum intensiven Sehen.

Auch dieses Sehen lässt sich als ein Akt der Anerkennung begreifen. Der Betrachter hebt ein Werk heraus, er investiert nicht seine monetären Mittel, dafür aber seine mentalen, und auch so entstehen Werte, im Kopf. Es komme darauf an, sagt Immanuel Kant, »was ich aus dieser Vorstellung in mir selbst mache, nicht auf das, worin ich von der Existenz des Gegenstandes abhänge«.[28] Allerdings ist diese Art der Wertezuschreibung mit geistiger Arbeit verbunden, sie lässt sich auch nicht so schön objektivieren und in Ziffern fassen wie die Wertzuschreibung des Marktes. Und so bleibt das Kaufen für manche die attraktivere Form der Kunstaneignung.

5. WARUM AUS DEN MUSEEN MARKTPLÄTZE WERDEN

Auch früher gab es Sammler, die sich weniger für die Kunst interessierten als für das Leben, das sich mit der Kunst verband. Allerdings waren die Sammlungen kleiner, intimer, sie wuchsen langsamer und gaben meist den etablierten Künstlern den Vorzug. Gerade die jüngeren Künstler von heute könnten mithin zufrieden und glücklich sein: Ohne die neuen Großsammler würden sie weit weniger verkaufen und bekämen noch seltener die Chance, einer größeren Öffentlichkeit bekannt zu werden. Ähnlich haben auch die Auktionen ihr Gutes, häufig nützen sie der Reputation des Künstlers und steigern den Wert seiner Bilder. Warum sich also Sorgen machen? Wenn die Messen und Auktionen unbestrittene Vorteile haben, weshalb dann nicht großzügig hinwegsehen über die Verwerfungen des Marktes, über die Lieblosigkeit, mit der Sammler wie Charles Saatchi oder François Pinault die Kunst benutzen? Für den gewöhnlichen Museumsbesucher scheinen die Messen und Auktionen ohnehin in einer Parallelwelt zu liegen – warum also sollte es ihn stören, dass sich auf den hysterisierten Märkten neue Kunstspielregeln herausbilden, weil dort das Auge weit weniger zählt als das Ohr, kaum jemand offen über die Kriterien der Kunst diskutiert und Qualität primär über den Preis definiert wird? Er müsste sich nicht weiter beunruhigen, wenn der Markt tatsächlich eine Parallelwelt wäre. Doch das ist er nicht. Stärker denn je prägen die privaten Sammlungen das öffentliche Bild der Gegenwartskunst. Was gerade noch auf Messen und Auktionen gehandelt wurde, erscheint oft kurze Zeit später bereits in den Museen.

Nicht nur gründen Sammler wie die Rubells, wie Saatchi oder Pinault, wie auch Reinhold Würth in Künzelsau, Frieder Burda in Baden-Baden oder Marli Hoppe-Ritter in Waldenbuch, ihre eigenen Kunsthallen und bestimmen so mit darüber, was in der allgemeinen Wahrnehmung als gute Kunst zu gelten hat und was nicht. Manche Sammler dominieren auch die öffentlichen Häuser – und damit das, was den Kanon der Kunst ausmacht. »Früher beeinflussten Museen und Kunstgeschichte den Markt«, sagt Gérard Goodrow, der die Messe Art Cologne leitet. »Heute ist es umgekehrt.«[29]

Als die ersten öffentlich zugänglichen Museen vor gut 200 Jahren gegründet wurden, sollten sie Orte der ästhetischen Freiheit sein. Ähnlich wie in den Wissenschaften sollten auch hier nicht die Mächte des Hofes oder die Mächte des Marktes hineinregieren können. Ziel war es, die Kunst unbedrängt von allen Nebenabsichten zeigen und betrachten zu können. Allerdings blieben die Museen auch zu ihren besten Zeiten abhängig von Spendern und Sponsoren. Rasch wurde die Hoffnung enttäuscht, die Kunstgeschichte ließe sich objektiv und allein aus der Kunst heraus erzählen. Doch gewährte man den Sammlern nur selten so großen Einfluss wie heute, wo ihnen, wie etwa im Falle der Sammlung Brandthorst in der Neuen Pinakothek in München, ganze Flügelbauten gewidmet werden. Vielmehr waren die Museen bemüht, die gespendeten Bilder in das bestehende Gefüge einzubinden. Und wenn sie einen Mäzen besonders ehrten, indem sie sich dessen Namen zu eigen machten, so wie das Osthaus-, Wallraf-Richartz- oder Von der Heydt-Museum, dann meist erst nach dem Tod der großzügigen Spender. Anders als es heute oft der Fall ist, wurden nicht Sammler gesammelt, sondern Kunstwerke.

Auch waren die eigenen Budgets meist so großzügig bemessen, dass sich damit das eine oder andere Werk kaufen ließ. Die öffentlichen Häuser verstanden sich als letzte Instanz, souverän sollten Kriterien, Wertmaßstäbe, Qualitäten erörtert werden, versprochen wurden gültige Antworten.

Heute muss sich die letzte Instanz oft mit vorletzten Dingen plagen, das Wallraf-Richartz-Museum in Köln zum Beispiel mit der Frage, wie es das Geld für eine regelmäßige Reinigung der großen Fenster des Hauses zusammenbekommt. Doch nicht nur für die Pflege der Äußerlichkeiten, auch für die inhaltliche Arbeit fehlt das Geld. Dass Museen eigentlich auch Orte der Wissenschaft sind, gerät mancherorts fast in Vergessenheit, viele Stellen werden eingespart. So bleiben etwa Dresdens Staatlichen Sammlungen von ehedem 450 Mitarbeitern nur mehr 259, beim Aufsichtspersonal wird genauso gespart wie bei den Kustodenstellen. Noch nicht einmal ein festangestellter Restaurator für das weltweit bekannte Kupferstichkabinett kann mehr bezahlt werden. Auch Ankaufetats gibt es in vielen Häusern längst nicht mehr, und wo es sie noch gibt, sind sie derart geschrumpft, dass sich damit auf dem überhitzten Markt kaum noch etwas Bedeutendes erwerben lässt.

Umso einflussreicher werden die Sammler. Sie haben das Geld, das den Museen fehlt, sie haben die Kunst und häufig haben sie auch die Macht. Eigentlich wäre es an den Museumsleitern, die Qualität der privaten Sammlung eingehend zu prüfen. Sie müssten diskutieren, welche Werke etwas taugen und welche nicht. Doch häufig verbitten sich die Sammler solche Qualitätsdebatten. Sie handeln nach der Devise: ganz oder gar nicht. Viele Museen entscheiden sich für ganz und übernehmen den kompletten Sammlungsbestand, mag dieser auch von sehr gemischter Qualität sein. Die Konkurrenz zwischen den Häusern ist mittlerweile derart groß – die Zahl der Kunstmuseen hat sich in den letzten 20 Jahren fast verdoppelt! –, dass sich viele Sammler aussuchen können, wem sie ihre Werke schenken oder auch nur leihen wollen. Anders als etwa in Frankreich, wo der Staat keine Privatkunst ausstellen würde, es sei denn, er bekäme sie geschenkt, herrscht in Deutschland nicht selten eine Art Ausverkaufsstimmung. Der Direktor wird zum Bittsteller.

Besonders eindrücklich zeigt sich das in den Staatlichen Museen in Berlin, die sich von dem Sammler Erich Marx abhängig machten. Um das Museum für Gegenwartskunst, den Hamburger Bahnhof, mit großen Künstlernamen wie Beuys, Warhol oder Kiefer füllen zu können, wurden Marx viele Sonderrechte eingeräumt. Das Museum sicherte zu, ständig die Sammlung in Gänze zu zeigen. Für den Fall, dass dieses wegen einer Sonderausstellung einmal nicht möglich sein sollte, würde man für die Werke eigens die Neue Nationalgalerie leerräumen lassen. Auch wurde dem Sammler gestattet, mit den im Museum präsentierten Werken zu handeln. Er durfte zudem einen eigenen Kurator, Heiner Bastian, mitbringen, der im Hauptberuf Galerist ist und dennoch, als eine Art Zweitdirektor, die Geschicke des Hamburger Bahnhofs mitbestimmen wollte.

Seinem Selbstverständnis nach sollte ein öffentliches Museum über alle Privatinteressen erhaben sein. Es darf sich nicht angreifbar machen, indem es für die Belange einer Einzelperson eintritt. Eben das aber geschah in Berlin, und zwar nicht nur im Fall Marx, dessen Kurator Bastian dem Hamburger Bahnhof den Ruf einbrachte, nur der »Showroom« (Wulf Herzogenrath) eines Händlers zu sein. Ähnliches geschah im Fall Flick, dessen gewaltige Sammlung, die Friedrich Christian Flick Collection, seit 2003 an das Museum gebunden ist. Zumindest vorübergehend wurde das Ansehen des Hamburger Bahnhofs durch das Verhalten dieses Sammlers beschädigt. Flicks private Probleme wurden zu den Problemen des Museums. Weil sich Flick weigerte, trotz der NS-Vergangenheit seines Großvaters einen eigenen Beitrag in den Fonds für Zwangsarbeiter zu spenden, kam es zu einer hitzigen öffentlichen Debatte. Als Flick auch noch sagte, er wolle mit seiner Sammlung »der dunklen Seite meiner Familiengeschichte eine hellere hinzufügen«, forderten viele, die Kunst dürfe nicht der Reinwaschung dienen, daher müsse die Ausstellung abgesagt werden. Doch die Staatlichen Museen zu Berlin hielten eisern an Flick fest. Ganz gleich, ob zu recht oder nicht – sie wurden durch den Sammler und sein Verhalten dazu gezwungen, eine Debatte zu führen, die nicht ihre Debatte war. Sie erschienen mitunter wie Flicks Komplizen, obgleich sie doch vor allem Komplizen der Kunst und der Öffentlichkeit sein sollten.

Verstärkt wurde dieser Eindruck noch, als sich herausstellte, dass der Sammler seine Kunst nicht selbst besitzt, sie vielmehr einer Firma, der Contempory Art Ltd. mit Sitz auf der Steuersparinsel Guernsey, übereignet hat. Als Geschäftszweck wurde bei der Gründung im Handelsregister angegeben: »Handel mit eigenen und fremden Kunstwerken«. Bekanntlich steigt der Wert einer Sammlung beträchtlich, wenn sie die Weihen eines öffentlichen Museums erfährt. Für die bekannten Künstler der Flick Collection, für Bruce Nauman oder Martin Kippenberger, gilt dies zwar nicht, aber für eher unbekannte Künstler versprach die Präsentation in den eigens umgebauten Räumen des Hamburger Bahnhofs einen nicht unbeträchtlichen Karriere- und Preissprung. Obwohl Flick vehement bestritt, Teile der Sammlung verkaufen zu wollen, wurde er, der aus steuerlichen Gründen in der Schweiz lebt, doch öffentlich bezichtigt, er habe vor, sich auf Kosten staatlicher Institutionen zu bereichern. Mehrere Bundestagsabgeordnete forderten eine »Teilhabe der öffentlichen Hand an diesen Vorteilen«.[30]

Auch diese Diskussion schadete am Ende nicht nur dem Ansehen des Sammlers, sondern auch dem Ruf des Museums, weil der Eindruck entstand, es habe sich für fremde Zwecke einspannen lassen. Viel war von finanziellen und moralischen Werten die Rede. Eine Debatte über die Werte der Kunst vermochte das Museum hingegen nicht zu entfachen. Allein der Sammler bestimmte die öffentliche Wahrnehmung.

Nun mag man die Fälle Marx und Flick für Extremfälle halten. Oftmals arbeiten Museen und Sammler friedvoll und produktiv zusammen, etwa im Neuen Museum Weserburg in Bremen, in dem die Öffentlichkeit viele Werke zu sehen bekommt, die sonst im Privaten verborgen blieben. Je weniger sich ein Haus von nur einem Sammler abhängig macht, desto souveräner kann es entscheiden, welche Teile der Sammlung es wie und wann zeigt. In Bonn beispielsweise verabschiedete sich das Kunstmuseum 2007 von dem Sammlerpaar Sylvia und Ulrich Ströher, obwohl diese viele gewichtige Kunstwerke besitzen, etwa Bilder und Skulpturen von Georg Baselitz, Jörg Immendorff oder Anselm Kiefer. Etliche dieser Werke waren im Kunstmuseum lange gezeigt worden, der Bauunternehmer Hans Grothe hatte sie der Stadt geliehen. Dann verkaufte Grothe weite Teile seiner Sammlung an die Ströhers, und der Leihvertrag musste neu verhandelt werden. Die neuen Besitzer wünschten sich, dass mehr Bilder als bisher aus ihrer Sammlung gezeigt würden. Sie forderten größere Mitspracherechte bei Restaurierungsfällen oder bei der Verleihung der Werke an Dritte. Die Bonner aber beharrten auf Selbständigkeit. Sie wollten sogar die Fesseln des bestehenden Vertrags lösen und beispielsweise weniger Versicherung zahlen. Am Ende entschied man sich für eine Trennung, das Museum erlitt einen herben Verlust. Doch klugerweise hatte es auch andere Sammler an sich gebunden, und so konnte es seine Souveränität gegen den Einfluss der Großsammler behaupten.

Konfliktfälle wie diesen hat es in den letzten Jahren viele gegeben. Häufig gehen sie zuungunsten der öffentlichen Einrichtung aus. Die Kaufwut mancher Sammler, von Messen und Auktionen geschürt, scheint zuweilen in eine Zeigewut zu münden und eine Neigung zur Selbstherrlichkeit noch zu fördern. Zumindest entspricht der Großzügigkeit, mit der erworben wird, nur selten eine Großzügigkeit im Schenken. So unverbindlich die Kriterien des Marktes sind, so unverbindlich bleibt auch die Beziehung vieler Sammler zum Museum. Als Austragungsort wird es gebraucht, schließlich fehlt daheim der nötige Platz, um alle Sammelstücke zu präsentieren. Aber ein Gefühl der Verpflichtung erwächst daraus nur selten.

Erstaunlich oft kommt es sogar zum abrupten Rückzug.

Manchmal ist es ökonomisches Kalkül: Die Sammlung oder Teile davon sollen verkauft werden, nachdem sie im Museum gezeigt worden sind und nicht selten an Wert gewonnen haben. Manchmal ist es aber auch nur eine Laune: Man hat genug von den öffentlichen Weihen, sucht nach besseren Angeboten oder fühlt sich nicht ausreichend gewürdigt. Herbert Batliner, ein Jurist aus Vaduz, entzog 2005 dem Museum der Moderne in Salzburg kurzerhand seine Bilder und begründete dies mit einem Zeitungsartikel in den *Salzburger Nachrichten*. Er schrieb dem Kunstkritiker der Zeitung einen offenen Brief: »Dadurch«, so hieß es dort, »dass Sie meine Sammlung als Nepp bezeichnet haben, beleidigen Sie mich persönlich und die Sammlung als solche. Ich bin daher nicht bereit, dem Museum weitere Leihgaben zur Verfügung zu stellen.«[31]

In Kassel mussten die Museumsleiter gleich zweimal erleben, wie eine private Kunstkollektion erst ausgestellt und dann ausverkauft wurde: Die Sammlung Kraetz wanderte auf die New Yorker Auktionsbühnen, ähnlich wurde die Sammlung Herbig aus der Neuen Galerie heraus zu Geld gemacht. Auch das Frankfurter Museum für Moderne Kunst verlor 500 Werke, weil der Sammler Dieter Bock lieber andere Pläne verfolgte; der einstige Direktor des Hauses, Jean-Christoph Ammann, sprach von »brutalem Abziehen«. Er warf dem Sammler vor, dieser behandle das Museum wie ein Warenlager und verrate dessen ideellen Kern.

Allerdings hatte Ammann zuvor kräftig daran mitgewirkt, eben diesen Kern auszuhöhlen. Wie kaum ein anderer deutscher Direktor hatte er während seiner Amtszeit, 1989 bis 2002, das Haus auf Selbstvermarktung eingeschworen, zum Beispiel durfte Karl Lagerfeld dort die neueste Chanel-Kollektion präsentieren, und Claudia Schiffer tanzte auf der

»Tischgesellschaft«, einer Installation der Künstlerin Katharina Fritsch, was 1997 noch ein Skandal war. Unterdessen gilt es fast als selbstverständlich, dass sich Museen für Autoshows, Fotoshootings, Festbankette öffnen und auf diese Weise ein wenig dazuverdienen. Die meisten setzen zudem auf Sponsoren, die Sonderausstellungen unterstützen und dafür im Gegenzug ihren Namen mit Monet, Picasso oder Rodin schmücken dürfen.

Doch nicht nur Image-, auch Realgewinn erhoffen sich manche Unternehmen, die Deutsche Telekom zum Beispiel. Sie half im Sommer 2006 der Bundeskunsthalle in Bonn mit Risikokapital aus, um so die dortige Ausstellung mit Werken aus dem New Yorker Guggenheim Museum realisieren zu können. Falls die Ausstellung mit Gewinn abschließen sollte, so die Vereinbarung, würde die Telekom am Profit beteiligt. Ein staatliches Museum, aus Steuermitteln betrieben, wurde zur Geldquelle eines Privatunternehmens.

Dass selbst der Direktor des Hauses diese Praxis nicht als problematisch empfand, liegt wohl daran, dass ohnehin viele Museen sich heute als Wirtschaftsunternehmen verstehen – und oft mit entsprechenden Marketingmethoden in den Kampf um die öffentliche Aufmerksamkeit ziehen. Als das Leopold Museum in Wien Bilder von Klimt, Schiele und Kokoschka unter dem Titel »Die nackte Wahrheit« darbot, gewährte es allen unbekleideten Besuchern freien Eintritt, obendrein bekamen sie eine Tube Sonnencreme und einen Katalog geschenkt. Dafür mussten sie sich dann von Fernsehteams aus aller Welt abfilmen lassen. In Hamburg durften an einem Tag alle rothaarigen Frauen die Kunsthalle umsonst besuchen, man zeigte symbolistische Bilder aus England, viele Rotschöpfe darauf. Die Kieler Kunsthalle verloste eine Woche Urlaub auf Mallorca, um so noch mehr Besucher in ihre Ballermann-

Ausstellung zu locken, in der auch der Schlagersänger Jürgen Drews seine Bilder ausstellen durfte und zudem private Urlaubsfilme von Mallorca-Reisenden gezeigt wurden. Selbst ein Kunstdiebstahl kann noch zu Werbezwecken genutzt werden, wie das Edvard Munch-Museum in Oslo beweist, das nach dem Raub eines Munch-Bildes 2004 ein Brettspiel namens »Das Mysterium des Schreis« verkaufte.

Allerdings wirken solche Vermarktungsmaßnahmen auf eine geradezu rührende Weise unschuldig verglichen mit den globalen Expansionsgelüsten manch anderer Kunsthäuser. Vor allem das Guggenheim Museum in New York hat mit seiner Franchise-Strategie viel von sich reden gemacht. Der Direktor Thomas Krens preist sein Haus als das »erste wahrhaft globale Museum« und die »wichtigste kulturelle Institution des 21. Jahrhunderts«. Entsprechend unbescheiden nimmt sich sein Museumsneubau in der baskischen Stadt Bilbao aus, geplant von Frank O. Gehry. Er hat großes Aufsehen erregt und Guggenheim zu einer Art Weltmarke werden lassen. Selbst in Las Vegas konnte, inmitten der Spielkasinos, eine Dependance eröffnet werden. Auch wenn sich etliche weitere Neubaupläne zerschlugen, konnte Krens zuletzt doch einen Vertrag für ein Riesenmuseum in Abu Dhabi abschließen, ebenfalls von Gehry entworfen. In Abu Dhabi wird auch eine Zweigstelle des Louvre aus Paris errichtet, von dem man bislang geglaubt hatte, er sei über alle Selbstvermarktungszwänge erhaben. Doch die Öl-Scheichs boten eine Milliarde Euro, um den Namen Louvre für 30 Jahre nutzen und Werke aus der Pariser Sammlung zeigen zu dürfen. Da mochten die Franzosen nicht nein sagen.

Wenn aber die Museen selber wie vermarktungshungrige Kunstkonzerne auftreten, die sich käuflich machen und auch die Kunst als käuflich erscheinen lassen, zumindest in Form

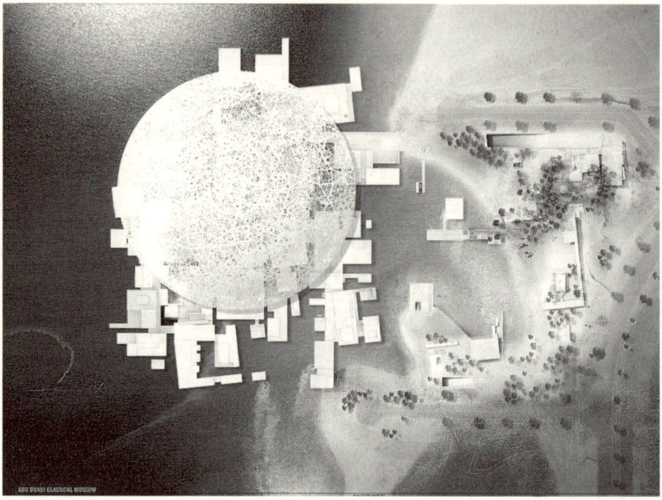

Entwurf für die Zweigstelle des Louvre in Abu Dhabi, Architekt: Jean Nouvel

von Monet-Plastiktüten und schreienden Munch-Puppen, wenn sie also selber den Prinzipien einer maximalen Image- und Wertsteigerung folgen, wie können sie sich noch über Sammler beschweren, die dasselbe tun und in den Museen den natürlichen Kooperationspartner für ihre Kunstgeschäftsinteressen erblicken? Nicht zufällig verwechseln manche dieser Sammler das Museum mit dem, was sie von den Messen und Auktionen kennen. Hier wie dort wird häufig Qualität mit Quantität gleichgesetzt, hier wie dort wird die Kunst so behandelt, als sei sie aus sich heraus nicht bedeutend genug, als müsste sie erst bedeutend gemacht werden, durch Anpreisung und Theatralisierung.

Dafür hat sich ein Mittel besonders bewährt: die Warteschlange. Sie ist zum Inbild des Erfolgs und der Massensehnsucht geworden, seitdem 2004 bei einem Gastspiel des New Yorker Museums of Modern Art in Berlin die Besucher in langen Reihen anstanden und manche drei, manche vier, manche sogar elf Stunden lang ausharrten. Für gewöhnlich werden bei Großunternehmungen wie diesem Zeitkarten ausgegeben, sodass jeder Besucher weiß, wann er Einlass findet. Hier hingegen ließ das Museum die Menschen warten, und sie warteten erstaunlich gern. Das übliche Prinzip der unbedingten Umarmung des Publikums wich dem Prinzip des Entzugs. Das Museum erschien nicht als Ort des süßen Lebens, der langen Nächte und aufgepeppten Shops, sondern als Insel in der Zeit, fernab des Gewöhnlichen und nur für den zu erreichen, der die Entbehrung hinnimmt, Ausdauer übt und Duldsamkeit.

Es war ein bewährter Marketingtrick: Das verknappte Angebot steigerte die Nachfrage. Und wiederum wurde die Erfahrung der Kunst überstrahlt von der Erfahrung des Drumherums, die meisten Menschen verbrachten weit mehr Zeit in der Schlange als vor den Bildern.

Vor allem aber führte der Erfolg der Ausstellung dazu, dass der Erfolgsdruck, der auf vielen Museen lastet, weiter zunahm: Sie müssen noch mehr Menschen anlocken, noch größere Sensationen bieten. Das Verlangen nach dem Besonderen wächst mit jeder Besonderheit. Fast alle Ausstellungen zeitgenössischer Kunst tragen englische Titel, sie heißen Talk Show oder Let's entertain oder I love New York. Das soll polyglott klingen und zugleich Kurzweil verheißen.

Einst lebte das Museum von der Zeitstille, davon, dass die Dinge entrückt und unveränderlich erschienen. Hier konnte jeder sehen, was schon die Großeltern gesehen hatten und noch die Urenkel sehen würden. Es war ein Ort der Verlässlichkeit, der Permanenz. Das Temporäre aber lockt die meisten Besucher, das Versprechen auf Einmaligkeit. Deshalb wirken viele Museen heute eher wie Ausstellungshallen. Die Zahl der Sonderschauen nimmt ständig zu, 1724 waren es im Jahr 2005. Die ständige Sammlung wird hingegen mancherorts fast als Ballast empfunden, wird ins Depot gesperrt, um den Wechselausstellungen den nötigen Raum bieten zu können.

So sind in der Neuen Nationalgalerie in Berlin die Bilder der Expressionisten oder die Werke aus DDR-Zeiten nur mit viel Glück einmal zu sehen. Ähnlich kann sich der Besucher des Düsseldorfer Museums K20 nicht darauf verlassen, dass er die wichtigsten Bilder des Hauses wirklich zu Gesicht bekommt. Die Alten Meister genauso wie die Klassische Moderne scheinen vielerorts nur noch geduldet zu sein, hingegen wird die zeitgenössische Kunst oft mit offenen Armen empfangen. Wer Werke von Andreas Gursky, Jeff Koons oder Jonathan Meese zeigt, gilt als aufgeschlossen und innovativ. Das Alte hingegen macht nur selten Schlagzeilen, es sei denn, es wird gestohlen.

Diese Art von vorauseilender Durchökonomisierung, einer Anpassung an die Regeln des Markts, ist die eigentliche Bedrohung für das Museum. Es verhökert seine Erfahrung und Würde, es biedert sich an mit Mode- und Autoschauen, mit Galadiners und langen Trubelnächten und verspielt so sein größtes Kapital: seine Glaubwürdigkeit. Nicht, dass es falsch wäre, um ein großes Publikum zu werben und auch ungewöhnliche Finanzierungswege zu gehen. Doch der Boom der Neueröffnungen und die Vervielfachung des Angebots stellen für das Museum auch eine Gefahr dar. Es gerät zum Allerweltsort und beraubt sich damit seiner eigenen Grundlagen.

Gerade die zeitgenössische Kunst ist auf eine auratisierende Kraft angewiesen. Erst die musealen Weihen machen aus dem Kaufhausflaschentrockner von Marcel Duchamp einen Kunstflaschentrockner. Für das Museum ist also nichts so kostbar wie seine Andersartigkeit. Es müsste sich den

Gesetzen des Marktes widersetzen. Doch etliche Museumsdirektoren verstehen sich mittlerweile eher als Manager und handeln auch so. Chris Dercon zum Beispiel, der in München das Haus der Kunst leitet, will von Abgrenzung nichts wissen, im Gegenteil tut er viel dafür, um als Partner und Konkurrent internationaler Unternehmen zu gelten. »Die Wirtschaft braucht Subjektivitätsströme – wir schaffen sie. Wir sind verglichen mit der Wirtschaft immer einen Schritt voraus«, preist er sich in einem Interview.[32]

Dieses Voraussein hat zwar zur Folge, dass nun in manchen Jahren weniger Besucher kommen als zu den Zeiten seines Vorgängers, dieses aber scheint Dercon wenig zu kümmern, wichtiger ist ihm das Finanzielle. »Wir sind beliebter denn je bei Sponsoren, Spendern und Stiftungen. Die Sponsoreneinnahmen sind, seit wir hier sind, um 44 Prozent gestiegen. Das Haus der Kunst ist ein Brand geworden. Das Geld ist hier gut angelegt … Früher bildeten die 50- bis 60-Jährigen die größte Besuchergruppe. Jetzt sind es die 20- bis 40-Jährigen, die uns hoffentlich länger begleiten.« Seine Kunsthalle versteht er offenbar als eine Art privaten Fernsehsender, dem es vor allem um zweierlei geht: die kaufkräftige Zielgruppe zu erreichen und attraktive Umfelder für Werbekunden zu schaffen. Zu diesen Werbekunden, die in der Museumsbranche gewonnen werden wollen, zählen sowohl potente Sammler, die ihre Werke für eine Ausstellung verleihen, als auch Anbieter von gänzlich privat finanzierten Foto-, Design- oder Kunstschauen. Ebenso zählen große Galerien dazu, die einen von ihnen vertretenen Künstler gerne einmal üppig präsentiert sehen wollen und zu einer Co-Finanzierung bereit sind. Bei einer Ausstellung von Paul McCarthy im Haus der Kunst habe der Künstler »den größten Teil bezahlt, zusammen mit seinen Geldgebern, der Galerie, den Sammlern«, sagt Dercon. Dass für den Besucher nicht erkennbar ist, wie das Ausstellungsprogramm zustande kommt, wie souverän ein Museum überhaupt noch in der Wahl seiner Themen und Künstler ist, ob es nicht längst als Abspielstation von Fremdinteressen fungiert, stört ihn nicht weiter. »Der Anspruch auf Nachvollziehbarkeit ist eine Sache der achtziger, neunziger Jahre.« Ob der Anspruch auf staatliche Unterstützung auch eine Sache der achtziger, neunziger Jahre ist, sagt Dercon nicht. Doch eine Selbstauflösung, die komplette Privatisierung, entspräche durchaus seiner Logik des Geschäftlichen und hätte zudem den Vorteil, dass die Rollenverteilung klarer geregelt wäre.

Mancherorts folgt man dieser Logik bereits, in Soest etwa, wo das Morgner Haus in Teilen an einen Arzt vermietet wurde, der nun inmitten des Museums seine private Galerie betreibt. Auch hat sich der Ausstellungsmarkt längst privatisiert, es gibt Kunstunternehmer wie Georg Friedrichs, der mit seiner Firma ExtraMax komplette Picasso- oder Dalí-Schauen im Fertigformat anbietet, inklusive Auf- und Abbau, Reinigung, Aufsichtspersonal, Plakatdruck und Shop. Ähnlich produziert die Galerie Levy aus Hamburg vorgefertigte Ausstellungen, etwa mit Werken von Meret Oppenheim, die dann durch die Kunsthallen touren, über Brünn, Klagenfurt, Aschaffenburg nach Basel oder gleich quer durch die USA. Dem Wert der Werke kann das nur nützen, dem Galeristen auch, denn die Ausstellungs- sind nicht selten Kaufobjekte.

Das Art-Business, so zeigt sich, ist längst eingezogen in die Museen. Mehr denn je lassen sie sich leiten von den Marktprinzipien der Beschleunigung, der Expansion, der Käuflichkeit. Hingegen scheint eine ihrer wichtigsten Aufgaben fast vergessen: Selten nur noch bieten sie Orientierung. Dabei ist das Bedürfnis nach einer reflektierenden Bewertung, nach begründeten Maßstäben, nach einer kritischen Diskussion eher noch gewachsen. Denn je größer die Kunstwelt wird, desto beliebiger wirkt sie. Was verbirgt sich zum Beispiel hinter dem oft beschriebenen Phänomen Neue Leipziger Schule? Warum werden für die Bilder von Neo Rauch und seinen Kollegen so hohe Preise gezahlt? Vor allem: Taugen diese Bilder etwas? Solche Fragen könnte ein gutes Museum beantworten, seltsamerweise macht sich aber kaum eines die Mühe. Als in der Sammlung Essl 2006 etliche Leipziger Künstler ausgestellt wurden, in Zusammenarbeit mit dem Museum der bildenden Künste aus Leipzig, durfte dessen Direktor Hans Werner Schmidt einen Katalogbeitrag beisteuern. Er kennt die Szene so gut wie kaum ein anderer, er hätte der Gier vieler Sammler eine stil- und gesellschaftsanalytische, eine präzise und klar wertende Betrachtung entgegenstellen können. Doch mehr als die üblichen Klischees mochte er nicht bieten.

Ähnlich ist es bei vielen Ausstellungen, deren Kataloge immer prächtiger, bunter, dicker ausfallen und immer dünner, was die Inhalte angeht. Offenbar machen sich viele Museen allzu abhängig von Leihgebern, Sammlern, Finanziers, die nicht mit kritischem Geist verschreckt werden dürfen – und abhängig vom Erfolg. Anders als die Universitäten, für die das Wort Masse mittlerweile oft gleichbedeutend ist mit mangelnder Qualität, wollen die Museen weiterhin die Massen für sich gewinnen. Das ist weder im Sinne der Kunst noch im Sinne des Publikums. Obwohl sich viele Menschen von den Großereignissen locken lassen, bleibt dort die Begegnung mit der Kunst doch meist fahrig, im Gedränge bekommen die Besucher von den Werken nur wenig zu Gesicht. Am Ende profitieren vor allem die Postershops und die Busunternehmer, die generalstabsmäßig die Besuchermengen heranschaffen.

Ein unverhohlener Zynismus macht sich breit, eine Verachtung derjenigen, die man früher Betrachter nannte und die heute Quotenbringer sein sollen. Im Louvre zum Beispiel: Dort war es eine Zeit lang verboten, die Mona Lisa zu fotografieren. Dann aber stellte das Wachpersonal fest: »Wenn sie kein Foto machen dürfen, sehen sie sich das Bild tatsächlich an.«[33] Also hob man das Verbot wieder auf, wohl wissend, dass auf den meisten Fotos ohnehin nichts zu erkennen ist, da die schützende Glashülle des Bildes stark spiegelt. Die Hauptsache aber war, keine Staus durch Besucher zu erzeugen. Fünf Millionen kommen im Jahr in den Louvre, so viel Erfolg fordert Opfer.

Dabei lassen sich keineswegs nur durch Sensationsbilder und Ausstellungssensationen viele Menschen anlocken, und es lässt sich durchaus vermeiden, dass sich alle gleichzeitig vor denselben Bildern versammeln. In London oder Stockholm hat man gute Erfahrungen damit gemacht, für die Dauerausstellungen keinen Eintritt zu erheben. Die Zahl der Besucher verdreifachte sich, es kamen plötzlich Menschen, die sonst nie ins Museum gegangen waren, und niemand musste mehr das Gefühl haben, nun auch wirklich alle Kunstwerke schnell abschreiten zu müssen, damit sich das Eintrittsgeld auch auszahlt. Lediglich eine Spende wird von den Besuchern erbeten, und nicht selten liegt die Spendensumme so hoch wie zuvor die Summe der Eintrittsgelder.

Auch in der Royal Academy in London lässt sich beobachten, wie ein Museum erfolgreich sein kann, ohne seine Ideale dafür aufgeben zu müssen. Dort zeigt die alljährliche Summer Exhibition neben den Werken der Akademiemitglieder auch Bilder und Skulpturen derjenigen, die sonst nur Publikum sind. Wer immer möchte, kann zwei, drei Werke einreichen, eine Jury wählt aus und dann hängen die so genannte Profi- und die so genannte Laienkunst nebeneinander. Die Besucher strömen und diskutieren angeregt, wo eigentlich die Unterschiede liegen, wem was besser gefällt und ob es womöglich eine Neuentdeckung zu machen gibt. Eine schönere Form der antiautoritären Reflexion über die Maßstäbe der Kunst, über die eigenen Qualitätskriterien, über die Frage, wie sich der Geschmack des Einzelnen zum Geschmack der Menge verhält, kann es kaum geben.

Mit so viel spielerischer Selbstinfragestellung tun sich die deutschen Museen eher schwer. Sie rufen lieber nach den Unternehmensberatern von McKinsey (wie etwa die Stuttgarter Staatsgalerie) oder konsultieren berühmte Werbeagenturen (wie die Hamburger Kunsthalle) oder rufen andere Autoritäten an, statt den eigenen Museums- und Kunstbegriff zu weiten – nicht in marktökonomischer Hinsicht, sondern in inhaltlicher. Je stärker sie nach außen wie Markenartikler auftreten, desto mehr scheinen sie im Inneren an einem strengen Kanon festhalten zu müssen, was zur Folge hat, dass sich viele Museen verblüffend gleichen – überall ein Mario-Merz-Iglu, eine »Marilyn Monroe« von Andy Warhol und ein bisschen Joseph-Beuys-Filz.

Ein hohes Sicherheitsbedürfnis prägt die deutsche Museumslandschaft. Bloß nichts anders, bloß nichts falsch machen, sagt sich so mancher Direktor. Nicht dass am Ende andere Direktoren denken, da beherrsche jemand nicht den richtigen Code für die Kunst. Was diesen Code ausmacht, wer ihn prägt, wie er sich formulieren ließe, das bleibt oft unreflektiert. Mit der finanziellen scheint auch die geistige Souveränität zu schwinden.

6. WIE DEN KRITIKERN DIE KRITERIEN ABHANDEN KAMEN

Weil die Messen, die Auktionen, Sammler und Museen es der Kunst nicht unbedingt leicht machen, weiterhin gesehen, wahrgenommen und bedacht zu werden, sind nun andere gefragt, den Blick auf die Kunst wieder zu weiten. Vor allem die Kunstkritik könnte das Korrektiv des Marktes sein, könnte bewerten, beurteilen, das Gute vom Schlechten scheiden. Könnte Möglichkeiten erkunden, wie sich Kunst und Museen aus den Zwängen der Messen und Auktionen befreien ließen.

Geschrieben wird ja viel im Reich der Kunst, neue Magazine werden gegründet, im Internet gibt es diverse Kunstberichtsforen, und allein die Zahl der alljährlich erscheinenden Kataloge füllt lange Regalwände. Kritik allerdings ist nur selten zu finden, häufiger gibt es Trendmeldungen, Verlautbarungen, Reportagen, informierende Berichte über das Was, Wann und Wo im Ausstellungskalender. Kritik bedeutet, nach den Begriffen der Kunst zu fragen, nach ihren Funktionen und ihrer Herkunft, bedeutet auch, sich ein Urteil zu erlauben, sich unbeliebt zu machen, sich vor Missverständnissen nicht zu fürchten. Doch oft lesen sich Kunstkritiken, als würde der Autor flüchten, sich verstecken im Dickicht verklausulierter Sätze, im Wortverhau, im dunklen Wald der Fachtermini.

Schon häufig ist die Kunstkritik dafür kritisiert worden, zu leichtgläubig, zu willfährig, zu markthörig zu sein. 1963 schreibt Albrecht Fabri: »Ich weiß auch nicht recht, ob unsere Kunstkritiker aus Angst, als reaktionär verdächtigt zu werden, sich mehr und mehr darin üben, ohne Ansehen von Gut und Böse so ziemlich alles zu schlucken.«[34] 1977 schreibt Mieczyslaw Porebski: »Um die Wahrheit zu sagen, gibt es unter uns Kritikern keine so unbestrittenen Autoritäten, daß man sich verpflichtet fühlte, sie zu lesen, ja daß man Lust hätte, sie zu lesen.«[35] Gut zehn Jahre später schreibt Karl Markus Michel: »Der Weg der Kunstkritik war immer mit Fehlurteilen gepflastert, doch es war ein Weg, kein Morast. Trotzdem läßt sich sagen, daß der heutige Morast für den Kunstbetrieb ganz unverzichtbar ist: als ›geistiger‹ Nährboden für den quasi religiösen Kunstboom, der – in Produktion und Konsumtion – fast jeden Unfug deckt.«[36]

All dieses könnte wohl auch heute noch behauptet werden, gleichwohl hat sich in den letzten Jahren einiges am Berufsbild des Kunstkritikers geändert. Über viele Jahrzehnte sah er sich als Agent der Moderne, seine Aufgabe war es, für und mit der Avantgarde zu kämpfen, vereint mit den Künstlern gegen Ressentiment und die Spießer des Kleinbürgertums. Heute, in den Zeiten der großen Markterfolge, braucht die Kunst diese Entwicklungshelfer und Frontläufer nicht mehr. Und auch die Rolle des Agenten, des Spähers, Talentsuchers und Trendforschers ist mittlerweile an Kuratoren und Sammler vergeben. Daher haben viele Kritiker eine neue Rolle angenommen: die des Liberos. Mal treten sie auf als Freunde des Künstlers, mal als seine vermeintlichen Kritiker, mal rezensieren sie Ausstellungen, dann wieder richten sie selber welche aus, mal besuchen sie eine Galerie als Abgesandte der veröffentlichten Meinung, dann mimen sie dort die Vernissagenredner, mal beraten sie Sammler und Museen, dann schreiben sie über diese. Was ist schon dabei, sagt sich der Kritiker, so machen es doch alle, der Rollentausch ist zu einem Lieblingsspiel der Kunstszene geworden: Künstler treten auf als Kritiker, Kritiker treten auf als Kuratoren, Kuratoren treten auf als Künstler, Künstler treten auf als Kuratoren.

Doch geht dem Kritiker in diesem Reigen seine Unabhängigkeit verloren, und auch seine Glaubwürdigkeit leidet. Wie soll er kritisch über ein Museum berichten können, wenn er weiß, dass er damit seinen nächsten Kuratorenauftrag gefährden könnte? Wie soll er eine harsche Rezension über einen Künstler verfassen, wenn er doch gerne einmal einen Katalogtext für diesen schriebe? Wie soll er offensiv die Macht der Kuratoren hinterfragen, wenn er selbst zu diesen gehört?

Viele Kritiker leben in dem Gefühl, sie seien souverän und gegen alle Vereinnahmungsversuche gefeit. Lediglich 20 Prozent gaben bei einer großen Umfrage in den USA an, sie könnten aus berufsethischen Gründen nicht über Künstler schreiben, deren Werke sie besitzen oder sammeln.[37] So erscheint es nur konsequent, dass der Kritiker Jan Verwoert vorschlägt, man solle den »Vereinnahmungsvorwurf vielleicht einfach aus den Registern der eigenen Rhetorik streichen«; es handele sich dabei doch nur um den »hysterischen Kulturpietismus des deutschen Bildungsbürgertums«.[38] Ähnliches würden die Redakteure mancher Modezeitschriften und Lifestyle-Magazine ebenfalls sagen, denn sie leben oftmals davon, für ihre Anzeigenkunden ein produktgerechtes Umfeld zu gestalten. Doch ist Kunstkritik eine Spezialform von Journalismus, und Journalismus folgt anderen Grundsätzen. Niemand würde es hinnehmen, dass ein angesehener Wirtschaftsredakteur über das Gebaren der Deutschen Bahn schreibt und zugleich die Werbetexte für Hartmut Mehdorn verfasst oder dass ein Politikredakteur über die Haushaltsdebatte im Bundestag schreibt und zugleich Mitglied des Bundestags ist. Es gilt der Pressekodex, den der Deutsche Presserat zusammen mit den Presseverbänden beschlossen hat, und der unter Ziffer 7 vorsieht: »Die Verantwortung der Presse gegenüber der Öffentlichkeit gebietet, dass redaktionelle Veröffentlichungen nicht durch private oder geschäftliche Interessen Dritter oder durch persönliche wirtschaftliche Interessen der Journalistinnen und Journalisten beeinflusst werden.«[39]

Dass sich die heutigen Kunstkritiker in ihrer Mehrheit einem solchen Kodex anschließen könnten, ist unwahrscheinlich. Denn in der Konsequenz würde es sich für sie verbieten, Sammler zu beraten, Ausstellungen einzurichten, Aufsätze für monographische Kataloge zu schreiben und auf Vernissagen die Einleitungsworte zu sprechen. Und das hieße, dass viele Kritiker nicht mehr von ihrer Arbeit leben könnten. Das Zeilengeld ist oft erbärmlich, Reise- und Leseaufwand sind groß, viele können sich ihre Unabhängigkeit nicht leisten. Nähme man die Rolle der Kritik ernster, müssten Kritiker eigentlich gefördert werden wie Künstler; dafür allerdings müssten die Kritiker sich auch selbst ernster nehmen.

Viele scheuen ausgerechnet das Kritische an der Kritik. Nicht allein, weil sie in Interessenkonflikte verstrickt sind, sondern auch, weil sie fürchten, dem Künstler zu schaden. Wenn ein Buchrezensent ein Buch verreißt, dann mag sich das auf die Verkaufszahlen auswirken, nicht aber auf den Ladenpreis des Buchs; wenn hingegen ein Kunstkritiker ein Bild für gänzlich misslungen erklärt, dann kann sich das nicht nur auf die Verkäuflichkeit, sondern potentiell auch auf den Marktwert niederschlagen. Zumindest tragen manche Kritiker diese Befürchtung im Hinterkopf mit sich herum. Nur wenige Künstler stellen hohe Auflagen ihrer Arbeiten her, daher kann ihr Produkt, anders als der Roman eines Schriftstellers, in der Regel nicht gut oder schlecht, sondern nur ganz oder gar nicht verkauft werden. Das löst bei manchen Rezensenten das Gefühl aus, sie dürften keine Unterschiede benennen und nicht urteilen.

Von Werturteilen sei nichts zu halten, sie stünden »nicht zu Unrecht« in dem Verdacht, »fragwürdig« zu sein, war in der Zeitschrift *Texte zur Kunst* zu lesen. Verrisse stünden ja »nicht gerade in dem Ruf, seriös oder gar methodisch avanciert zu sein«.[40] Offenbar herrscht die Vorstellung, wir Heutigen könnten uns unmöglich ein endgültiges Urteil anmaßen, allenfalls die Kunsthistoriker dürften einordnen und richten und einem Künstler seinen historischen Rang zuweisen. Übersehen wird dabei, dass sich viele Werte und Einschätzungen bereits heute bilden, dank des Markts und seiner Agenten. Zudem lebt ja auch das Publikum heute. Aber um das Publikum scheint es vielen Kunstkritikern nur am Rande zu gehen. Allenfalls soll den Lesern etwas »vermittelt« werden, so als läge die Wahrheit allein bei der Kunst und die dummen Kunstlaien würden sie nur schwer begreifen. Das Publikum gilt oftmals als begriffsstutzig, es muss mit möglichst vielen, möglichst objektiven Informationen versorgt werden. Meinung und Kommentar hingegen, eine argumentierende Einordnung, werden als unlautere Beeinflussung begriffen. Unreif wie das Publikum nun mal sei, beuge es sich jedem Urteil und könne kaum jemals eine eigene Meinung formulieren. Daher seien Kritiker, »ob willentlich oder nicht, an einem ›Geschmacksfaschismus‹ beteiligt«, schreibt Michael Kirby. »Im Faschismus regiert eine Person oder eine Partei; Standardisierung und Konformität werden den anderen aufgezwungen.«[41] Eine weit höhere Meinung von seinen Lesern hatte Walter Benjamin, der den Kritiker als jemanden sah, der für sein Publikum schrieb, ohne diesem nach dem Munde zu reden. »Das Publikum muß stets Unrecht erhalten und sich doch immer durch den Kritiker vertreten fühlen.«[42] Viele Kunstkritiker sehen nicht, dass sie gerade als Agenten einer breiten Öffentlichkeit gefragt wären, und das umso mehr, je konsequenter die Kunstszene alle Qualitätskriterien negiert und so allein dem Markt die Bewertungen überlässt.

Sie könnten Katalysatoren sein, die Streitpunkte benennen, Thesen formulieren, Themen eingrenzen, sodass überhaupt eine Basis breiter Verständigung entstehen kann. »Um gerecht zu sein, das heißt, um ihre Daseinsberechtigung zu haben, muss die Kritik parteiisch, leidenschaftlich, politisch sein«, sagt Charles Baudelaire 1846. Er halte nichts von »kalter, algebraischer Kritik, die unter dem Vorwand, alles zu erklären, weder Haß noch Liebe kennt und sich freiwillig jeder Art von Temperament entäußert«.[43] Wer sich als Kritiker im Unverbindlichen verschanzt, der macht nicht nur den Kritiker unangreifbar, er befördert auch die Künste ins Niemandsland der Beliebigkeit. Verlangt wird vom Kritiker, dass er sich kritisierbar macht, indem er seine Kriterien offenlegt und seine Maßstäbe herausarbeitet. So könnte er zeigen, dass sich über Kunst und Geschmack sehr wohl streiten lässt. Und er könnte andere ermuntern, sich auf diesen Streit einzulassen.

7. DER BEFREITE MARKT UND DIE NEUE UNFREIHEIT DER KÜNSTLER

Die Künstler schließlich, am Anfang der Nahrungskette, müssten es wissen. Sie leben für und durch die Kunst, sie können der Qualitätsfrage nicht entgehen. Sie baut sich vor ihnen auf, wann immer sie ihr Atelier betreten. Vor wenigen Jahrzehnten noch, bevor sich in den 1980er Jahren die Postmoderne durchsetzte, konnten sie die eine oder andere Stilwelle abreiten, konnten sich treiben lassen in der neusten Kunstströmung oder anheuern auf irgendeinem Ideologiedampfer; heute hingegen soll jeder sein eigener Ozean sein und alle Wellen selber schlagen. Die Künstler sind frei, ungebunden, bar aller Ansprüche. Niemand mehr erwartet von ihnen hohe Wahrheiten, moralische Erbauung oder tiefe Andacht, die kunstreligiösen Lasten sind von den Künstlern abgefallen, und wohl auch deshalb steigen die Beliebtheitswerte in ungeahnte Höhen. Nun also kann die Kunst sein, was die Kunst sein will.

Was aber will sie? Die Künstler sind frei, doch frei wozu? Was zeigen? Wie malen? Wofür streiten? Sie haben für Freiheit gekämpft und Beliebigkeit bekommen – so empfinden es viele. Schlimmer noch: Die Beliebigkeit schlägt um in Willkür. Die meisten erkennen die Bigotterie des Marktes, sie registrieren sehr genau, dass sich ihre gewachsene Popularität vor allem den Vermarktern verdankt und dass etliche dieser Vermarkter in der Kunst kaum mehr sehen als ein Bühnenbild für ihre eigene Inszenierung von Erfolg und Gewinn. Viele Künstler lassen sich davon verunsichern, sie spüren den Druck, nun auch erfolgreich sein zu müssen. Sie fühlen sich vom Markt verachtet und umklammert zugleich.

Zudem wächst die Konkurrenz. Von den Jüngeren, die gerade die Schule verlassen, wollen erstaunlich viele Künstler werden. Anders als vor 30 Jahren, als dieser Beruf eher etwas für Außenseiter war, verspricht er heute Anerkennung, Vielfalt, ein abwechslungsreiches Leben. Ein Künstler kann tun, was er will, und dabei auch noch gutes Geld verdienen – in dieser schönen Erwartung beginnen viele ihr Studium. 2005 hatten sich laut *Statistischem Jahrbuch* für die Fächer Kunst, Kunstwissenschaft und Bildende Kunst rund 27 000 Studierende eingeschrieben. An über 50 Hochschulen, Fachhochschulen und Staatlichen Akademien lassen sich Kunst und Gestaltung studieren.

Doch nur die wenigsten Künstler können nach dem Abschluss ihres Studiums von der Kunst tatsächlich leben, mehr als 95 Prozent, so die meisten Schätzungen, müssen sich ihr Geld anderweitig verdienen. Auch von den übrigen 5 Prozent kommen die meisten nur knapp über die Runden, ihr Durchschnittsverdienst liegt bei 667 Euro, sagt die Künstlersozialkasse. Der Berufsverband Bildender Künstler rechnet sogar nur mit 495 Euro. Das Glücksversprechen des Marktes erreicht also nur wenige, auch die meisten Galerien kommen kaum über das Existenzlimit hinaus, viele werden nur nebenher betrieben, als Hobby oder weil der Ehepartner gut verdient. Die hohen Umsätze der Messen und Auktionen gehen an den meisten vorbei.

Verwunderlicherweise nehmen viele Künstler das eher gleichmütig hin. Sie leben mit der doppelten Kränkung: mit der finanziellen Not und der willkürlich verweigerten Anerkennung. Sie schimpfen über Sammler, Kuratoren oder Museumsleiter, manchmal arbeiten sie sich auch an der Allmacht der Museen ab und fordern mehr Transparenz. Eine spanische Künstlergruppe zum Beispiel hängte 2004 heimlich ein Bild im Guggenheim Museum in Bilbao auf, um zu zeigen, dass eigentlich »jeder ein großer Künstler sein kann und alles als Kunst durchgeht, wenn man es nur richtig verpackt«. Doch selbst solche Aktionen sind selten geworden. Kaum jemand fragt nach den Kriterien von Erfolg und Misserfolg und fordert eine Begründung dafür, warum er abgewiesen wurde, während andere Karriere machen und von Ausstellung zu Ausstellung hetzen. Offenbar ist es eine Frage des Schicksals, ob jemand Erfolg hat oder nicht, vielleicht ist es auch eine Frage des Genies, oder es hängt an sonstwelchen Gaben, die vom Himmel fallen.

Nur wenige halten es für angebracht, allein schon aus

Gerechtigkeitsgründen über die gängigen Bewertungsraster der Kunstszene zu diskutieren. Manche Künstler haben sich mit dem Status quo abgefunden, anderen fehlt die innere Freiheit, um ihre verbriefte Freiheit auch wahrzunehmen. Sie hören die postmoderne Losung: Alles ist möglich! Und haben doch verinnerlicht: Möglich ist nur, was dem herrschenden Code genügt.

Dieser Code wird von keiner Akademie dekretiert, von keiner Hochschule in Stein gemeißelt. Er funktioniert eher wie ein multilaterales Abkommen, allerdings eines, das nirgends offen formuliert und niedergelegt ist. Gerade das macht diesen Code so mächtig: Er existiert unausgesprochen und nur deshalb, weil sich viele daran halten. Mit einer Verschwörung hat das nichts zu tun, eher mit dem altbekannten Phänomen des Gruppenzwangs, wenngleich es sich in der Kunstszene eher um einen Zwang zur Zwanglosigkeit handelt. Man könnte auch von einer Kleiderordnung sprechen, die niemand verfügt und an die sich doch die meisten halten.

Schon an der Hochschule begegnet den Künstlern dieser Code mit seinen Dos und Don'ts, und die meisten übernehmen die herrschenden Verhaltensmuster, ohne sie lange zu hinterfragen. Gerade weil die Rolle des Künstlers so undefiniert und ungesichert erscheint, weil ein jeder sein eigener Ozean zu sein hat, lassen sich viele einfangen vom Netz der Beziehungen. Sie suchen die Anerkennung der Kollegen und machen sich die üblichen Vorstellungen von guter und schlechter Kunst zu eigen.

Mitunter sind diese Vorstellungen so mächtig, dass sie selbstverordneten Denkverboten gleichen, wie sich am Werdegang vieler Künstler beobachten lässt. Der Münchner Bildhauer Kay Winkler zum Beispiel: Er lernte Zeichnen und Modellieren bei einem Lehrer, der ihm raffinierte künstlerische Techniken beibrachte. Am Ende seiner Ausbildung konnte er wie ein Altmeister malen, hatte ein Gespür für Licht und Schatten, für räumliche Komposition. Dann kam er an die Akademie in München und, so erzählt er, wurde verhöhnt.[44] »Kay, das Jahrhundertgenie« nannten sie ihn, nur weil er es gewagt hatte, einen Frauenakt zu modellieren, in klassischer Manier. Rasch lernte er, seine Fähigkeiten zu verleugnen. Heute bekommt er ab und an einen Auftrag für ein Kunstwerk im öffentlichen Raum. Bekannt ist er vor allem für seine Skulpturen aus schief stehenden Betonplatten, roh und ungeschlacht. In Bamberg wurde eine dieser Installationen sogar auf einem Faschingswagen nachgebildet, die Bürger dort hatten sich mächtig über die Betonkunst aufgeregt. Doch solcher Spott stört Winkler nicht, im Gegenteil, der Protest gilt ihm als Beleg dafür, ein guter Künstler zu sein, denn ein guter Künstler, so sagt es der Code, wird vom Publikum nicht geliebt. Seine alten, klassischen Fertigkeiten besitzt er immer noch, gelegentlich malt er Portraits und formt Büsten, etwas, das die meisten Bildhauer kaum mehr beherrschen. Doch das ist Kay Winkler eher peinlich, er begreift es nur als Broterwerb, nicht als Kunst.

Ähnlich arrangieren sich viele Künstler mit den herrschenden Moden, um nicht als Außenseiter zu gelten. Sie wollen auch zur nächsten Vernissage, zur nächsten Party und erst recht zur nächsten Ausstellung wieder eingeladen werden. Die Szene ist übersichtlich, und umso stärker wirkt der Anpassungsdruck. Anders als etwa in der Musik, die sich in viele Untergruppen aufgespalten hat, sehr unterschiedliche Zielgruppen erreichen will und sich über diverse Kanäle verbreitet, herrscht in der Kunst viel stärker das Prinzip der Ausschließlichkeit. Es wird nicht zwischen Rap, Jazz, Volksmusik und Klassik unterschieden, vielmehr soll möglichst alles demselben Code gehorchen.

Verachtet wird erstens das Bewährte: Wenn jemand wie Robbie Williams altbekannte Hits singt, gilt er dennoch als professioneller Musiker; wenn hingegen ein Künstler bewährte Motive und Maltechniken aufgreift, wird er gern als Laie und Hobbypinsler tituliert. Verachtet wird zweitens die Spezialisierung: Viele Musiker fokussieren ein bestimmtes Publikum, die Diskojugend, die Trucker, die Bildungsbürger; sollte es hingegen einem Maler einfallen, nur noch Bilder für Kinder oder Senioren zu malen, er fände niemals größere Anerkennung (es sei denn, er deklarierte seine Spezialisierung als Konzept). Verachtet wird drittens auch das Prinzip der Popularisierung: Während die Musik ihren Erfolg selbstverständlich auf vielen Verbreitungswegen sucht, Plattenläden, Internet, Radio, beschränkt sich die Kunst weitgehend auf die seriöse Galerie, ohne die kein guter Künstler gut sein kann. Wer seine Werke beim Friseur vertreibt, in Frauenzeitschriften oder über einen Postkartenverlag, hat schon gegen den Code verstoßen. Immer noch gilt: Nur wer im Inner Circle bleibt, findet im Inner Circle Anerkennung. Wer hingegen allzu populär wird, macht sich verdächtig (es sei denn wiederum, die Befriedigung des Massengeschmacks würde zur bewusst gewählten Methode erklärt, zu einem konzeptuellen Vorhaben).

In ihren Qualitätsbegriffen ist die freie Kunst also schon deshalb nicht frei, weil sie sich nicht an ein breites Publikum wendet. Nur selten fertigen Künstler ihre Werke in großen Auflagen, und nur selten sind sie so billig wie Bücher, CDs oder DVDs. Entsprechend bleiben sie abhängig von den relativ wenigen Menschen, die Kunst kaufen. Und vor allem von denjenigen, die Kunst in Auftrag geben.

Auch wenn in der Außenwahrnehmung die Künstler ungebunden zu sein scheinen, nur ihrem ästhetischen Gewissen verpflichtet, entstehen doch die meisten Werke auf Anforderung. Viele Ausstellungen, ob auf den Biennalen oder in Konzernzentralen, wollen keine beliebigen Bilder und Skulpturen zeigen, deshalb beauftragen sie die Künstler damit, sich auf den Ort einzulassen und etwas Spezifisches für den spezifischen Raum oder die spezifische Geschäftsidee anzufertigen. Manchmal kommt es sogar vor, dass aus dem Künstler ein Hofkünstler wird, dem das Thema vorgegeben wird, so etwa bei der ZeitWenden-Schau in Bonn 1999, bei der alle Eingeladenen gehalten waren, ihre Vorstellung von Zukunft zu gestalten.

Doch nicht nur Kuratoren, auch Galeristen treten als Produzenten auf. Sie wissen um die Erwartungen ihrer Kunden und sind bereit, selbst aufwendige Werke vorzufinanzieren. So wären viele der materialintensiven Installationen von Jason Rhoades niemals verwirklicht worden, wenn sie nicht von seinem Schweizer Galeristen Iwan Wirth mit dessen Geld ermöglicht worden wären. Das allein muss noch nicht heißen, dass die Künstler sich in ihren Plänen und Vorstellungen beeinflussen ließen. Doch unübersehbar fixieren sich viele auf die Branche und deren Brauchtum, und manche Galeristen inszenieren diese Fixierung auch noch. Der einflussreiche Jeffrey Deitch entwickelte 2006 sogar eine eigene Fernsehserie, *Artstar*, in der es darum geht, dass acht unbekannte Künstler versuchen, das Wohlwollen des Galeristen zu gewinnen, um schließlich eine Ausstellung ihrer Werke in seinen Räumen zeigen zu dürfen. Beraten werden die Künstler von etablierten Kollegen, Kritikern und Händlern wie Jeff Koons oder Tobias Meyer. Um das Ganze wie eine Art Großperformance erscheinen zu lassen, wurde zudem der Künstler Jim Iserman beauftragt, einige Ausschnitte der Serie in eine seiner Installationen einzubeziehen, aufgebaut in einem New Yorker Museum.

Dieses Fernsehformat erinnerte nicht zufällig an die Serie *The Apprentice*, in der Arbeitssuchende um die Gunst des Immobilienhändlers Donald Trump und eine feste Stelle buhlen mussten. Auch das Verhältnis von Künstler und Galerist hat mitunter etwas Angestelltenhaftes, wenn auch ohne die entsprechenden Arbeitnehmerrechte. Und die Beziehung zu manchen Großsammlern entwickelt nicht selten ebenfalls eine Intensität, die stark zurückwirkt auf die Erscheinungsformen der Kunst.

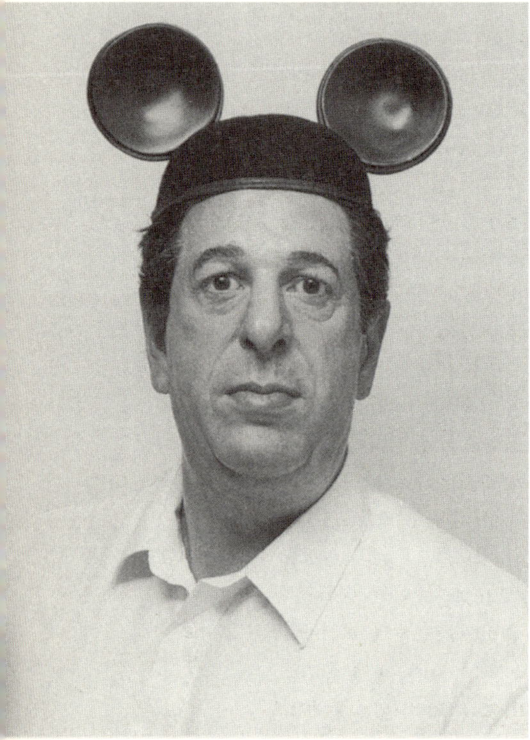

Gordon McHarg: »Mickey HIM«, 2004

So entstehen manche Werke nicht länger für einen allgemeinen Betrachter, sondern werden eigens für Sammler erdacht. Erstaunlich oft werden Sammler sogar zum Motiv der Künstler, fast ließe sich mit solchen Bildern eine eigene Ausstellung bestreiten. Gordon McHarg etwa zeigt Charles Saatchi als »Mickey HIM«, eine lebensgroße Skulptur des Sammlers mit Mickey-Maus-Ohren, entstanden 2004. Er werde das Werk nie verkaufen, sagte McHarg, er sei zu glücklich darüber, dass hier einmal »der Künstler den Sammler sammelt«. Selbst Kunstkritiker und Kuratoren sind schon zu Objekten von Kunstaktionen gemacht worden, etwa durch den Künstler Richard Jochum, was ebenfalls zeigt, wie sehr die Szene von sich selber eingenommen ist.

Manche Sammler verstehen sich denn auch nicht mehr als Sammler, sondern eher als Projektemacher, etwa Francesca von Habsburg, die in guter aristokratischer Tradition viele Künstler um sich schart und bei ihnen das eine oder andere Werk bestellt, als habe es die Autonomisierung der Kunst nie gegeben. Sie selber nennt die Künstler »ihre Freunde«, mit denen gemeinsam sie sich aufregende Aktionen ausdenke. »Wenn man viel Kunst kauft, dann wird man schnell von ihr erstickt«, sagt sie. »Oder man muss sie in ein Lager geben und hat sie nicht mehr vor Augen.«[45] Deshalb vergibt sie lieber Aufträge für temporäre Kunstwerke, etwa an Kutlug Ataman, der für sie ein Lastschiff zu einem Videofilm-Zentrum umbauen durfte, das 2006 die Donau hinauffuhr bis nach Wien. Oder sie plant Kunstpavillons in Kroatien oder Island, an Orten, an denen es noch keine Kunst gibt und wo diese zu einem Pilgerziel werden soll.

Von der Freiheit der Künstler zu sprechen und von ihnen eine offensive Diskussion ihrer eigenen Werte zu verlangen, ist in solchen Fällen wohl eher unangemessen; besser spricht man von der Eingebundenheit der Künstler. Dies gilt selbst dann, wenn ihre Kunst frei auf den Markt kommt, für die Messen zum Beispiel. Auch dort zeitigt die Verkaufsform deutliche Rückwirkungen auf die Form des Angebots. Wichtig ist, dass ein Werk »die Augen auf sich zieht … Damit dies unter den Tausenden, die alle dasselbe Ziel verfolgen, geschehe, heißt es dem Bild alle Eigenschaften geben, die es vor anderen auszeichnen. Wenn man Mut hat, groß, so groß wie möglich, unter allen Umständen schlagend, so daß es auffällt, auch wenn es noch so schlecht gehängt wird. Es muß sich selbst dem flüchtigsten Blick einprägen.«[46] So beschrieb schon vor fast hundert Jahren der Kunsthistoriker Julius Meier-Graefe die Strategien vieler Künstler, sich selbst in einem turbulenten Umfeld die nötige Aufmerksamkeit zu beschaffen.

In der Renaissance bereits verstanden es manche Maler und Bildhauer, sich marktgerecht zu inszenieren, etwa Albrecht Dürer, der sich in einem Selbstportrait zum Christus stilisierte und seine Bilder stets mit einer Art Logo versah. Heute allerdings sind die Bilder nicht selten selbst das Logo, denn viele Künstler beantworten die Frage der Kunstqualität mit den Mitteln der Qualitätsmarken. Sie setzen auf hohe Wiedererkennbarkeit und verlegen sich auf Werke, die alle denselben Prinzipien folgen. Der eine spezialisiert sich auf Autoschrott (John Chamberlain), der nächste auf Neonröhren (Dan Flavin), der dritte auf Nägel (Günther Uecker), der vierte zerschlitzt die Leinwand (Lucio Fontana), der fünfte hängt sie kopfüber (Georg Baselitz), der sechste ist an grauen Müllsäcken zu erkennen (Gregor Schneider), der siebente an hochglanzpolierten Spielzeugskulpturen (Jeff Koons), der achte an eingelegten Tierkadavern (Damien Hirst). Beliebt ist auch, sich auf das Unspezialisierte zu spezialisieren und mit jedem Werk eine neue Überraschung zu bieten. Das alles mag man als einen besonderen Ausdruck von Autonomie und Hartnäckigkeit begreifen, als einen Beleg dafür, dass der Künstler allein seinen eigenen Regeln folgt und diesen auch treu bleibt. Doch legt auch der Markt eine solche Spezialisierung nahe. Er fordert von den Künstlern nicht, dass sie wie ehedem nach Vollkommenheit streben, er verlangt jedoch nach einem Zeichen, das sie vollkommen für sich allein haben. Damit die Sammler sicher sein können, dass es von etwaigen Besuchern ihrer Sammlung umgehend als äußerst charakteristisches Werk des Künstlers Wie-hieß-ergleich-nochmal verbucht wird. Selbst wer den Namen nicht gleich präsent hat, ist doch mit dessen Methode vertraut, sie überstrahlt alles Werk- und Kunsthafte und erlaubt es noch dem eiligsten Betrachter, sofort im Bilde zu sein und keine weiteren Blicke mehr werfen zu müssen – Urheber erkannt, Kunst gebannt.

Idealerweise zeigen sich die Künstler auch gleich selbst in ihren Bildern, dann fallen Körper und Zeichen in eins. Gilbert & George halten es so, auch Cindy Sherman ist gerne ihr eigenes Modell, Swetlana Heger hat sogar eigens eine Werbeagentur beauftragt, sie als junge, erfolgreiche Künstlerin zu vermarkten. Sie will aus der Pop Art eine Brand Art machen und sich selbst zu ihrem eigenen Label stilisieren. Eine andere beliebte Künstlerstrategie besteht darin, keine eigene Marke auszubilden, sondern bereits bestehende Marken für die eigene Kunst zu nutzen. So beklebten vier Kunststudenten aus Offenbach sich selbst mit dem Ja!-Logo einer Discounter-Kette, lebten fortan von den 350 Ja!-Produkten und nannten das Ganze »soziales Experiment«. Die Künstler machten sich selbst zum Objekt, auf dass ihre Kunst umso subjektiver erscheine.

Sich warenförmig zu geben, das eigene Werk gebrauchs- und sammelfertig abzufassen, gilt also schon lange nicht mehr als ehrenrührig. Bereits an den Hochschulen lernen viele Studenten, dass es vor allem auf das richtige Vernetzen ankomme, und sie begreifen die Jahresausstellung als eine Art erste Auftragsarbeit. Bei der Abschlusspräsentation am Institute of Contemporary Arts in London scheuen sie sich nicht, den Besuchern eine Preisliste in die Hand zu drücken – als sei es das primäre Ziel der Kunst, als Kunst verkauft zu werden.

Vor allem diejenigen, die noch bei keiner Galerie untergekommen sind, spüren einen hohen Anpassungsdruck, sie wissen um die allgemeine Oberflächlichkeit und bedienen diese auch. Wer mit jungen Künstlern spricht, hört oft davon, dass sie sich um die Verbreitungsfähigkeit ihrer Kunst sorgen. Sie muss sich gut abbilden lassen, muss im Zweifel sogar auf dem Bildschirm eines Mobiltelefons den potentiellen Käufer beeindrucken können. Die Worte von Meier-Graefe – »groß, so groß wie möglich« – gelten zwar noch immer; doch dieses Große muss nun auch in Kleinstform noch erkennbar sein. Oft schicken die Galeristen ihren Kunden die Ansichten neuer Kunstwerke per E-Mail, im digitalen Jpeg-Format. Vielreisende erreicht das Angebot nicht selten auf dem Telefon, sie sollen sich entscheiden, auch wenn sie nur ein Bildchen im Streichholzschachtelformat vor sich haben. Das mag wie ein moderner Mythos klingen, doch viele Galeristen berichten von solchen Fällen. Die gegenwärtige Markthysterie gebiert viele Abstrusitäten.

Vorbei die Zeiten des beschaulichen Atelierdaseins, gerade die global erfolgreichen Künstler sind fast immer unterwegs, als Handelsvertreter ihrer selbst jetten sie durch die Welt. Olafur Eliasson zum Beispiel beschäftigt 30, 40 Mitarbeiter, für Maurizio Catellan arbeiten ganze mittelständische Betriebe. Ab und zu faxen die Künstler ihren Gehilfen eine Skizze zu oder telefonieren einen losen Ideenbrocken durch, und dann warten sie ab, wie andere daraus ein präsentables Kunstwerk formen. Manchmal sehen sie es dann am Eröffnungsabend das erste Mal, manchmal wirkt es ganz anders, als es eigentlich sein sollte. Doch dann ist es zu spät, und am Ende merkt es ja eh niemand. Nicht nur die Kunstformen, auch die Formen der professionellen Deformation werden immer vielfältiger.

Zwar ist auch der Idealismus nicht ausgestorben. Weiterhin segeln manche Künstler frei auf offenem Ozean, umschiffen jede Geldklippe und scheuen konsequent die musealen Gewässer. Doch ex negativo, in ihrer strikten Ablehnung alles Markthaften, steht oftmals auch für sie das Gerangel um Preise und Aufmerksamkeit im Zentrum, auch sie bleiben auf den Inner Circle und seinen Code fokussiert. So ist der Markt ein großer Freund oder ein großer Feind.

Natürlich, das müsste niemanden weiter bekümmern. Künstler dürfen reich und einflussreich sein, und ebenso dürfen sie sich mönchisch begnügen und der Welt entsagen. Weder das eine, noch das andere sagt etwas aus über die Qualität der Kunst. Allerdings werden bei allem Anpassungs- oder Ablehnungsdruck die Räume für die Reflexion sehr eng – und das ist die eigentliche Crux.

Der Kunst fällt es zwar leicht, andere zu kritisieren und Anklage zu erheben gegen das Unrecht der Welt. Sich selbst zu kritisieren allerdings vermag sie nur selten, es mangelt an Selbstverständigung. Sie folgt oft denselben Pfaden seit Jahrzehnten und weiß nicht mehr, wohin sie führen. Sie gehorcht denselben Maßstäben, auch wenn diese ihre Gültigkeit verloren haben. Sie bemerkt ihre eigenen Irrtümer nicht.

II
DIE 10 POPULÄRSTEN IRRTÜMER DER GEGENWARTSKUNST

IRRTUM NR. 1: GUTE KUNST KENNT KEINE KRITERIEN

Die Kunst ist frei und niemand darf, niemand kann über sie richten. Das ist das Missverständnis, mit dem alles anfängt. Kriterien gebe es schon lang nicht mehr, und woher sollten sie auch kommen, sagen viele Künstler und Händler. Jegliche Deutungshoheit habe sich aufgelöst im Flachland der Moderne – die Museen korrumpiert, die Kritik entmündigt, alle Autoritäten entwertet. Überhaupt ist den Gesellschaften der Gegenwart keine Institution mehr heilig, nicht die Parteien, die Sportvereine oder die Kirche. Die Bindekräfte lassen nach, die Welt ist ohne Zentrum. Warum sollte es also in der Kunst noch Verbindlichkeit geben, etwas, das sich über das Zerstreute wölbt und Gemeinsamkeiten wieder lesbar macht? »Es wird schwierig, irgend etwas vorauszusetzen. Alle Gewissheiten, die sich aus Religion, Autoritäten, Tradition und Stil ergeben, werden infrage gestellt, und der Künstler ist nicht mehr in der Lage, die Reaktion des Publikums auf die

Symbole und Bezüge, mit denen er arbeitet, vorherzusehen«, schrieb der amerikanische Kunstkritiker Clement Greenberg vor fast 70 Jahren.[47] In der Umkehrung heißt das bis heute: Das Publikum kann auch beim Künstler »kaum mehr etwas voraussetzen«, erst recht kein Streben nach dem Wahren und Einschätzbaren.

Allerdings ist die Kunst mit dem Phänomen der Pluralisierung nicht allein. So wie die Künstler nutzen auch viele andere das Grundrecht auf freie Meinungsäußerung und hoffen darauf, eine breite Öffentlichkeit für sich zu gewinnen. Der Zeitungskommentator, der Prediger in der Kirche, die Demonstranten auf der Straße, sie alle wollen nicht nur ein paar Eingeschworene erreichen, sondern möglichst viele Menschen. Auch sie könnten sich bequem auf das Argument zurückziehen, heute sei der Gemeinsinn nun mal verweht und somit jedes Bemühen um allgemeine Verständigung so gut wie vergeblich. Tatsächlich wird das Schreiben, Reden, Publizieren in einer tribalisierten Gesellschaft nicht unbedingt leichter, doch keinem Demonstranten, keinem Journalisten und nur den wenigsten Schriftstellern fiele es deshalb ein, sich ins Niemandsland des Unverbindlichen zu flüchten. Sie versuchen, für viele verständlich und bewertbar zu bleiben, sie halten fest am demokratischen Ideal einer Gemeinschaft der Gleichen.

Nun mag die Kunst für sich in Anspruch nehmen, sie sei frei von allen Demokratiebelangen und folge anderen Gesetzen als ein Zeitungskommentar. Dennoch bleibt sie eine öffentliche Äußerung. Öffentlich aber ist sie nur, wenn sie sich nicht ins Privatistische verkriecht. Wenn also die eigenen Regeln, die eigenen Kriterien weithin erkennbar bleiben.

Davon mögen viele Künstler nichts wissen. Sie sind geprägt vom 20. Jahrhundert, in dem es meistens nicht ums

Veröffentlichen, sondern ums Verschließen und Abwehren ging. »Die Kunst ist Kunst-als-Kunst, und alles andere ist alles andere«, konstatierte der Maler Ad Reinhardt Anfang der 1960er Jahre und prägte damit eine Art Leitmotto.[48] Bis heute beliebt ist auch der Ausspruch von David Smith: »Niemand versteht die Kunst außer dem Künstler.«[49] Und schon das *Technische Manifest* der futuristischen Malerei wusste, dass alle »Kunstkritiker unnütz und schädlich« seien.[50] Sich unangreifbar zu machen, sich zu immunisieren gegen alle Einflüsse von außen, ward fortan für viele Künstler oberste Pflicht.

Selbst in der Service-Kunst der 1990er Jahre ist das noch zu spüren, obwohl die Künstler sich dort um größte Alltäglichkeit bemühten. Sie kochten für die Museumsbesucher, massierten ihnen die Füße oder verkauften Second-Hand-Kleidung. Doch häufig legten auch sie es mit ihren Tätigkeiten auf die Frage aller Fragen an, auf ein verdutztes »Und das ist Kunst?« – nur um darauf mit einem nachsichtigen, aber bestimmten »Und das ist Kunst!« antworten zu können.

Eine offene Diskussion über Leitwerte und Maßstäbe blieb hingegen oft ausgespart, auch wenn man sich durchaus hätte fragen können, wie die Qualität solcher Aktionen zu ermitteln wäre. Ist Service-Kunst gute Service-Kunst, wenn das Essen gut schmeckt, die Kleidung gut passt, die Massage gut entspannt? Am Ende bestand der Reiz dieser Kunsttaten vor allem in der Verblüffung des Publikums: Wieder einmal bewiesen Künstler, dass alles, was Künstler tun, Kunst ist. Und es deshalb keiner weiteren Begründung bedarf.

In vielen zeitgenössischen Werken, so liberal und partizipatorisch sie daherkommen mögen, wohnt noch der alte Genieglaube der Romantik. Das Genie ist frei von allen Bindungen, es will und kann sich nicht erklären, und natürlich ist ihm alles irdische Fragen nach Kriterien und Maßstäben viel zu gewöhnlich. Verpflichtet ist es keiner Öffentlichkeit, sondern nur sich selbst und den Mächten seiner Inspiration. Zwar bezeichnen sich heute nur noch wenige Künstler als Genie, doch viele folgen den klassischen Verhaltensmustern weiterhin, sie wehren sich gegen Ansprüche von außen und empfinden es als Zumutung, das eigene Tun begründen zu sollen. Das Begründen nämlich könnte ein weithin beliebtes Image der Kunst gefährden, das Image, geheimnisvoll zu sein.

Für viele macht gerade das den Wert der Kunst aus: Sie soll unausschöpflich sein, unnahbar, unbegreiflich. Auch das ist natürlich eine Form der Qualitätsbeschreibung, es ist ein Kriterium, wenn auch ein paradoxes: das Kriterium der Kriterienlosigkeit. Wo die Kunst unausschöpflich und unbeschreibbar sein soll, kann es verständlicherweise keine Festlegungen, keine Beschreibungen geben.

Für den Betrachter heißt das, er möge bitte schweigen. Er hat nur die Wahl zwischen Ehrfurcht und Gleichgültigkeit. Wer also behauptet, für die Kunst von heute habe sich die Frage nach den Maßstäben erübrigt, vertritt im Grunde eine recht autoritäre Vorstellung. Künstler sollen geben, Betrachter sollen nehmen, weiteres gibt es nicht zu sagen. Allenfalls wird noch hinzugefügt, die Verhältnisse seien halt nicht mehr wie einst, als noch Fürsten und Akademien darüber befanden, was wohlgeraten war und was nicht. Mit diesem Hinweis soll bedeutet werden: Achtet die Freiheit der Kunst, sie musste erst mühsam errungen werden, und nun sollte niemand die Errungenschaft gefährden, auch nicht durch stures Fragen nach Kriterien.

Allerdings wird dabei gern übersehen, dass es zur Herrschaft der Regel noch andere Alternativen gibt als nur die Herrschaft des Regellosen. Auch in postabsolutistischen Zeiten muss nicht jeder Künstler sein eigener Fürst oder eine Akademie von eigenen Gnaden sein. Die daraus resultierende Normenlosigkeit wäre nur selbst eine Norm, wenn auch eine verschleierte.

Ohnehin taugen die Fürsten und Akademien nur sehr bedingt als Feindbilder, denn die Kunst lag keineswegs dauerversklavt in den Ketten dieser Autoritäten, bis endlich die Retter der Moderne kamen, um sie zu befreien. Die Welt war nicht so übersichtlich, wie die Apologeten der Unübersichtlichkeit es gerne hätten. Immer wurde über die Qualität der Kunst gestritten, der Streit gehört zu ihrem Wesenskern. So beginnt schon die Renaissance, und damit in der Kunstgeschichtsschreibung die Neuzeit, mit einem schweren Disput über Stile und Werturteile. Dieser Disput trug sich zu in Florenz, vor gut 600 Jahren. Verschiedene Künstler bewarben sich damals um den Auftrag, die Bronzetüren des Baptisteriums in Florenz anfertigen zu dürfen, alle mussten sie ein Probestück abliefern. Dann tagte eine Jury und kürte Lorenzo Ghiberti zum Sieger. Unumstritten war diese Entscheidung allerdings nicht. Bis heute hält die Diskussion darüber an, ob Ghiberti seinem Konkurrenten Filippo Brunelleschi tatsächlich überlegen war.[51]

Den Auftakt des neuzeitlichen Kunstverständnisses markiert also nicht die Verfügung einer Regel, sondern die Frage nach Angemessenheit. Nicht falsche Ehrfurcht stand am Anfang, sondern das Ringen um Qualität. Schon damals war Kunst nicht einfach Kunst. Und auch heute entsteht ihr Wert erst durch Bewertung. Für sich genommen ist selbst ein millionenschweres Van-Gogh-Gemälde nur Öl, Farbpigment, Leinwand und in materieller Hinsicht wertlos. Nur weil viele Menschen es Kunst nennen, wird es auch als Kunst angesehen und begriffen. Es bedarf der Übereinkunft, einer geteilten Vorstellung von Kunst.

Deshalb seien Kunst und Kanon sogar Synonyme, meint der Kunstwissenschaftler Rainer Metzger. »Kunst in der Moderne verdankt sich der Wirksamkeit des Kanonischen. Diese Kunst ergibt sich aus der Zuteilung einer allgemeinen Besonderheit, nämlich Kunst zu sein, an das besondere Allgemeine, die Dinge der Welt.«[52] Für dieses Zuteilen der Bedeutung hat die Demokratie für gewöhnlich keine Zuteilungsstelle vorgesehen, es gilt vielmehr das »Prinzip Auslegung«, wie Metzger es nennt. Um dieses Prinzip zu beleben, also um etwas auslegen zu können, muss es erst einmal in den Betrachtern angelegt, muss wahrgenommen und reflektiert werden. Und erst wenn einzelne Betrachter sich gegenseitig mitteilen, was sie wahrgenommen und erkannt haben, wenn sie bewerten und beurteilen, kann so etwas wie eine Zuteilung von Bedeutung entstehen.

Das Bewerten und Beurteilen kann aber wiederum nur gelingen, wenn es Werte gibt, die vielen sinnvoll erscheinen, und andere Werte, die als unsinnig gelten. Kurzum: wenn es Bewertungs- und Beurteilungskriterien gibt. Wer also meint, solche Kriterien könne es nicht mehr geben, plädiert entweder für die Einrichtung einer Zuteilungsstelle oder aber will das Gespräch über Kunst abschaffen und damit letztlich die Kunst selbst.

Im Moment ist die Wirklichkeit ziemlich weit entfernt vom geschilderten Ideal des lebendigen Austauschs über die ästhetischen Werte der Kunst. Eher geht die Tendenz in Richtung Zulassungsstelle, wobei als Hauptzuteiler die Vermarkter und Sammler agieren. Doch auch sie bewerten, beurteilen, richten und das ständig und immerzu: Es wird entschieden, ob jemand zum Studium zugelassen wird, es geht um Stipendien, um Preise, um Ankäufe für Museen und Sammlungen, und stets wird ein Künstler dem anderen vorgezogen. Wo aber ausgewählt wird, muss es Auswahlgründe geben, und schon deshalb erscheint die These von der Kriterienlosigkeit, so verbreitet sie sein mag, ziemlich weltfremd. Fraglich bleibt nur, ob die Kriterien auch formuliert werden und ob sie etwas taugen.

Und was heißt das für die Qualität der Kunst? Ein guter Künstler ist einer, der sich seiner eigenen Kriterien bewusst ist, der benennen kann, warum ihm seine eigenen Werke überzeugen. Weshalb das übergroße Bildformat, warum eine Skulptur aus Kronkorken, wieso ein Videofilm über Tiere? Warum ausgerechnet dieses Sujet mit jenem Material und in dieser Form? Seine Bewertungen und Entscheidungen mögen sich im Laufe der Zeit ändern, schließlich ist die Kunst nichts Erstarrtes, sondern ein unabschließbares Spiel. Und wie jedes gute Spiel hat es Regeln, die sich ausbauen oder verengen lassen. Die Kunst muss diesen Regeln nicht folgen, sie muss sie aber achten. Denn ein gelingendes Spiel bleibt sie nur, wenn es Regeln gibt. Schließlich ist nichts öder als sklavische Regelerfüllung – mit Ausnahme völliger Regellosigkeit. Ein gutes Kunstwerk wäre mithin eines, das bestehende Kriterien aufgreift und variiert, das daraus sogar andere Kriterien entwickelt, nicht unbedingt verbindliche, aber verbindende doch.

IRRTUM NR. 2: GUTE KUNST MUSS NEUES BIETEN

Das konservativste Dogma von allen ist das Neue. Es geht zurück auf jene Zeit, in der die moderne Kunst groß und wichtig wurde. Damals, im 19. Jahrhundert, waren Industrialisierung und Imperialismus ihre engen Vertrauten. Von beiden hat sie gelernt, vor allem das Fortschreiten und das Erobern. Seither muss es in der Kunst immer weitergehen, immer neues Terrain gilt es einzunehmen, immer neue Bilder und Skulpturen wollen produziert sein. Das Neue ist der Feind des Alten – auf dieses eingängige Weltbild konnte sich die Kunst schon früh verständigen.

Noch heute wird den Künstlern gern vorgehalten, ihnen fiele wohl nichts mehr ein. Was sie machten, sei doch alles längst gemacht worden. Und überhaupt, warum sie denn nicht forscher und wagemutiger seien, weshalb sie nicht endlich wieder aufbrächen zu fremden Ufern? Die Kunst als ewige Expedition, jeder Künstler ein Alexander von Humboldt oder zumindest ein Thomas Edison oder Otto Lilienthal – das sind die Erwartungen, die im 19. Jahrhundert vorgeprägt wurden. »Der Begriff der Qualität – verstanden als Erreichen oder Überbieten bekannter, unstrittiger Standards – wurde abgelöst durch den Begriff der Innovation, verstanden als Setzen neuer, streitbarer Standards«, schreibt der Kunsthistoriker Christian Demand.[53] Als Augenzeugen ruft er den Dichter und Kritiker Emile Deschamps auf, der schon 1828 frustriert feststellen musste: »Die neuen Ideen setzen sich nämlich grundsätzlich immer durch und das aus dem einfachen Grund, weil sie eben neu sind.«[54] Der Glaube an die Überwindung des Gegenwärtigen, an die Macht des Neuen, wurde zum Gründungsmythos der Moderne.

Nicht zufällig erinnert das an Irrtum Nr. 1, denn auch die Freunde der Kriterienlosigkeit glauben ja an eine geniegeprägte Kunst, die allein aus sich heraus besteht, ohne Vorher, ohne Nachher. Nur schwebt das Neue nicht völlig im Beliebigen, vielmehr folgt es einer Bewegungsanweisung: voran auf den klaren Bahnen der Geschichte, schnell am

Alten vorbei, das Gewohnte überholen, als wäre die Kunst ein Rennwagen und das Museum die Autobahn. Noch immer prägt dieses Geradeausdenken viele Künstler und Betrachter, etwa die Kunstkritikerin Isabelle Graw, wenn sie schreibt, es sei unerlässlich, »an historische Einsichten und Errungenschaften – etwa der Institutionskritik oder Formen einer bestimmten malerischen Negation von Malerei – zu erinnern, hinter die es kein Zurück mehr geben kann«.[55]

Ähnlich fordern viele ein strenges Wendeverbot auf der Einbahnstraße namens Kunst, doch klagen sie zugleich darüber, dass *kein Zurück* oft auch *kein Zurückblicken* bedeutet, eine Kunst ohne Gedächtnis. Es gehört zum Prinzip des Neuen, das Alte in den Hintergrund zu drängen oder gar auszulöschen. Anders als etwa in der fortschreitenden Industrietechnik wird in der fortschreitenden Kunst kein Wissen aufgebaut, das dann künftigen Künstlergenerationen zum Fundament eigener Entwicklungen würde. Gerade die fundamentlosen Künstler gelten in der Regel als besonders radikal und eigensinnig und also als besonders begehrt. »Wenn es einen Zug von Avantgarde zu retten gilt, dann den des unnachgiebigen Rüttelns am längst Durchgesetzten«, schreibt der Kunstkritiker Jörg Heiser.[56] Nicht das Fortschreiben, das Aufgreifen oder Verbessern des Bestehenden gilt als Qualität der Kunst. Vielmehr soll sie stürmen und drängen, den Status quo überwinden und die Vergangenheit, also das »Durchgesetzte«, hinter sich lassen. Schon deshalb ist das Neue ein Irrtum.

Es hat die Künstler in eine neue Unfreiheit geführt. Wer heute an die Farbvaleurs eines Paul Klee oder gar an das Chiaroscuro eines Peter Paul Rubens anknüpfen wollte, würde gleich als langweiliger Traditionalist gescholten, anders als etwa Pianisten oder Schauspieler, für die es als selbstverständlich gilt, historische Stoffe neu zu beleben. Was also von den Künstlern ursprünglich als Loslösung gedacht war, als ein Abschütteln überholter Zwänge, ist längst selber zwanghaft geworden. Was sich ausnehmen mag wie schönste Unabhängigkeit, hängt doch am Verdikt des Neuen. Die Kunst hat sich selbst zum permanenten Traditionsbruch verdammt, zu einer Ästhetik der Abweichung, die dem Künstler alles erlaubt, nur eines nicht: vom Gebot der Abweichung abzuweichen.

Dahinter steht eine Art Kult des Individuellen. Niemand dürfe sich, so die Regel, den allgemein herrschenden Vorstellungen von Kunst unterwerfen, niemand seine Persönlichkeit an die geltenden Normen verraten. Heraus kommt dabei ein Nonkonformismus, der streng darauf bedacht ist, dass sich auch wirklich alle schön konform an ihn halten. Sicherlich gibt es Ausnahmen: Manche Künstler versuchen, dem zwanglosen Zwang zu entgehen, indem sie die eigene Autorschaft so gut es geht negieren. Sie wollen nicht länger als Originalgenie verbucht werden und suchen nach Alternativen. So bat John Baldessari einige Hobbymaler, ein paar von ihm ausgewählte Fotos als Ölgemälde auszuführen und nannte sie »Commissioned Paintings«. Martin Kippenberger beauftragte einmal einen Filmplakatmaler, der Bilder herstellte, die nun unter Kippenbergers Namen im Museum hängen.

Viele Künstler schätzen auch die Methode des Readymade, die es ihnen erlaubt, Flaschentrockner oder Staubsauger aus dem Kaufhaus in die Räume der Kunst zu transportieren, ohne an diesen unbedingt etwas verändern zu müssen. Man könnte darin eine Spielform des Kolonialismus sehen, die abermals anzeigte, wie sehr die Kunst noch im Imperialismus des 19. Jahrhunderts feststeckt; immer neue Regionen der Warenwelt werden dem Reich der Kunst unterworfen. Doch spricht aus vielen Readymades vor allem der Wunsch, dem selbst produzierten Originalitätswahn zu entkommen. Was die Philosophen Michel Foucault oder Roland Barthes vor 40 Jahren als das Verschwinden des Autors beschrieben, soll eingelöst werden durch die Appropriation des Existierenden. Allerdings erweist sich auch dieses Vorgehen wiederum als etwas Originelles, denn wer mit den Normbrechern bricht, bricht ja ebenfalls eine Norm. So gehorcht jeder Versuch, künftig nichts Neues mehr machen zu wollen, sehr wohl der Logik des Neuen oder wird doch dieser unterworfen. Häufig werden jene Kunstformen, die alles Individuelle dementieren, rasch zum Stil erklärt und mit dem Namen eines Künstlers verknüpft, er gilt dann als Nicht-Autoren-Autor, seine Kunst wird gehandelt und in Museen gezeigt. Allerdings wird der Bruch mit dem Innovationsgebot nur solange als künstlerisch wertvoll anerkannt, wie dieser noch neu ist und nicht bereits als veraltet gilt.

Gibt es also kein Entkommen? Wird der Konservatismus des Neuen ewig währen? Zumindest zeigt er seit geraumer Zeit einige Verschleißerscheinungen. »See new. Hear new. Feel new« – das ist längst nicht mehr die Verheißung der Kunst, sondern der Werbeslogan für ein neues Telefon der Nokia Nseries. Ähnlich sind die Traditionsbrüche der Kunst zu einer Alltäglichkeit geworden. Als Marcel Duchamp vorschlug, »einen Rembrandt als Bügelbrett« zu benutzen, galt das als Provokation. Heute ist jeder Van Gogh als Badehandtuch erhältlich, und selbst Jörg Immendorff, der große Aufbegehrer, mutiert zum Halsschmuck, seinen Maleraffen gibt es als Seidentuch, 70 mal 70 Zentimeter, wahlweise in Grau, Braun, Rot oder Blau.

Das Prinzip des Neuen durchdringt also Kunst und Alltag gleichermaßen, es macht die Grenzen unkenntlich. Doch gerade weil es omnipräsent ist, erschöpft es sich auch – durch

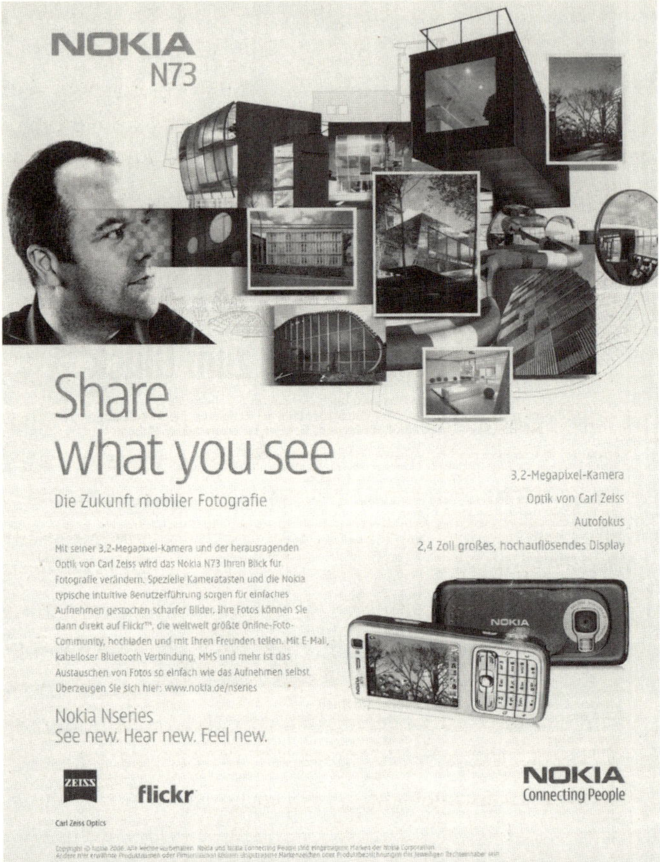

Anzeige der Firma Nokia

Inflationierung. Dass also viele in der Kunstbranche wachsende Langeweile und schweres Unbehagen empfinden, liegt nicht daran, dass es zu wenig Neues gäbe. Es liegt daran, dass es zu viel des Neuen gibt.

Doch ganz aufs Neue verzichten? Würde die Kunst nicht zum Klischee erstarren und erst recht langweilig werden? Hat sie sich nicht immer gewandelt und entwickelt, war nicht die Geschichte der Kunst stets eine Geschichte der Veränderungen? Tatsächlich war und ist die Ausnahme immer interessanter als die Regel. Während das Unnormale fasziniert, ist das Normale nur normal. Und normal wirkt mit der Zeit vieles, die Motive und Techniken nutzen sich ab, verbrauchen sich. Mal ist es das Clown-Sujet, dann sind es die monochromen Bilder, die sich erschöpft haben, die Kunst muss sich erneuern. Auch in der Geschichte war das oft so, es gab viele Standardmotive, zum Beispiel die Madonna mit dem Kinde. Lebendig blieben sie trotz unendlicher Wiederholungen nur, weil sie von den Künstlern ständig variiert wurden, stilistisch wie auch ikonographisch. Diese Art des Neuen hat nichts Dogmatisches, denn sie sucht nach Verwandlung und reagiert auf ein sich entwickelndes Geschmacksempfinden. Wenn hingegen das Neue nur neu ist, um neu zu sein, dann wird die Kunst schnell hohl. Dann geht es um Pflichterfüllung, um eine andere Form von Mustergültigkeit, und die Folge ist eine Art industrialisiertes Sehen, das nur noch abprüft, ob der Neuregel auch entsprochen wurde. Der Betrachter braucht nicht mehr lange betrachten, nicht mehr deuten, sein Blick wird objektiviert: Es gilt das binäre Schema alt und neu.

Mithin ist das Neue eigentlich kein Qualitätskriterium, denn es sagt für sich genommen nichts darüber aus, ob es sich um eine sinnvolle Erneuerung handelt. Wenn ein Künstler beschließt, eine Skulptur aus Wattestäbchen zu basteln, was ist damit gewonnen? Entwickelt er damit reizvolle, bis dahin unbekannte Formenspiele? Treibt ihn ein inhaltliches Anliegen? Oder will er nur beweisen, dass sich Kunst auch aus Wattestäbchen oder Fruchtgummis oder Klopapier herstellen lässt? Viel zu viele Künstler erweisen sich als reine Formalisten: Sie verfolgen eine Neuheit, die nichts erneuern will. Und sehen rasch sehr alt aus.

Und was heißt das für die Qualität der Kunst? Wer als Künstler meint, er müsse ausziehen, das Neue zu suchen, ist schon angekommen: im Zwinger des 19. Jahrhunderts. Für einen Forscher mag das Ungesehene reizvoll, für einen Produktentwickler das Ungemachte lukrativ sein. Für den Künstler hat weder das eine noch das andere einen Eigenwert. Ihm geht es darum, einen Menschen eindringlich zu porträtieren, die Atmosphäre in einem Bahnabteil lebendig zu übermitteln oder ein Bild für Verlogenheit zu finden oder für Hoffnung. Auch rein formale Kunstaspekte können ihn beschäftigen: Wie rot kann rot eigentlich sein? Wo endet ein Punkt, wann beginnt die Linie? Bei alldem muss ihn die Frage nach dem Neuen nicht weiter beschäftigen. Neu zu sein, bedeutet nichts. Bedeutung aber braucht die Kunst.

IRRTUM NR. 3: GUTE KUNST MUSS IRRITIEREN

Damit nicht allzu sehr auffällt, wie entleert das Neue häufig ist, wird es nicht selten mit Bedeutsamkeiten gefüllt. Oftmals nennt sich so etwas Irritation. Die Kunst geht aufs Ganze, sie widmet sich den existentiellen Fragen, dem Leben in seiner Tiefe und seinem Schrecken. Nichts auszulassen, radikal und unerschrocken zu sein, gilt als hohe Tugend. Der Berliner Künstler Winfried Witt inszenierte 2005 sogar die Geburt seines ersten Kindes als Performance, seine Frau gebar vor geladenem Publikum in einer Berliner Galerie – denn kann etwas existentieller, bedeutender sein als das Zur-Welt-Kommen? Witt wollte daraus eine künstlerische Schöpfung machen, ein Zur-Kunst-Kommen.

Das Gegenstück dazu, den Tod als Kunstperformance, zeigte sein Künstlerkollege Zhu Yu unter dem Titel »Man-eater« im Jahr 2000 in Shanghai: Vor laufender Kamera verzehrte er den Leichnam eines angeblich echten Babys, das seinen Angaben zufolge tot geboren worden war und dessen Körper er in einem chinesischen Krankenhaus gestohlen haben wollte. Damit folgte er, ob bewusst oder nicht, einer alten Kunstregel, die schon Aristoteles notiert hatte: »Von Dingen, die wir in der Wirklichkeit nur ungern erblicken, sehen wir mit Freude möglichst getreue Abbildungen, zum Beispiel die Darstellung von äußerst unansehnlichen Tieren und von Leichen.«[57]

Dieser Erkenntnis gehorchen die Regisseure der Horror- und Gruselschocker und eben auch manche Künstler. Einst zeigten sie auf ihren Leinwänden das Schlachtengemetzel, ausgestochene Augen bei Rembrandt, abgehackte Köpfe bei Goya. In den 1960er Jahren rührten dann manche das Rinder- und Schweineblut in großen Trögen an und entdeckten die eigenen Exkremente als wunderbare Form-, Schmier- und Malmasse. An die echten Leichen wagte sich indes im großen Maßstab erst der Präparator Gunter von Hagens, der sich selbst als eine Art forschender Bildhauer versteht und der unterdessen einige hundert Verstorbene aufbereitet und als Autofahrer oder Fußballspieler ausgestellt hat. Über 20 Millionen Menschen haben bislang Eintritt bezahlt, um seine Körperwelten-Ausstellung zu besichtigen, die seit zehn Jahren um die Welt tourt. Umso erstaunlicher war es, dass sich bei einem durchaus vergleichbaren Fall von Plastination in Bern der Staatsanwalt einschaltete. Im dortigen Kunstmuseum hatte der Künstler Xiao Yu eine Collage gezeigt, für die er den Kopf eines menschlichen Fötus mit dem Körper einer Möwe vernäht hatte. Das schien mit dem Massengeschmack doch noch nicht vereinbar zu sein.

Just auf diese Unvereinbarkeit legen es viele Künstler an.

Sie haben nichts übrig für eine selbstgenügsame Kunst, sie wollen aufrütteln, aufwühlen, aufmischen. Ihre Kunst soll nicht allein das Auge reizen, sondern soll unter die Haut gehen, den Atem verschlagen. Es ist der Körper des Betrachters, den viele Künstler attackieren wollen, und wohl auch deshalb handelt ihre Kunst so oft vom attackierten Körper. Oder sie handelt zumindest von seinen Ausscheidungen, wie etwa bei Andres Serrano, der ein Kruzifix in Urin einlegte.

»Künstlerisch zu erreichen sind die Menschen überhaupt nur noch durch den Schock«, befand Theodor W. Adorno.[58] Gegen die Stumpfheit der Gegenwart helfe allein der stechende Schmerz, erst im jähen Entsetzen werde das Ich zurückgeworfen auf sein wahres Sein. So oder ähnlich argumentieren viele, die in der Irritation die eigentliche Aufgabe der Kunst sehen. »Das Bild soll überwältigen als ein alle formalen Orientierungshilfen ausschließendes, außer Fassung setzendes Phänomen, und zwar besteht die Überwältigung darin, daß der Sehende dem zu Sehenden ortlos gegenüber steht und unausweichlich ausgeliefert ist«, schrieb der Kunstgeschichtler Max Imdahl vor noch nicht allzu langer Zeit.[59] Ausgeliefert, überwältigt, aller Orte beraubt, festgesetzt – das klingt, als wäre die Kunst eine Art Guantánamo, zumindest eine Besserungsanstalt für den schwererziehbaren Mitmenschen.

Der Künstler hingegen ist der Übermensch, er hat Zugang zu anderen, tieferen Wahrheiten, auch das steckt in dieser Vorstellung von Kunst. Sie erinnert wiederum an den Genieglauben des 19. Jahrhunderts. Viele suchten damals in Gemälden und Skulpturen den Ausnahmezustand, ein dionysischer Rausch sollte alle Fundamente des irdischen Seins erschüttern. So gesehen erweisen sich auch die Freunde der Irritation, ähnlich wie die Anhänger des Neuen, als gediegene Traditionalisten.

Als solche sind sie auf den ersten Blick nicht unbedingt zu erkennen, weil sie meist in der Kluft zeitgenössischer Radikalität auftreten, in Lederkleidung zum Beispiel wie der Künstler Wolfgang Flatz. Er ließ sich einmal als lebender Klöppel in eine Art Läutewerk einspannen, sein Kopf krachte gegen das Metall, das Gesicht zuerst. »Das Stück haben inzwischen eine ganze Menge Mediziner gesehen«, berichtete er später unter Verweis auf einen Mitschnitt, »und für die meisten ist es unerklärlich, wie jemand so etwas überleben kann.«[60] Auch hier ist es wieder: das gottgleiche Genie, das auf unerklärliche Weise jede todbringende Gefahr überwindet. Ein anderes Mal inszenierte sich Flatz als eine Art Heiliger Sebastian. Er stellte sich nackt vor das Publikum einer Galerie, jeder Besucher bekam einen Wurfpfeil in die Hand gedrückt und konnte mit jedem Treffer 500 Mark gewinnen. Die Aussage der Performance: Alles, sein ganzes Geld, gibt der Künstler her; alles, noch die größten Schmerzen, nimmt der Künstler auf sich. Er leidet für seine Betrachter, er erlöst sie von der Routine der Kunst.

Man kann das Verhältnis von Publikum und Künstler auch etwas profaner und abgeklärter sehen, so wie Rainer Metzger, der die zeitgenössische Kunst eher als einen »Streichelzoo« begreift, »eine Kuschelwiese, auf der man dem Fremden begegnet«.[61] In diesem Zoo leben zwar durchaus ein paar hysterische Gorillas und rabiate Löwen, aber vor denen muss sich niemand ernsthaft fürchten. Zumindest gehen viele Mitglieder der Kunstbranche erstaunlich entspannt mit den Provokateuren der Szene um, man genießt allenfalls den Kitzel, bezieht den verbreiteten Schrecken aber meistens nicht auf sich, sondern beobachtet lieber die Reaktionen der Anderen. Bleiben diese Anderen gleichgültig, gelten sie als hoffnungslos abgestumpft und von der Medienwelt verroht. Sind sie aber nicht nur still erschüttert, sondern empören sie sich sogar über mögliche Geschmacklosigkeiten, ist es auch nicht recht; dann wird gern über Engstirnigkeit und Intoleranz geklagt. Manchmal darf sich ein Künstler dann sogar in dem Gefühl wähnen, noch einmal die alten Schlachten der Unabhängigkeit führen zu dürfen – wir, die wohlmeinenden Künstler, gegen euch, das dumme Volk. Als manche Bürger in Augsburg einer Skulptur von Markus Lüpertz partout nur wenig abgewinnen wollten und die »Aphrodite« nicht in ihrem Straßenraum dulden mochten, da ließ es sich der Künstler nicht nehmen, die Konfrontation so weit zu führen, dass sie nicht nur unter, sondern auch auf die Haut ging: Mit Fausthieben attackierte er einen protestierenden Bürger. Später wurde er wegen Körperverletzung verurteilt, zu 5000 Euro Schmerzensgeld und 5000 Euro Bußgeld.

In solchen Momenten erweist sich die irritierende Kunst tatsächlich als ein Mittel der Qualitätssicherung: Sie zeigt, wo die Grenzen zwischen Innen und Außen verlaufen, sie bestärkt die eigene Identität. Das erinnert an die binäre Logik von Irrtum Nr. 2, wiederum folgt die Kunst einem klaren Erkennungsmuster: Sie ist neu oder altmodisch, irritierend oder eben nicht. Solche Muster bieten Sicherheit und sind deshalb umso begehrter, je loser der allgemeine Kunstbegriff wird. Weil alle Kriterien kollabiert zu sein scheinen, braucht die Kunst nichts so dringend, wie einen klaren Nachweis dafür, dass es sich bei ihr überhaupt um Kunst handelt. Und gerade diese Kunsthaftigkeit scheint durch deutliche, für alle lesbare Merkmale belegt zu werden. Ein Künstler, der irritiert, folgt einer klar definierten Aufgabenstellung, er tut, was viele Künstler tun. Und kann sich somit relativ einfach mit seinen Kollegen vergleichen.

Doch verspricht die Irritationsästhetik nicht nur Selbstvergewisserung, sie verspricht auch Umsatz, wie der Künstler

Carsten Höller einmal erzählte: »Heute gibt es viel mehr Künstler und sehr viel mehr Geld. Es gibt Inflation. Provokation hat etwas mit Wettbewerb zu tun. Du machst eindrucksvolle Dinge so, dass die Leute über dich reden. Wenn da tausend Künstler sind, wollen sie alle die Aufmerksamkeit der Leute auf sich ziehen, sodass sie groß herauskommen. … Genau wie Politiker sind es nicht die besten, die ausgewählt werden; es sind diejenigen, die am besten mithalten können im Wettbewerb.«[62]

Provokation erregt aber nicht nur die »Aufmerksamkeit der Leute«, sondern auch die Aufmerksamkeit der Medien. Und das hat nicht minder Einfluss darauf, wie Künstler sich verhalten und was für Kunst sie anbieten. »Es gibt Stars und ihre Fans, eine Konstellation, die immer einen Plot liefert. Ihre Kunst ist grobschlächtig, laut, pornografisch, was sich jederzeit als politisch, zumindest als kritisch verkaufen lässt und so eine Berichterstattung bemäntelt, die Personenkult und Fantum huldigt«, schreibt die Kunstkritikerin Brigitte Werneburg.[63] Wohin diese Inflation führt, ist leicht auszurechnen: Die Kunst begibt sich in einen Überbietungszirkel. Sobald sich der Betrachter an die üblichen Irritationen gewöhnt, wird er »nur immer heftigere und schärfere begehren. Er wird schnell genug zum Piquanten und Frappanten übergehn«, schrieb Friedrich Schlegel vor gut 200 Jahren.[64] »Durch jeden Genuß werden die Begierden nur heftiger; mit jeder Gewährung steigen die Forderungen immer höher, und die Hoffnung einer endlichen Befriedigung entfernt sich immer weiter. Das Neue wird alt, das Seltene gemein, und die Stachel des Reizenden werden stumpf. … Der geschwächte Geschmack will endlich keine andre Speise mehr annehmen als ekelhafte Kruditäten, bis es ganz abstirbt und mit einer entschiednen Nullität endigt.«[65]

Nun mag man einwenden, diese Nullität sei weiterhin nicht in Sicht und vom Absterben könne auch keine Rede sein, immer wieder gelängen Künstlern eindrückliche, aufrührende Bilder und Aktionen. Oft sind es allerdings solche, die sich nicht mitreißen lassen vom Wettbewerb des Choquanten, sondern den Aufwand eher reduzieren. So gelang etwa Santiago Sierra auf der Kunstbiennale in Venedig 2001 das Kunststück, mit einem komplett leeren Pavillon die Besucher mächtig zu irritieren. Er hatte den Haupteingang verbarrikadiert, alle mussten auf einem schmalen Pfad um das Gebäude herumgehen, wo an der Hintertür zwei uniformierte Spanier standen und den Ausweis verlangten. Nur die eigenen Landsleute durften passieren, die anderen wurden abgewiesen, was bei vielen Besuchern mächtigen Ärger auslöste. Sie bekamen am eigenen Leib zu spüren, was es bedeutet, an eine Grenze zu stoßen, im realen, wie im politischen Sinne – eine in der Kunstwelt nicht gerade alltägliche Erfahrung.

Rasch entwickelte sich Sierra zum weltweit begehrten Polit- und Provokationskünstler, immer wieder beschäftigte er sich mit den Themen Migration und Ausbeutung und scheute sich dabei nicht, selbst zu einer Art Ausbeuter zu werden. Er überredete sechs Kubaner dazu, sich für einen geringen Lohn eine Linie auf den Rücken tätowieren zu lassen, oder bezahlte Arbeiter dafür, dass sie stumm unter Pappkartons saßen. Dieses mimetische Verfahren, realem Leiden durch reales Leid zu begegnen, versuchte er 2006 auch auf den Holocaust anzuwenden. In Pulheim-Stommeln bei Köln leitete er die Abgase von sechs Autos in eine Synagoge und rüstete sie zu einer monströsen Gaskammer um, das Publikum durfte mit Atemschutzmasken den Raum betreten, es sollte sich wie im Konzentrationslager fühlen. Wollte Sierra eigentlich das »chronische und instrumentalisierte Schuldgefühl« der

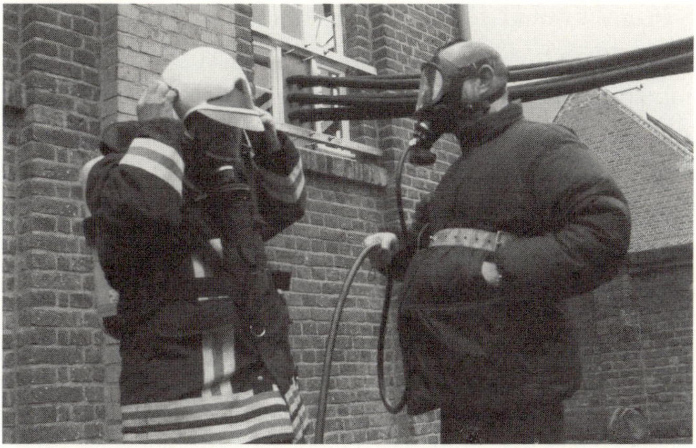

Installation »245 m^3« von Santiago Sierra in Pulheim-Stommeln, 2006

Deutschen thematisieren und vor einer banalisierten Erinnerung warnen, geriet seine Installation doch zu einem Holocaust-Grusel-Event. Zu Recht nannte der Zentralrat der Juden diese abstruse Form von Einfühlungsästhetik eine »Beleidigung der Opfer«. Am Ende war Sierra zum Opfer der von Schlegel beschriebenen Überbietungslogik geworden.

Ähnlich erging es seinem Kollegen Thomas Hirschhorn, der 2004 in Paris eine Installation aus vielen Fotos, Zeitungsausschnitten und Statistiken aufgebaut hatte, die in seinem Heimatland Schweiz auf heftige Proteste stieß. Sogar der Schweizer Ständerat befasste sich mit Hirschhorn, verurteilte seine Arbeit als »geschmacklos« und »unwürdig« und beschloss, der Kulturstiftung Pro Helvetia, die an der Ausstellung beteiligt war, das Budget deutlich zu kürzen. Der Grund für die Aufregung: In einer Inszenierung des »Wilhelm Tell«, die in den Kulissen von Hirschhorns Kunst gezeigt wurde, trat ein Schauspieler als Hund auf und hob das Bein vor dem Plakat des damaligen Schweizer Justizministers Christoph Blocher, Chef der rechtspopulistischen Volkspartei. Nach dem Eklat ließ Hirschhorn wissen, er bedauere die vielen

Schlagzeilen und den Ärger, den es gegeben hatte – allerdings »nicht wegen der Auswirkungen, sondern deswegen, weil man nicht mehr über meine eigentliche Arbeit spricht«. Der Künstler wurde die Geister, die er rief, nicht mehr los – war irritiert von den eigenen Irritationen.

Just diese Gefahr droht der Kunstszene insgesamt: Weil sie zu oft und zu lautstark ins Provokationshorn gepustet hat, werden ihre sanften, schrägen, unerhörten Töne weniger wahrgenommen. Und wenn es wirklich einmal darauf ankäme, eine öffentlichkeitswirksame und von inhaltlichen Anliegen getragene Irritation zu erzeugen, hat sie ihre Mittel nicht selten verwirkt. So geschah es bei der Eröffnung der heftig befehdeten Friedrich Christian Flick Collection in Berlin. In dem Streit um diese Ausstellung hatte die Künstlerschaft lange Zeit geschwiegen, als sie dann aber doch auftrat, wirkten die Aktionen hilflos und banal. Plakate wurden geklebt mit Parolen wie »Freier Eintritt für Zwangsarbeiter«, und bei der Vernissage entkleidete sich ein Künstler und rasierte sich am ganzen Leib. Das Publikum reagierte eher gedämpft und ein wenig mitleidig. Diese Form von Irritationsrhetorik wurde der recht komplexen ethischen Problematik der Ausstellung und ihrer Vorbedingungen nicht gerecht.

In anderen Fällen ist das Publikum von den medialen Dauerirritationen bereits derart abgestumpft, dass es entsprechenden Inszenierungen der Künstler nur mit Gleichgültigkeit begegnet. Vor allem die Werbung tut das ihre. Die kruden Benetton-Plakate erregten immer wieder Aufsehen, etwa als sie die blutgetränkte Kleidung eines in Bosnien gestorbenen Soldaten zeigten; ein anderes Motiv, ein Hintern mit dem aufgestempelten Schriftzug »H.I.V.-Positiv«, brachte es sogar bis zum Bundesverfassungsgericht. Ähnlich übt sich auch die *Bild*-Zeitung gern in zynischen Gesten.

Ausgerechnet in einer Phase, als das Blatt gezwungen war, zahlreiche Gegendarstellungen zu drucken, warb es für sich 2006 in einer Kampagne unter dem Slogan »Jede Wahrheit braucht einen Mutigen, der sie ausspricht« und zeigte dazu die Gesichter von Mahatma Gandhi oder Albert Einstein.

Doch nicht nur Schock und Zynismus erfreuen sich mittlerweile allgemeiner Beliebtheit, auch ein anderes Mittel der Provokation wurde inflationär: die Ästhetik des Sorglosen und Nachlässigen. Spätestens mit der Lomographie wurden verwackelte, möglichst schräge und banale Motive gesellschaftsfähig, im Zeitalter des kamerabewehrten Mobiltelefons sind sie Normalität. Das macht es für die Irritationskünstler nicht gerade einfacher. Wer heute noch ein Tabu brechen will, der muss schon ein Tabu wahren.

Viele Erschütterungsgesten wirken nur noch wie Ornamente, sie schmücken den Künstler und oft auch den Sammler, zum Beispiel Friedrich Christian Flick, der besonders viele Werke der ästhetischen Existentialisten sein Eigen nennt und damit wohl nicht zuletzt unter Beweis stellen möchte, dass es ihm mit seiner Kunst keinesfalls bloß um Wohlgefallen, Genuss oder sonstige kleinbürgerliche Sinnenfreuden zu schaffen ist. Gerade das Unbequeme und Krude wird paradoxerweise zum Zeichen besonderer Seriosität. Ein Kunstwerk darf nicht gefallen, so die Regel, jedenfalls nicht so sehr, dass man es gut mit ihm in seinen eigenen vier Wänden aushielte. Denn dann wäre ja belegt, dass es der Künstler nicht aufreizend, nicht abstoßend genug gestaltet hätte.

Allein daran zeigt sich bereits, in welche Absurditäten die Irritationskunst führt. Für Henri Matisse war ein gutes Bild noch wie ein »guter Lehnstuhl«. Und warum sollte nicht tatsächlich das eigene Wohnzimmer ein Ort der Ästhetik sein, der eine intime, intensive Auseinandersetzung mit einem

Werk erlaubt? Wohl nur die wenigsten Schriftsteller würden es als besondere Qualität ihres Buches hervorheben, dass es für einen Leser schier unerträglich sei, sich daheim unter der Leselampe darin zu versenken. Selbst für die finsterste Schock- und Schreckensliteratur gilt: Nicht Unbekömmlichkeit ist das Ziel guter künstlerischer Arbeit, vielmehr möchte sie, dass sich möglichst viele Leser auf eine Begegnung mit dem Schrecklichen einlassen.

Auch die bildende Kunst kennt dieses Prinzip. Gerade das Groteske entwickelt nicht selten seine eigenen, durchaus dekorativen Reize, wie schon die Herkunft des Begriffs zeigt. In der Renaissance waren in einer römischen Grotte – italienisch: grotta – einige Wandmalereien entdeckt worden, deren Figuren als so schön verzerrt, verfremdet und entstellt empfunden wurden, dass sie bald in Mode kamen und sich sogar die Loggien des Vatikans mit den Bizarrerien schmückten. Damals versprach man sich von einer irritierenden Kunst vor allem Lustgewinn, und auch heute noch erzeugt sie nicht selten solche Gefühle der Befriedigung.

Die eigentlich erwünschten Gefühle der Erschütterung bleiben hingegen die Ausnahme, auch das zeigt der Fall des Sammlers Flick. Obwohl viele seiner Kunstwerke es dezidiert darauf anlegen, ihr Gegenüber zu erweichen und ein reflektierteres Bewusstsein zu erzwingen, schien das keine allzu großen Auswirkungen auf ihn zu haben. Von einem feinen Gespür für seine Familiengeschichte, für Verantwortung und Moral war in der Debatte um die Ausstellung seiner Sammlung nicht viel zu merken. Womöglich bestärkte ihn die kompromisslose Haltung, die einige der von ihm gesammelten Künstler für sich reklamieren, sogar noch in der eigenen Unnachgiebigkeit.

Niemand würde das nun als Versagen der Kunst bewerten.

Gleichwohl müssten Beispiele wie dieses doch eine gewisse Beunruhigung, um nicht zu sagen: Irritation auslösen. Zumindest sollte die Frage nach dem Verhältnis von Werk und Wirkung verstärkt diskutiert werden. Doch gibt man sich gern mit dem Anschein von Wirkmächtigkeit zufrieden. Die Kunst soll Auslöser sein – ob und was sie auslöst, bleibt zweitrangig. Das Mittel wird zum Zweck erhoben: So wie das Neue gilt auch die Irritation oft als Eigenwert.

Manchmal mag es ja tatsächlich so etwas wie einen heilsamen Schock geben, doch oft reagieren Menschen auf Schrecken und Furcht eher abwehrend, sie schützen sich gegen die Zumutung, verhärten sich, statt sich erschüttern und aufrütteln zu lassen, wie es manche Künstler gern hätten. Doch ganz gleich, was man von den künstlerischen Mitteln der Eindringlichkeit halten mag, ob man sie als wirksam einschätzt oder eher als kontraproduktiv – wenn ein Kunstwerk ausschließlich als irritierend empfunden wird, sagt das noch nichts über seine Qualität. Denn auch ein miserables Bild kann verstörend wirken, auch eine banale Skulptur kann in ihrer Banalität erschrecken oder aufrütteln. Mit dem Begriff Irritation ist es ähnlich wie zum Beispiel mit dem Begriff Gewicht. So wie ein leichter Schuh wunderbar sein kann, um darin zu tanzen, doch eine rechte Plage ist, wenn es darum geht, damit ins Gebirge zu steigen, so verhält es sich auch mit der Irritation. Sie kann sinnvoll sein oder auch widersinnig, es hängt davon ab, ob ein Bild oder eine Skulptur eher zum Tanz oder zur Bergtour aufruft, welche Intentionen es also verfolgt, welchen Gehalt es besitzt.

Und was heißt das für die Qualität der Kunst? Wer sagt, ein guter Künstler verstöre sein Publikum oder ein gutes Kunstwerk müsse irritieren, trifft eine Nullaussage. Qualität entscheidet sich immer erst am Was und Wozu. Wer vor allem auf den Schock setzt, hat in vielen Fällen nicht mehr zu bieten als Effekte. Er versucht davon abzulenken, wie leer und aussagearm seine Kunst im Grunde ist. Ein gutes Kunstwerk wird dem Betrachter niemals etwas aufzwingen und doch bezwingend sein, diese Paradoxie muss es zustande bringen. Gute Kunst hat es nicht nötig, das Publikum zu verhaften oder sonstwie in Gewahrsam zu nehmen. Sie ist ganz bei sich – und so schon verlockend genug.

IRRTUM NR. 4: GUTE KUNST MUSS WAHRHAFTIG SEIN

Oft gehen die Irritationsstrategen schon deshalb an den Betrachtern vorbei, weil diese leicht durchschauen, dass sie schwer beeindruckt und tief berührt werden sollen. Sie spüren das Uneigentliche, den Versuchsaufbau, in dem sie den Probanden zu geben haben – und verübeln diese Offensichtlichkeit. Viele Künstler legen es daher darauf an, den Eindruck jedweder Geplantheit zu vermeiden. Ihre Kunst muss nicht drastisch auftreten und eindringlich werden, es reicht, wenn sie direkt und unvermittelt wirkt, aus dem Augenblick geboren und ohne den Umweg über Groß- oder Kleinhirn.

Ein gutes Kunstwerk muss spontan entstehen, der Künstler muss unverbildet seiner Intuition folgen, allein so kann etwas Authentisches entstehen – das ist die Kernüberzeugung der Wahrhaftigkeitskünstler. »Jeder gehört zu uns, der unmittelbar und unverfälscht das wiedergibt, was ihn zum Schaffen drängt«, so hieß es schon 1906 im Manifest der Künstlergruppe Die Brücke.[66]

Bis heute erscheint vielen Künstlern das wirkliche Leben als fremdbestimmt und uneigentlich, alles werde durchgestylt und inszeniert, das Simulierte und das Virtuelle gewännen an Macht. So widersinnig es klingen mag: In einer totalästhetisierten Gegenwart wird ausgerechnet die Kunst zu einem Hort des Echten. Gegen die Surrogate setzt sie das Original. Die Welt ist irreal, die Kunst ist wirklich.

Auch dieser Mythos speist sich aus dem Genieglauben. Abermals erscheint der Künstler als der bessere, der wahre Mensch, der nur sich selbst gehorcht und allein in dieser Unverstelltheit seine Kunst zu finden vermag. Er hat noch Zugang zu einer Ursprünglichkeit, von der ansonsten nur noch wenig übrig zu sein scheint.

Vieles in der Kunst des 20. Jahrhunderts ist von dieser Vorstellung geprägt. Die Suche nach dem Eigentlichen wurde wichtiger als die Suche nach Inhalt und Form. Besonders beliebt war das Archaische, man hielt Ausschau nach dem Urtümlichen in Afrika oder in der Südsee und begann, die Bilder von Kindern wegen ihrer Unverdorbenheit zu schätzen. Um der Kunst den Schein zu nehmen, um vorzudringen zum Sein, wollten sich die Surrealisten vom Bewusstsein erlösen und das Unterbewusste für ihre Kunst aktivieren. Mittels einer Methode namens écriture automatique, einem »Denkdiktat ohne jede Kontrolle der Vernunft« (André Breton), sollte das Begriffliche unterlaufen und eine regelfreie Kunst möglich werden.

Heute scheint dieses Diktat selber eingesickert zu sein in das Unterbewusstsein vieler Künstler. Ohne es recht zu wissen, empfinden sie es als bindend, auch wenn sich natürlich die Ausdrucksformen gewandelt haben. Selten nur suchen sie gezielt nach dem Unverfälschten, eher verlassen sie sich auf bestimmte Formeln, die ihren Werken die nötige Wahrhaftigkeit bescheinigen sollen. Man könnte es den Spontanitätsstil nennen. Dieser Stil prägt vieles, was auf den Messen und in den Museen im Umlauf ist: Die Kunst sieht unfertig aus, vorläufig, halbgar. Sie zeigt Spuren ihrer Herstellung, hingekleckerte Pünktchen und Farbläufer, ruppig zusammengenagelte Holzstangen, verwackelte Videobilder. Je verbastelter, desto wahrer, je vermüllter, desto echter. Die Unordnung des Werks wird zum Nachweis ordentlicher Unangepasstheit, das Deformierte signalisiert Protest gegen alle Formierungen. Der Künstler will als impulsiv, überbordend, ungezügelt gelten, und so fotografiert er vieles verschwommen-unkünstlerisch wie Wolfgang Tillmans, häuft gigantische Bild- und Materialmengen auf wie Jonathan Meese oder verklärt wie Dieter Roth den unaufgeräumten Alltag zum höchst authentischen Kunstausdruck. Kurz vor seinem Tod 1998 hatte er alles, was auf seinem reich übersäten Schreibtisch lag, auf einer Holzplatte festgeklebt, Zettel, Teller, Bücher, Fotos, Tomaten, und ließ das Kuddelmuddel über seinem Bett aufhängen. Ähnlich wie Kasimir Malewitsch: Als dieser 1935 starb, schmückte eines seiner berühmten schwarzen Quadrate das Kopfende des Betts. Beiden so gegensätzlichen Künstlern wurde am Ende ihres Lebens das vermeintlich Zeichenlose zum Zeichen, ein Logo ihrer selbst.

Um solche Formen der Erstarrung zu vermeiden, greifen einige Künstler zur Performance. Sie wird niemals ewig sein, sondern existiert immer im Hier und Jetzt. Sie gilt als Inbegriff des Unmittelbaren und der Improvisation. Allerdings ist mit der Performance oft nur ein kleines Publikum zu erreichen, viel kleiner jedenfalls als bei gewöhnlichen Kunstwerken, die archiviert werden können und auf Dauer zugänglich bleiben.

Als günstiger, auch was die Vermarktung anbelangt, hat sich deshalb eine Strategie des Prozessualen erwiesen. Die althergebrachte Vorstellung eines Werks soll sich auflösen.

Gemälde werden als Flachware verspottet, weil sie so statisch, so käuflich seien. Viele zeitgenössische Künstler widmen sich lieber Projekten, Aktionen, Kulturarbeit. Zum Beispiel kümmerte sich Jeanne van Heeswijk 2003 im Auftrag einer Wohnungsbaugesellschaft um eine verlassene Ladenzeile in Vlaardingen, einem trostlosen Vorort von Rotterdam. Als eine Art Intendantin entwickelte sie diverse Veranstaltungen und lud Künstlerkollegen dazu ein. Die einen tischten eine Tonne bunte Knete auf und ließen die begeisterte Jugend zwei Wochen lang die wildesten Landschaften formen. Andere verliehen Fotoapparate, mit denen die Menschen ihre Wohnungen aufnehmen sollten, um anschließend die Bilder in einer Ausstellung zu zeigen. Wieder andere baten Jung und Alt zu einer recht ungewöhnlichen Porträtsitzung, bei der kein Bild gemalt wurde, sondern ein Gedicht entstand, kurze Verse, die von den Künstlern gebündelt und zum Nachlesen in die örtliche Bücherei getragen wurden. Aus der öden Ladenzeile wurde so ein Markt der Möglichkeiten, alle paar Monate wechselte das Programm, immer neue Schau- und Werklustige zogen ein.

Ähnlich scheuen viele Künstler die Festlegung. Alles Fixierte soll vermieden werden, auch, um den Eindruck höchster Lebendigkeit zu erwecken. Das Unabgeschlossene ist nicht nur das Merkmal der Kunst, sondern avanciert zum Seinszustand. Kunst soll ein Live-Ereignis sein, energiegeladen, unverfälscht, schmiedeheiß. Doch zahlreich sind die Selbsthemmnisse und Selbstkontrollen, die sich die Künstler damit auferlegen. Das Drüberhuschen verheißt Freiheit, als unfrei hingegen gilt das konzentrierte Beobachten einer Person, das stetige Verweilen bei einem Thema, das sorgsame Beschreiben einer Lichtstimmung, alles, was ein Verweilen und Aushalten erfordert. So beraubt sich die Kunst vieler

Möglichkeiten, die auf Präzision beruhen oder auf komplexem Denken. Zwar wollen die Materialschlachten eines Jason Rhoades oder John Bock gerne als ungemein vielsagend und bedeutungsstark wahrgenommen werden, als Ausdruck eines inständigen Wollens. Auch andere Künstler wirbeln Autoreifen, Schaufensterpuppen oder Blumentöpfe durcheinander. Doch oft bleiben solche Inszenierungen zu vage, zu unbestimmt. Sie kümmern sich nicht um Details, um Bedeutung, das wilde Wollen ist ihnen Kunst genug. Sie erschöpfen sich im Stürmen und Drängen, sie stellen nichts aus, nur das eigene Ich.

Das ist der Preis für diese Art von Wahrhaftigkeit: Langwierige Formen der Einfühlung sind nicht vorgesehen, und gelegentlich führt das zu einer höheren Form von Autismus. Es zählen die Empfindungen des Künstlers, nicht die des Betrachters. Alle sollen auf ihn schauen, auf die Quelle der Inspiration. Die Kunst hingegen ist kaum mehr als das Belegstück für seine Schöpferkräfte, denn nur der Akt des Machens stiftet Glaubwürdigkeit, das Gemachte tritt dahinter zurück.

Niemand würde behaupten, dass alle Künstler, die das Spontane und Expressive suchen, in eine solche Selbstbespiegelungsfalle geraten. Mit einer wachen Selbstdistanz lässt sich auch die Gefahr vermeiden, am Ende nur noch Gesten der Spontaneität zu produzieren. Doch fällt auf, wie sehr die Kunst vom Künstler abhängig ist, von seinen Glaubwürdigkeitsnachweisen. Ob in Zeitungstexten, Katalogen, wissenschaftlichen Aufsätzen, sogar auf den kleinen Erklärungstafeln der Museen – oft wird das Werk über seinen Autor erklärt. Lang und breit ist zu lesen, welches Konzept ihn bewegte, was ihn motivierte, wie entscheidend seine Kindheit war. Die Auskünfte über die Bedeutung der Kunst fallen vergleichsweise spärlich aus und sind meist verklausuliert. Manchmal kann man den Eindruck gewinnen, der Künstler mache seine Bilder oder Skulpturen nur für sich selbst, und allein seiner Großherzigkeit sei es zu verdanken, dass nun auch das Publikum daran teilhaben dürfe.

Anders ist es beim Film oder in der Literatur: Dort lässt sich zwar auch trefflich über die Motive der Schöpfer spekulieren, zum Beispiel darüber, was für Kindheitserlebnisse Steven Spielberg in seinen Filmen zu kompensieren versucht. Doch wollen Filme vor allem Filme sein, und sie beziehen ihre Glaubwürdigkeit nicht aus spontan hingewackelten Bildsequenzen, sondern aus glaubwürdig erzählten Geschichten. Ähnlich würde ein Buch, in dem lauter Begriffsbrocken wirr durcheinanderfliegen – Jägerzaun sirrend umgekehrt Blaukraut verzahnt – eher als hochgradig artifiziell empfunden werden, bestenfalls als ein Stück experimentelle Lyrik. Die Verkaufszahlen wären schmal, und niemand käme auf die Idee, ausgerechnet die Wirrnis und Undurchdrungenheit als Merkmale hoher Qualität zu begreifen. Selbst wenn sich der Autor als liebenswürdiger Spinner erwiese, würde man seine Schriften deshalb noch lange nicht als besonders originell, unangepasst und authentisch verstehen. Denn was vor allem zählt, ist das Buch selbst: der wohlbedachte Aufbau, die klischeearme Sprache und Figuren, die so gezeichnet sind, dass sie sich dem Leser nähern. Zwar stehen am Anfang die Empfindungen des Autors, ohne sie kann er nicht schreiben. Ziel aber ist es, Empfindungen im Leser zu wecken. Ein Literat, der sich nur selber ausdrückt, ist keiner. Er ist nur Tagebuchschreiber.

Und was heißt das für die Qualität der Kunst? Es gibt unter den Künstlern zu viele Tagebuchschreiber. Sie suchen sich selbst und scheren sich nicht weiter um ihr Publikum. Das wird einzig gebraucht, um zu bestaunen, wie spontan, wie ganz bei sich der Künstler mal wieder war. Gute Kunst stellt aber nicht den Künstler in den Mittelpunkt, nicht er muss glaubwürdig sein, sondern das, was er darstellt. Und dieses Darstellen ist weit mehr als nur das Ausstellen der eigenen Spontaneität. Nicht Wahrhaftigkeit ist das Ziel der Kunst, nicht auf das Sein muss es ihr ankommen, viel wichtiger ist der Schein. Der Künstler darf sich tragen lassen: von einer Lust an der Durchdringung des Stoffs, an der Erfindung eigener Formen, an Details, Komposition, kurzum: an der Fiktion. Einzig in dieser Lust muss sich der Künstler treu sein, in ihr ist er wahrhaftig. Seine Kunst aber darf der Wirklichkeit so untreu werden, wie irgend möglich. Sie darf lügen und täuschen und trügen und träumen; und ihre eigene Gemachtheit vergessen. Doch gerade mit dem Vergessen tut sie sich schwer.

IRRTUM NR. 5: GUTE KUNST BRAUCHT KEIN HANDWERK

Seltsamerweise plagen sich gerade die Künstler mit einem tiefen Selbstmisstrauen. Viele halten es für unredlich, manche für geradezu gefährlich, mit Bildern oder Skulpturen so etwas wie eine Illusion zu erzeugen. Die Kunst soll nichts vorspiegeln, soll nicht verführen, niemanden in eine Geschichte verwickeln. Während sich Schriftsteller, Musiker, Regisseure darüber freuen, wenn das Publikum sich einnehmen und für eine ästhetische Erfahrung gewinnen lässt, bleiben die Künstler eher skeptisch. Auch das liegt an Irrtum Nr. 4: Wahrhaftigkeit verträgt keine Illusionen. Und führt direkt zum nächsten Irrtum: Alles Handwerkliche ist von Übel.

Einigen in der Kunstbranche gilt Virtuosität sogar als Schimpfwort, sie verlachen alles Feinmalerische und Durchkomponierte, und das nicht nur, weil damit das Gebot der Spontaneität missachtet wird, sondern auch, weil ihnen der Anti-Illusionismus über alles geht. »Anstatt nach immer mehr Perfektion zu streben, sehen Künstler ihre Leistung im Gegenteil darin, möglichst viele Bindungen zur Tradition aufzukündigen, indem sie bisher übliche Normen einfach nicht erfüllen. Diese Art von Innovativität ist zwangsläufig mit einem Verzicht auf Professionalität erkauft, ja wichtiger als diese ist die Geste des Dementis«, schreibt der Kunstwissenschaftler Wolfgang Ullrich.[67]

Die Avantgardisten vor gut hundert Jahren betrachteten es als einen Akt der Befreiung: nichts mehr erfinden, erzählen und zeigen zu müssen. Und zu dieser Unabhängigkeitserklärung gehörte auch, nicht länger den Pinsel schwingen oder Steine klopfen zu müssen. Auf das Können sollte es nicht länger ankommen, was einzig zählte war das Wollen. »Was macht recht eigentlich gute Kunst als solche aus?«, fragte vor fast 50 Jahren der Kritiker Clement Greenberg. »Die Antwort ... muß wohl lauten: nicht die Kunstfertigkeit oder die Ausbildung oder sonst etwas, das mit Ausführung oder Vortrag zusammenhängt, sondern allein die Konzeption. ... Gewiß war die Kunstfertigkeit früher Nährboden der Inspiration und Organ der Konzeption, aber das galt für Zeiten, als die beste Malerei zugleich die naturalistischste war.«[68] Ausschließlich seine Ideen sollten den Künstler ausmachen, er sollte frei sein von allen weltlichen Aufträgen und Fähigkeiten.

Mittlerweile haben sich diese Vorstellung nicht nur die Künstler der Abstraktion zu Eigen gemacht, wie es Greenberg vorschwebte, sondern auch die meisten anderen Künstler, gleich welche Techniken und Darstellungsformen sie favorisieren. Auf das Konzept kommt es an, und nicht darauf, wie das Werk, das ja kein Werk mehr sein will, sondern Idee, am Ende aussieht. So wird auf die materielle Güte und Dauerhaftigkeit häufig nicht viel gegeben. Selbst bei manchen jungen Malern aus Leipzig, deren handwerkliche Fähigkeiten gern gelobt werden, zeigen sich binnen kurzer Frist erste Risse im Öl, die Grundierung stimmt nicht, die Farbe ist zu dünn aufgetragen. Viele Kunstwerke sind so schludrig gemacht, so unausgereift, als sollten sie nur einen Biennalesommer durchhalten.

Doch nicht nur auf die materielle, auch auf die künstlerische Qualität wirkt sich die Verachtung des Handwerklichen aus. Wurden die Studenten im 18. Jahrhundert von den Akademien getriezt, um die Grundfertigkeiten des Zeichnens und Malens zu erlernen, mussten sie täglich viele Stunden damit verbringen, erst Gipsskulpturen und später lebendige Modelle möglichst naturgetreu abzubilden, gehört es heute an vielen Hochschulen nicht mehr zum verbindlichen Curriculum, einen Aktzeichenkurs zu besuchen. Anders allerdings als in den Frühzeiten der Moderne, als es noch ein emanzipatorisches Aufbegehren war, die strengen Lernvorschriften abzustreifen, ist heute die Verachtung des Handwerklichen keine Verachtung mehr, sondern eine tief verinnerlichte, kaum mehr reflektierte Gewohnheit.

Auch das ließe sich als eine Spätfolge des 19. Jahrhunderts begreifen, als Schwundform der einstigen Genie-Ästhetik. Doch die Ursachen für die erstaunlich verbreitete Geringschätzung der eigenen künstlerischen Ausdrucksmittel liegen tiefer. Man kann es den Platon-Komplex nennen.

In seiner *Politeia* aus dem 4. Jahrhundert vor Christus beschäftigt sich der Philosoph mit der Bedeutung der Künstler für den Staat. Er gibt nicht besonders viel auf sie, vor allem die Maler hält er für überflüssig, ja, fast für gemeingefährlich. Erst verspottet er sie als Tausendkünstler und Allwissende, dann brandmarkt er sie als böse Täuscher. Erstaunlicherweise entwickelten diese Vorwürfe einen enormen Nachhall, immer wieder wurden sie zitiert – und irgendwann richteten die Künstler sie gegen sich selbst.

Platon beginnt in seinem Text mit einem vergifteten Lob, er preist den Maler als einen Handwerker, der nicht bloß imstande sei, »sämtliche Geräte zu machen, sondern er macht auch alle aus der Erde hervorwachsenden Pflanzen und verfertigt alle lebenden Wesen, sowohl die übrigen, als auch sich selbst, und zudem noch Erde und Himmel und Götter, und alles, was im Himmel und unter der Erde im Hades ist, verfertigt er«. Dann aber stellt Platon gleich klar, dass solche Wundertaten eigentlich jeder vollbringen könne: Es reiche dafür schon, »wenn du einen Spiegel nehmen und ihn nach allen Seiten umhertragen wolltest«. Sofort könne man sich als Schöpfer fühlen, der Sonne und des Himmels und aller Lebewesen – allerdings schöpfe er sie eben nur scheinbar und »ja doch wohl nicht als wahrhaftig seiende«. Ein Maler sei also jemand, der nichts »als ein Wahres mache«. Anders als ein Tischler, der ja immer einen echten Stuhl anfertigen könne, sei der vermeintliche Tausendsassa lediglich ein armseliger Nachahmer, der ihn nur erscheinen lassen könne. »Also weit von dem Wahren entfernt ist die nachahmende Kunst«, und dennoch werde »ein guter Maler, Kinder und unverständige Menschen … so täuschen, daß sie glauben würden, es sei wirklich …«.[69]

Diesem Misstrauensvotum hätten die Künstler leicht etwas entgegensetzen können. Sie hätten nur darauf hinweisen müssen, dass der Maler ein Bild herstellt, so wie der Tischler seinen Tisch herstellt. Doch der Vorwurf blieb bestehen, eigentlich für nichts gut zu sein und obendrein mit ihrer Illusionskunst die Menschen zu belügen, sodass diese nicht mehr zwischen Sein und Schein zu unterscheiden wüssten. Das Wesen der Dinge bleibe ihnen fremd, lautete Platons Kritik. Nur die Philosophen könnten das Wesentliche erfassen.

Die Künstler sollten sich also minderwertig fühlen, und viele taten es auch. Ohnehin galten sie nicht als ebenbürtig, sie durften nicht den klassischen artes liberales zugehören, den sieben freien Künsten. Bis in die Renaissance hinein wurden sie als bloße Handwerker angesehen und – mit Platon im Hinterkopf – noch nicht einmal das. Mit großem Aufwand versuchten sie daher, das eigene Tun zu nobilitieren. Die inventio wurde ihnen immer wichtiger, die überraschende Idee. Hingegen verlor das Ausformen an Bedeutung. Schon Leon Battista Alberti, Künstler und Theoretiker im Italien des 15. Jahrhunderts, stellte mit Bestimmtheit fest, dass es für einen Bildhauer völlig ausreichend sei, sich auf den Entwurf zu konzentrieren. Er könne sich damit begnügen, ein Modell, ein bozzetto, herzustellen; die Ausführung der Skulptur könnten dann handwerklich geschulte Mitarbeiter übernehmen.[70]

Der Einfall ist alles, denn der Einfall fällt in den Kopf, er braucht die Hände nicht. Er scheint dadurch konkurrieren zu können mit der Erkenntnis des Wissenschaftlers oder gar des Philosophen. Geboren war der pictor doctus der Renaissance, und fortan genossen vor allem historische und allegorische Motive, die gelehrten Bilder, höchstes Ansehen.

Bis heute fällt auf, dass viele künstlerische Bemühungen aus einer allgemeinen Unzufriedenheit erfolgen, einer Unzufriedenheit nicht mit der Welt, sondern mit sich selbst. Anders als ein philosophisches Traktat kann die Kunst keine komplexen Theorien auffalten. Anders als ein Theaterstück kann sie keine verwickelten Handlungen vorführen. Anders als die Musik kann sie keine absoluten Töne, keine unbildlichen Bilder erzeugen. Doch neidvoll schauen die Künstler auf all diese Eigenschaften, und fast verzweifelt versuchen sie, so theoretisch, so augenblicklich, so absolut zu werden wie die Kollegen von der Konkurrenz.

»Die Entwicklung der bildenden Kunst ist sogar nur zu verstehen, wenn man berücksichtigt, wie lange sich ihre Akteure zurückgesetzt fühlten«, schreibt Wolfgang Ullrich.[71] Wie in einer Art Überkompensation streben die einen nach dem vollendeten Meisterwerk, das, unüberbietbar und von allen bestaunt, zum Kultobjekt aufsteigt. Die anderen schlagen den entgegengesetzten Weg ein und suchen ihre Meisterschaft im Unmeisterlichen. Sie wollen alle Ansprüche, alle Konkurrenzen loswerden, indem sie nur noch Kunst und nichts als Kunst machen: reine Farbe, nackte Form, schiere Bedeutungslosigkeit. Auch jeder Anschein von Handwerklichkeit wurde abgeräumt. Betonsteine, Kupferplatten und andere industriell fabrizierten Baumarktwaren ersetzen Ölfarbe und Marmor. Eine Zeit lang galt es geradezu als reaktionär, als Unterwerfung unter großbourgeoise Zwänge, noch die Fertigkeiten des Zeichnens und Malens zu lernen. Nur wer nichts kann, kann frei sein – das wurde zum unausgesprochenen Motto vieler Künstler des 20. Jahrhunderts.

Mittlerweile haben sich die Abwehrkräfte erschöpft, geblieben aber sind viele Atavismen: Immer noch gilt es als unstatthaft, wenn ein Maler nur malt, ohne in seinen Bildern deren Gemaltheit zu reflektieren. Immer noch fürchtet man sich vor den Täuschungseffekten der Kunst und begreift ihre Vorspiegelungen als ungenügend und unwahr. Immer noch soll der Künstler seine Wahrhaftigkeit nachweisen, um zu zeigen, dass es ihm um das Wahre geht, nicht nur um Werke. Und schließlich ist auch die Geringschätzung des Handwerklichen eine Erbschaft der Spätantike und des Mittelalters, jener Zeit, in der die Künstler – vom Platon-Komplex geplagt – darum stritten, endlich gleichgestellt zu werden mit Mathematikern, Astronomen oder Musikern, mit jenen »Künstlern« also, die als frei galten, weil sie ohne Pinsel und Meißel auskamen. Heute gilt es längst als selbstverständlich, die eigenen Kunstarbeiten nicht mehr selbst auszuführen, sondern geschulte Handwerker zu beschäftigen, etwa bei Tony Cragg, oder eine eigene Manufaktur mit vielen Fachkräften zu betreiben, die sich um die technische Umsetzung kümmert, wie bei Damien Hirst.

Zwar gibt es auch Künstler wie zum Beispiel Thomas Demand, der mit größter Akribie und enormem Aufwand vorgeht. Er sucht sich Fotografien bestimmter Orte oder Gegenstände, zum Beispiel jener Badewanne, in der einst der Politiker Uwe Barschel ertrank, und baut nach diesen Vorlagen – unterstützt von zahlreichen Mitarbeitern – dreidimensionale Modelle aus Pappe und Papier, die dem Original täuschend ähnlich sehen. Dann macht er von dem nachgebauten Foto ein Foto und zerstört anschließend das Pappmodell. Die eigentliche Kunst ist für ihn das glatte Dokument, nicht das räumliche Original. Ohne den handwerklichen Aufwand und die geradezu spielzeugeisenbahnerhafte Präzision wären Demands Werke zwar nicht, was sie sind. Doch wird die Erscheinung des Handwerks zurückgedrängt ins Zweidimensionale und sicherheitshalber noch überblendet von erkenntnistheoretischen Erwägungen über die Konstruiertheit von medialen Bildern im Allgemeinen und dem Illusionismus im Besonderen. Platon, so scheint es, ist ein Zeitgenosse.

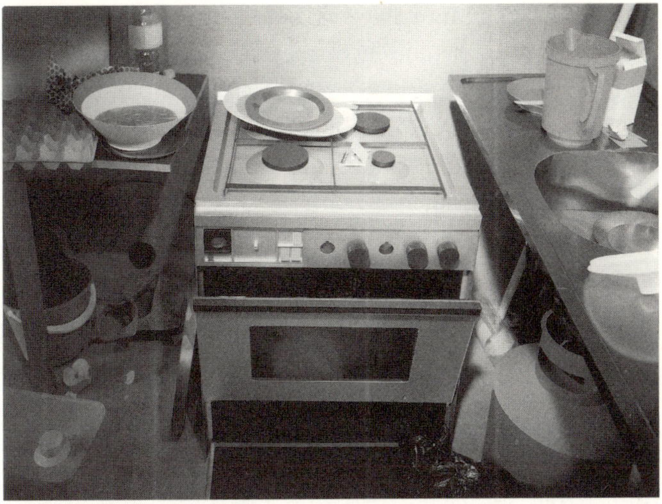

Thomas Demand: »Kitchen«, 2004

Sicher, ein Künstler, der allzu emsig auf Handwerk setzt, kann leicht abrutschen ins Kunsthandwerkliche. Wenn der Betrachter staunend vor einem Bild steht und nur noch dessen Gelungenheit bewundert, wie aufwendig es gemacht ist, wie raffiniert, wie detailliert, wie riesig, wie teuer, wie kostbar, dann ist die Grenze überschritten, dann ist die Art der Darstellung wichtiger als das Dargestellte. Doch ebenso gilt das Umgekehrte: Auch Künstler, die nicht die Gelungenheit ihres Werks, sondern dessen Ungelungenheit eigens betonen, fixieren sich auf das Handwerkliche. Indem sie diesen Aspekt als völlig unbedeutend hervortreten lassen, bekräftigen sie seine Bedeutung. Am Ende erscheint ihr Werk als eine Form negativer Kunsthandwerklichkeit.

Vor allem gilt das für die Readymades, also für Gegenstände des Alltags, die der Künstler ins Museum überführt und die ihren ästhetischen Reiz vor allem daraus beziehen, dass sie meistens industriell hergestellt wurden und keine handwerkliche Formung erfahren haben. Der Künstler emanzipiert sich damit endgültig von seiner zünftischen Vorgeschichte, er braucht seine Hände nicht mehr und kein Handwerkszeug, er braucht nur einen Einkaufswagen. Auch diese Art der Kunst stellt ihre Anti-Handwerklichkeit derart in den Mittelpunkt, dass sie – vor allem dank ihrer erstaunlichen Popularität bei zeitgenössischen Künstlern – kunsthandwerkliche Züge annimmt.

Hier erweist sich die Kunst ebenfalls als eine Gefangene ihrer eigenen Ressentiments, sie folgt uralten Mustern der Selbstlegitimierung, meist ohne sich dessen bewusst zu sein. Dafür opfert sie ihre handwerklichen Fähigkeiten, und was das heißt, lässt sich schon am Platon-Tisch von heute erkennen. Dieser Tisch kommt in der Regel von Ikea, man kann daran sitzen und sich zum Essen versammeln. Verglichen aber mit den Tischen eines kunstfertigen Tischlers ist er eben doch nur ein Ikea-Tisch. Es fehlt ihm an Feinheit in der Proportion, es mangelt an Haltbarkeit, Eigenheit, Finesse. Dennoch verschreiben sich viele Künstler der Ikea-Logik, einem industrialisierten Begriff von Kunst, mit minimierten Produktionszeiten und knappen Haltbarkeitsfristen. Das mögen manche für besonders heutig halten, ist doch die Gegenwart voller Produkte, die nur gemacht werden, um wenig später auf den Müll zu wandern. Besonders befriedigend ist das aber weder für den Künstler noch für den Betrachter.

Und es wird auch nicht dadurch besser, dass der Künstler das Ganze als Experiment deklariert und erläutert, ihm gehe es darum, neue Materialien oder Formen oder Konstellationen zu erproben. Platon auch hier: Wiederum steht er Pate und verlangt mehr Wissenschaftlichkeit, wenngleich diese von vielen Künstlern nur begrifflich eingelöst wird. Sie sprechen von Untersuchungen, von Feldforschung, von

Experiment, und ihr Atelier bezeichnen sie als Labor. Doch für einen Wissenschaftler ist in aller Regel nicht die Methode das Wesentliche – und jedes Experiment *ist* eine Methode –, sondern das, was er durch diese Methode erzielt. Auch ein Künstler müsste sich also fragen, welchen Gehalt er eigentlich durch den vermeintlich experimentellen Kunstaufbau und den Verzicht auf das Handwerkliche erzielt – wenn schon Platon, denn schon Platon.

Gelöst wäre damit zwar noch nichts. Auch eine Rückbesinnung auf die Grundfertigkeiten des Zeichnens und Malens bringt nicht automatisch bessere Kunst hervor. Ein könnerschaftlicher Formalismus ist im Zweifel ebenso entleert wie der gegenwärtig grassierende Akademismus des Ungekonnten. Allerdings wächst mit der Fähigkeit des Ausdrucks auch die Wahrscheinlichkeit, dass etwas ausgedrückt wird. Ein Schriftsteller, der sich in seiner Sprache nicht auskennt, dem die Worte fehlen oder der sich ihrer Bedeutung nicht sicher ist, wird manches nicht sagen, anderes nicht denken können. Bei den Künstlern ist es nicht anders: Bestimmte Lichtstimmungen, Gesichtsausdrücke, Raumphantasien, bestimmte Bilder entstehen erst im Malen selbst. Das technische Können tritt in solchen Momenten zurück, es ist nicht das Ziel, sondern öffnet dem Maler einen Anfang. Handwerkliche Fähigkeiten müssen nicht »Nährboden der Inspiration und Organ der Konzeption« sein, da hatte der Kritiker Greenberg recht. Doch diese Möglichkeit für alle Zeiten und jeden Künstler auszuschließen, wäre reine Verbohrtheit – oder bloß ein Kotau vor der Geschichte.

Und was heißt das für die Qualität der Kunst? Es heißt: Können kann zum Können verhelfen. Und heißt auch: Die Kunst wäre viel unbändiger, viel reicher und lebendiger, wenn sie nicht so sehr von der eigenen Beschränktheit überzeugt wäre.

Sie hat das, was das Theater gern hätte: Sie ist von Dauer, sie bleibt. Sie hat das, was der Film gern hätte: ein Bild, das sich nicht lange entwickeln muss, sondern auf einen Blick offen liegt. Und sie hat das, was die Musik gern hätte: Sie braucht keine Aufführung und keine Interpreten. Die Kunst kann guten Gewissens Kunst sein, sie muss sich nicht rechtfertigen. Sie muss nur sehen, wie und wofür sie ihr handwerkliches Vermögen einsetzen will. Zum Beispiel dafür, etwas zu malen, zu bauen, zu prägen, das sich nicht so leicht reproduzieren lässt. Das vielmehr selbst gesehen werden muss und gesehen werden will, weil es aus der Ferne anders wirkt als aus der Nähe und noch bei dichtester Betrachtung dem Betrachter etwas Eigenes, Unvermutetes entbirgt. Ein gutes Kunstwerk wäre dann eines, das mit kleinstem Aufwand die größte Vielfalt erzeugt. Das in dieser Vielfalt dennoch nicht beliebig wirkt. Und das ganz entspannt Mittel und Motive so stimmig verbindet, dass sich viele Fragen stellen, nur eine nicht: die nach dem Handwerk.

IRRTUM NR. 6: GUTE KUNST MUSS SICH VERWEIGERN

Das Fragen war die große Leidenschaft der Kunst des 20. Jahrhunderts. Sie stellte das Handwerk infrage, das Material, die Motive, ihre Funktion, den Betrachter, die Gesellschaft, einfach alles, am Ende sogar das Fragen selbst. Auf das große Auf-, Aus- und Abräumen folgte das Verstummen, die Kunst ging auf Entzug. »Das eine, was über die beste Kunst zu sagen ist, ist ihre Atemlosigkeit, Leblosigkeit, Todlosigkeit, Inhaltslosigkeit, Formlosigkeit, Raumlosigkeit und Zeitlosigkeit.

Dies ist immer das Ziel der Kunst.«[72] So wünschte es sich der Künstler Ad Reinhardt vor knapp 50 Jahren: Das Nichts sollte zum Alles werden. Die Welt war ihm eine Zumutung, ihren Anforderungen musste er entkommen, seine Kunst in ein semiotisches Vakuum, ein Reich der Losigkeiten hinüberretten.

Er war nicht der Einzige, der sich als Retter wähnte, als ein Retter, der Rettung verweigert. Das Ende schien nahe, und so suchten viele Künstler nach finalen Gesten, als wollten sie ihre Kunst loswerden und sich selber am liebsten auch. Sie mochten nicht an die Spontaneität glauben, anders als ihre Kollegen, die dem Irrtum Nr. 4 folgten und überschießende Gefühle ausstellten. Die Sinne sollten nicht mehr gereizt, die Hirne nicht mehr erhitzt werden, viele Künstler beschränkten sich ganz aufs Kalkül. Wenn ihre Kunst überhaupt von etwas handelte, dann von sich selbst, von den Vorbedingungen der Kunst und ihren Wirkungsweisen. Verweigerung hieß in diesem Fall: Wir zeigen nur noch, was Zeigen heißt.

1968 zeigte Douglas Huebler in einer New Yorker Galerie ein Buch voller Dokumente seiner Dokumentationssysteme, der Katalog seiner Ausstellung war die Ausstellung selbst. Bereits 1958 hatte Yves Klein in Paris alle Räume einer Galerie weiß gestrichen und es Kunst genannt. 1973 ließ Michael Asher die Farbe von allen Räumen einer Galerie in Mailand abkratzen und beließ es dabei; nichts weiter gab es zu sehen. Der Rahmen interessierte, nicht das Gerahmte.

Es war ungefähr so, als wäre ein Schriftsteller zu einer Lesung in eine Buchhandlung gekommen, hätte aber nicht gelesen, sondern alle Regale leergeräumt, um damit auf die Verkaufsbedingungen von Büchern hinzuweisen. Oder wie ein Kino, in dem die Leinwand leer bleibt und alle Kinobesucher aufgefordert werden, das Drehbuch zu studieren oder besser noch: einen Bericht über die Entstehungsprozesse des Drehbuchs. Ähnliche Akte der Verweigerung und Selbstreflexivität gab es vereinzelt tatsächlich, etwa im Strukturellen Film. Mitunter kann so etwas einen hohen Unterhaltungswert haben, manche Erkenntnis lässt sich dabei auch gewinnen. Doch wenn sich das Kino weitgehend darauf beschränkt hätte, statt Filme nur noch geschlitzte Leinwände zu zeigen, oder die Zuschauer aufzufordern, den Film nachzuspielen oder die Kinositze umzudrehen, damit die Besucher auch mal den Projektor zu sehen bekämen, wenn also all das zur Gewohnheit geworden wäre, was der Kunst lange geboten schien, dann hätte das Kino rasch an Aufmerksamkeit und Bedeutung verloren. Für viele Künstler hingegen blieb es vornehmste Pflicht, ihre eigene Autonomie unter Beweis zu stellen – nicht das Kunst-Zeigen, sondern das Autonomie-Zeigen wurde ihre wichtigste Aufgabe. Sie wollte keine Rolle mehr spielen, sondern diese Rolle und ihre Bedingtheiten problematisieren.

Irgendwann allerdings waren dann alle Galerien leergeräumt, alle finalen Gesten erprobt. Als letzte Möglichkeit blieb eigentlich nur noch, der Entsagung zu entsagen. Nicht wenige Künstler vollzogen diese Umkehrung tatsächlich, manche begriffen die Kunst nunmehr als Dienstleistung. Doch selbst dort bleibt die Verweigerung oftmals als Grundhaltung erkennbar. Zum Beispiel bei Monica Bonvicini: Die Künstlerin wurde 2002 von der Kulturbehörde der Stadt Hamburg um ein Kunstwerk im öffentlichen Raum gebeten. Doch ein solches Werk wollte sie nicht liefern, weder Skulptur, Installation noch Performance schienen geeignet. Schließlich entschied sie, nicht Kunst, sondern eine Aktion namens »Werbung statt Kunst« sollte die Kunst sein. Alles Weitere überließ sie anderen: Eine Werbeagentur wurde beauftragt, sich eine Kampagne auszudenken, diese erfand Slogans wie »Kunst schmeckt« oder »Kunst macht stark« und beklebte damit vier Linienbusse, die Werbung machen sollten für etwas, das Bonvicini zugleich verweigerte. Sie wollte nur die Beobachterin sein, ließ die Werbeleute dabei filmen, wie sie im Brainstorming ihre Ideen entwickelten, und produzierte daraus am Ende ein Video, das sie in Ausstellungen zeigen konnte.

Man mag diese und ähnliche Aktionen für besonders raffiniert halten, weil sie sich wegducken vor allen Erwartungen und sie indirekt dennoch befriedigen. Allerdings bleiben solche Formen des Ausspielens dem Ad-Reinhardt-Prinzip der Losigkeit durchaus treu: nichts zeigen, nichts sagen, nichts bedeuten. Weiterhin üben sich viele Künstler in Askese, wenngleich es Askese ja eigentlich nur dort geben kann, wo es Glauben gibt. Auf Entzug lässt sich nur jemand setzen, der auf Droge ist – wer aber sollte das heute noch sein?

Die kunstreligiösen Anwandlungen des 19. Jahrhunderts sind lange verflogen, die Kunst wird nicht mehr angehimmelt und gilt nicht länger als etwas Außerweltliches. Den letzten Rausch, so scheint es, verheißt einzig noch der Markt. Und so gilt vor allem ihm das Entsagen vieler Künstler – wenngleich diese Entsagung, wie erwähnt, nur eine weitere Form des Glaubens ist.

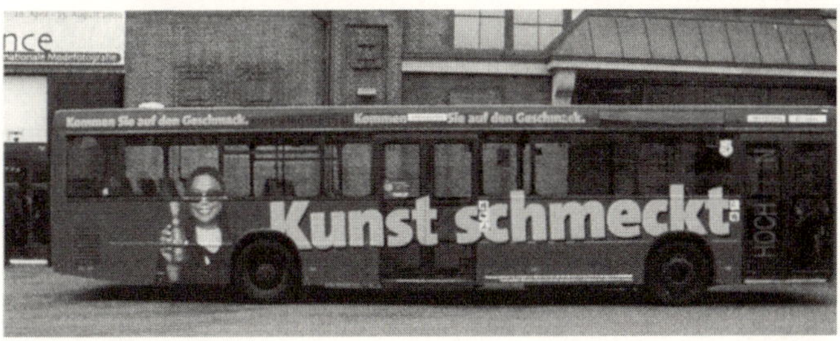

Monica Bonvicini: »Werbung statt Kunst«, 2002 (Ausriss)

Auch die Aktion von Monica Bonvicini folgt dieser Dialektik: Um vorzuführen, wie klug sie sich allen Vereinnahmungsversuchen entwindet, wie wenig sie sich für eine Verhübschung der Innenstädte oder für Zwecke der Stadtwerbung instrumentalisieren lässt, instrumentalisiert sie nun ihrerseits die Werbeleute. Doch verzichtet sie damit zugleich darauf, sich anderen Themen zu widmen, die nicht von der Kunst und ihrer Funktionalisierung handeln. Sie fixiert sich auf den Markt, indem sie sich dem Markt entzieht.

Immer geht es darum, die eigenen Freiräume zu behaupten, und unbeantwortet bleibt die Frage, wie und womit sich die freien Räume sinnvoll füllen ließen. Immer geht es darum, die Kunst gegen alle Zwänge zu verteidigen, obwohl so viel Verteidigung leicht selbst zum Zwang wird. Immer geht es darum, die heilige Idee des Künstlers vor allen Zumutungen der Wirklichkeit zu schützen, dabei kann sie ohne diese Wirklichkeit nicht sein, erst in ihr wird lebendig, was im Kopf des Künstlers nur Konzept ist. In viele solcher Selbstwidersprüche verstrickt sich die Kunst, sie hat bei aller Reflexivität ihre blinden Flecken. Zu sehr ist sie mit Abwehr und Zurückweisung beschäftigt, ganz so, als sei sie in ihrer inneren und äußeren Freiheit ernsthaft bedroht.

Auch dieses Muster haben sich die Künstler der Gegenwart nicht selber ausgedacht, vielmehr ist es schon um 1800 entstanden. Damals wehrte man sich nicht gegen die Verwertungsinteressen eines hyperventilierenden Kunstmarkts, sondern gegen die Macht der Fürsten. Und anders als heute war das Ziel nicht die völlige Subjektlosigkeit, in der eine Künstlerin wie Bonvicini allenfalls noch als Auftraggeberin zu erkennen ist. Das Ziel war vielmehr die Befreiung des Ichs zu sich selbst. Geblieben ist davon das Streben nach Autonomie, das strenge Zurückweisen aller äußeren Ansprüche.

Vor allem Friedrich Schiller prägte die Vorstellung einer Kunst, die allein sich selbst zu gehorchen habe und von keinerlei Nutzen sei. »Denn die Schönheit gibt schlechterdings kein einzelnes Resultat weder für den Verstand noch für den Willen, sie führt keinen einzelnen weder intellektuellen, noch moralischen Zweck aus, sie findet keine einzige Wahrheit, hilft uns keine einzige Pflicht erfüllen, und ist, mit einem Worte, gleich ungeschickt, den Charakter zu gründen und den Kopf aufzuklären.«[73] Das schrieb er 1793 an den Herzog von Holstein-Augustenburg, eine Unabhängigkeitserklärung der Kunst, die zwei Jahre später auch gedruckt wurde und seither tief eingesunken ist in das Selbstverständnis der Künstler.

Auch als der Adel abgeschafft und die Freiheit der Kunst längst gesetzlich verbrieft war, hielt die Wirkung dieser Worte unvermindert an, bis heute begreifen sie manche Künstler, bewusst oder nicht, geradezu als Auftrag. Ähnlich wie Schiller alle Zweckhaftigkeit dementierte, sollen die Bilder und Skulpturen alle Zwecke von sich weisen. Je unsinniger, je unmoralischer, je unverständlicher die Kunst erscheint, desto mehr darf sie sich als Kunst fühlen und in ihrer Autonomie bestätigt sehen.

Auch die Bedürfnisse des Publikums meint man mit Schiller guten Gewissens ausblenden zu dürfen. Und wenn doch einmal ein Künstler große, massenwirksame Attraktivität entwickelt, gilt das oftmals als suspekt, denn er scheint ja eine »Pflicht« zu erfüllen und ein »Resultat« zu erbringen – und beides lässt das Gebot der Autonomie nicht zu. Sich auf sich selbst zurückzuziehen und die eigene Unzugänglichkeit als Zeichen hoher Qualität zu begreifen, hat zudem noch den angenehmen Nebeneffekt, sich gefeit zu wissen gegen alle Einsprüche, jede Kritik. Im Reich der

Autonomie ist es nicht nur dem Fürsten, sondern auch allen anderen untersagt, sich in die Belange der Kunst einzumischen. Wie und wofür sollte man Monica Bonvicini denn auch kritisieren? Sie setzt ja nur den Rahmen; weder für die Ideen noch für die Formen der Werbung lässt sie sich verantwortlich machen. Da gibt es kein künstlerisches Werk, dessen Qualität zu beurteilen wäre, nicht über gut oder weniger gut ist zu befinden. Einzig die Grundsatzfrage lässt sich noch stellen: Ist es Kunst oder ist es keine Kunst? Wer aber kategorial fragt, dem wird kategorial beschieden: Kunst sei, was die Künstlerin als Kunst begreife, schließlich handele sie autonom. So befreit von allen Rückkopplungen, gilt das Motto Wolfram von Eschenbachs: Wo kein Haar wächst, mich auch niemand rupfen kann.

Mit Schiller allerdings hat all das nur wenig zu tun. Für ihn war Autonomie kein Selbstzweck, er sah darin allein eine Voraussetzung. »Durch die ästhetische Kultur bleibt also der persönliche Wert eines Menschen … noch völlig unbestimmt, und es ist weiter nichts erreicht«, schreibt er und bekräftigt damit abermals, dass die Kunst nichts Bestimmtes ausrichte und erreiche. Dann aber folgt im zweiten Teil desselben Satzes, wie im Nachklapp, das Entscheidende: Es sei für den Menschen weiter nichts erreicht, »als dass es ihm nunmehr von Natur wegen möglich gemacht ist, aus sich selbst zu machen, was er will – dass ihm die Freiheit, zu sein, was er sein soll, vollkommen zurückgegeben ist. Eben dadurch aber ist etwas Unendliches erreicht.« Auch dieser Teil seines Briefs ist immer wieder zitiert worden, wenngleich meistens nur von den Euphorikern der Kunst, die nach einer Umwandlung, einer Erneuerung des Menschen riefen und in Bildern und Skulpturen die Mittel der Wahl sahen. Doch Schiller gibt beiden Unrecht – den absoluten

Verweigerern genau wie den absoluten Kunstgläubigen. Er will die Kunst freisprechen von den vordergründigen Absichten, er möchte, dass sich der Betrachter ihr offen und ohne Begehren nähert. Nur dann, wenn er eben nicht damit rechnet, von ihr beglückt zu werden, wenn sie also sein darf, wie sie sein will, kann er ihr Glück erfahren und seinerseits sein, wie er sein will.

Wer also als Künstler meint, er müsse unbedingt Werke schaffen, die ihre Gemachtheit negieren, die verrätselt, befremdlich, beliebig deutbar sein sollen, wird sich kaum auf Schiller berufen können. Diesem ging es nicht um die Abweisung des Publikums, sondern darum, dem Publikum neue Zugänge zu öffnen. Er wollte eine souveräne Kunst, keine, die sich gegen alle Kritik panzert. Über die ewigen Abwehrmanöver der Künstler, die sich gegen den Markt, die Museen, gegen normierende Rezeptionsbedingungen auflehnen, hätte er wohl gestaunt. Er liebte das aufklärerische Infragestellen, doch dafür hatte er seine theoretischen Schriften. Die Kunst selbst durfte frei sein, frei auch von allem Verlangen der Künstler nach Autonomie. So ein Verlangen weist der Kunst ja selbst einen Zweck zu, macht sie unfrei und schadet der Autonomie, die doch eigentlich verteidigt werden sollte.

Kunst ist keine Festung, sie lebt davon, dass sie zugänglich bleibt und sich nicht einbunkert in ihren Idiosynkrasien. Sie lädt ein, sagt Schiller, »zum Ernst und zum Spiele, zur Ruhe und zur Bewegung, zur Nachgiebigkeit und zum Widerstand, zum abstrakten Denken und zur Anschauung«, sie kann das eine sein und sein Gegenteil, wird aber in jedem Fall eine »Freyheit des Geistes« eröffnen.[74] Dieses Gefühl der Freiheit wird sich kaum einstellen, wenn Künstler sich übermäßig darauf versteifen, ihrer Kunst möglichst alles Werkhafte zu nehmen, nur damit der Markt sie nicht in ihrer Autonomie beeinträchtigen und seinen Gesetzen unterwerfen kann.

Zum einzigen Qualitätsmaßstab wird in solchen Fällen, ob es der Kunst tatsächlich gelingt, sich dem Handel und allen anderen Verwertungsinteressen zu verweigern. Gemessen an diesem Anspruch, haben sich bislang so ziemlich alle Verweigerungskunstwerke als miserabel erwiesen. Selbst die Fluxus-Künstler sind weiterhin in den Galerien vertreten, obwohl sie viel dafür taten, sich gegen die Logik des Marktes zu sträuben, indem sie ihre Kunst in hohen Auflagen und aus möglichst billigen und vergänglichen Materialien anfertigten. Auch von jeder blutigen Performance der Wiener Aktionisten gibt es Fotos, die verkauft werden. Und selbst die Karteikarten und Aktenordner der Konzeptkunst finden zahlungskräftige Käufer. Was als Unkunst geplant war, eignet sich für ihren Besitzer doch dazu, einen ganz eigenen Geschmack zu demonstrieren, sie verspricht Distinktion und dient als Statussymbol.

Das heißt im Umkehrschluss nicht, alle Kunst sollte sich gefälligst vom Markt abrichten lassen und nachfragehörig werden. Erst aus der Spannung zwischen Autonomie und Inanspruchnahme beziehen viele Werke ihre Kraft, deshalb wäre es nur wenig hilfreich, auf das eine oder das andere zu verzichten. Etwas Unkäufliches steht zum Verkauf, etwas Individuelles strebt nach Allgemeinheit, etwas Zwangloses setzt sich den Zwängen aus – solche Unvereinbarkeiten konstituieren oft die Qualität eines Kunstwerks.

Wer hingegen die große Flurbereinigung will, erweist sich nicht gerade als Freund der Künste. Mit Auf- und Ausräumen ist nichts zu verändern und erst recht nichts zu entfachen. Wer sollte sich auch heute noch davon beeindrucken lassen?

Ein Künstler, der unbedingt der Kunst den Sinn austreiben möchte, wer gar Zweifel am Sinn der Welt schüren will, der müsste ja erst einmal nachweisen, dass es diesen Sinn noch gibt. Entzaubern kann er nur, was verzaubert ist. Unverwandt auszurufen, die Kunst sei am Ende, nichts könne mehr kommen, erscheint daher nicht als Akt der Verweigerung. Eher wird sich das Publikum bestätigt fühlen. Da die Gegenwart ohnehin instabil geworden ist, alle Sicherheiten sich auflösen, alle Perspektiven vernebelt sind, überrascht es niemanden, von der Kunst nun selbige Botschaften zu hören. Gemütlich kann sich der Betrachter in seiner Sinnlosigkeitsvermutung zurücklehnen.

Und was heißt das für die Qualität der Kunst? Es heißt, dass sie keine Kriege führen muss, weder an der Front noch irgendwo im Widerstand. Sie muss nichts verteidigen, nichts verweigern. Und wenn sie doch einmal um ihre Souveränität ringt, dann nicht mit dem Betrachter. Gute Kunst entsteht nur selten gegen den Markt, gegen das Publikum. So etwas endet meist in irgendeinem Zwang, Kunst aber ist eine Vereinbarung auf freiwilliger Basis. So wenig der Betrachter zum Betrachten gezwungen werden kann, so wenig wird der Künstler gezwungen, für immer Künstler zu sein. Wenn für ihn alles nur Abwehr ist und schwere Unmöglichkeit, spricht nichts dagegen, es mal mit etwas anderem zu versuchen. Viele gehen diesen Weg tatsächlich, werden Producer, Graphiker, Möbelbauer, Regisseur, Drehbuchschreiber. Nur eines mögen sie nicht zurücklassen, sie nehmen ihn einfach mit – den schönen Titel Kunst.

IRRTUM NR. 7: ALLES KANN GUTE KUNST SEIN

Auch Umarmung kann eine Form der Abwehr sein. Was sich nicht verweigern lässt, das wird vereinnahmt. Das 20. Jahrhundert kannte beide Extreme: Die einen Künstler entzogen sich der Welt, waren defensiv und spröde; die anderen begegneten ihr mit großem Begehren und wollten sie umschlingen. Kunst sollte Welt sein und Welt unbedingt Kunst. Bis heute hat dieses Versprechen der Avantgarde, endlich die Grenze niederzureißen und eine neue, lebendige Einheit von Alltag und Ästhetik zu begründen, nichts von seiner Verlockung verloren. Sogar karikaturentauglich ist der Um- und Verschlingungsdrang schon geworden. Erwin Wurm formte daraus seine voluminöse Skulptur »Der Künstler, der die Welt verschluckte«.

Anfangs waren es nur bescheidene Dinge des Alltags, eine Schneeschaufel, das Rad eines Fahrrads, ein Flaschentrockner, die sich die Künstler aneigneten, ins Museum transferierten und damit in den Rang eines Kunstwerks erhoben. Später wurden sie schon mutiger, Piero Manzoni zum Beispiel. Erst hatte er mit Kunstwerken der Verweigerung begonnen, 1957 stellte er unbemalte Leinwände aus, nur mit ein wenig Gips beschichtet. Nur vier Jahre später nahm er dann seine künstlerischen Gesten der großen Entleerung recht wörtlich und produzierte seine berühmte »Merda d'Artista«, Künstlerscheiße, fein säuberlich abgefüllt in 90 Dosen à 30 Gramm, die er sämtlich zum Preis von Gold desselben Gewichts verkaufte.

Erst demonstrierte Manzoni seine Autonomie im Rückzug, dadurch, dass er nichts mehr zeigte. Dann demonstrierte er sie, indem er seine Autonomiezone ins Unendliche ausdehnte und so gut wie alles zu einem Werk eigener Hand erklärte. Mal versah er nackte Frauen mit seiner Signatur und nannte sie Skulpturen, mal drückte er einen farbigen Abdruck seines Daumens auf 150 Hühnereier und lud das Publikum zur Kunstspeisung. 1961 ersann er schließlich das endgültige Zeichen der Totalverkunstung: Er stellte einen kräftigen Steinblock auf, darauf in großen Lettern, kopfüber zu lesen: *Sockel der Welt*. Es sollte so aussehen, als besäße dieser Sockel kein Fundament, als ragte er ins unendliche Weltall, als hätte der Künstler die ganze Erde auf sein Podest gehoben. Alles war Kunst, jeder war Kunst, es gab kein Entfliehen mehr.

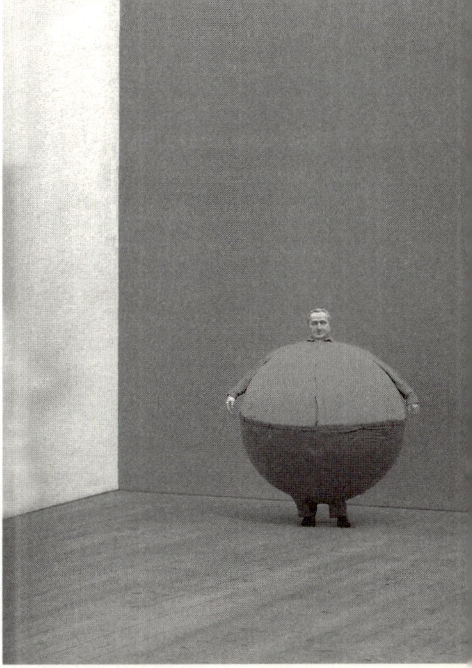

Erwin Wurm: »Der Künstler, der die Welt verschluckte«, 2006

Danach hätten sich alle Künstler weitere Versuche der ästhetischen Landnahme ersparen können, doch unverdrossen machten und machen viele weiter. Auf Geheiß der Künstlergruppe Art & Language wurde 1967 das gesamte County Oxfordshire in England zum Readymade erklärt, das wirkte dann doch vergleichsweise bescheiden. Radikaler wurde hingegen der Kunstphilosoph Arthur C. Danto in einem Gedankenspiel: Er hielt es für durchaus vorstellbar, dass eine Frau mit starken feministischen Überzeugungen einen Mann erschösse und diesen »symbolischen Akt« zu ihrem Kunstwerk erklärte.[75] In vergleichbarer Weise äußerte sich auch der Komponist Karlheinz Stockhausen, der die Terroranschläge des 11. September 2001 als »das größte Kunstwerk, das es überhaupt gibt für den ganzen Kosmos« bezeichnete. Aus beiden Zitaten klingt heraus: Nicht nur Leben soll Kunst sein, sondern auch die Vernichtung von Leben.

Im Grunde ist das nicht schwer zu verstehen, es liegt in der Logik einer Kunst, die es zu ihrer Hauptaufgabe erklärt hat, sich weiter und weiter auszuweiten. Alles, was in der Kunst ist, muss auch im Leben sein und umgekehrt: Was nicht in der Kunst ist, ist nicht.

Bis heute folgt sie begeistert dem Ideal ihrer eigenen Globalisierung, sie quert jede Grenze, die in Sicht kommt. Fast könnte man meinen, sie sei vor sich selbst auf der Flucht. Wiederum scheint der Platon-Komplex mächtige Triebkräfte zu entfalten, denn zumindest diesen Vorwurf müssen sich die Readymade-Künstler, egal in welcher Variante sie auftreten, nicht machen lassen: Sie leben nicht vom schönen Schein, sie bilden die Welt nicht mimetisch ab, ihre Kunst ist wirklich Welt, ganz blank und ungekünstelt.

Das hat den großen Vorteil, dass die sonst so verwickelten Verhältnisse der modernen Kunst plötzlich sehr trennscharf erscheinen. Wenn potentiell alles Kunst ist, dann ist potentiell nichts Kunst – und alle weiteren Fragen haben sich erübrigt. Noch nicht einmal das Museum wird mehr gebraucht, um noch das eine vom anderen zu unterscheiden, wie Piero Mazoni und sein Weltsockel gezeigt haben. Die große Egalisierung erfolgt per Selbstermächtigung. Gute Kunst, schlechte Kunst, egal, alles wird eins im Zeichen der künstlerischen Großversöhnung.

Mit einem Siegeszug dieses Prinzips erübrigt sich allerdings auch rasch alles Vergnügen, denn nichts ist in der Kunst so langweilig wie das Versöhnen, Verschmelzen, Entgrenzen. Kunst braucht nicht Harmonie, sie braucht Differenz.

Darauf beruht alles: Sie ist nicht Hic et nunc, sondern

rückt ab vom Unmittelbaren und begibt sich auf die Metaebene. Die Kunst *erzählt* Geschichten, sie *ist* nicht die Geschichte. Sie zeigt einen Mord, einen Kuss, einen Schiffsuntergang, und sie ermöglicht es allen, dabei zu sein, ohne selbst morden, küssen oder untergehen zu müssen. Das ist die wunderbare Freiheit, die Kunst den Menschen einräumt: Sie wird real, ohne real zu sein. Und eben deshalb kann es kein »ästhetisches Symbol« sein, wenn eine Frau einen Mann umbringt, wie Danto meint. Der Mann stirbt ja tatsächlich, anders als in der Kunst, in der er nicht zu sterben bräuchte, um tot zu sein. Denn Kunst ist nicht das unmittelbare Leben und hat auch keine unmittelbaren Folgen für das Leben. Hier kann gehandelt, gezeigt, gesprochen werden, ohne dass es direkte Konsequenzen hätte – weder positive, noch negative. Nur weil sie vorläufig bleibt, in der Schwebe, kann es ihr gelingen, von den Zwängen und Gesetzen der Wirklichkeit abzusehen, die Welt unbegrenzt erkunden zu dürfen.

Für diese Unbegrenztheit braucht sie aber Grenzen, auch wenn das für manche Künstler nur schwer zu ertragen ist. Sie sind beunruhigt von der spielerischen Offenheit, sie wollen lieber Ernst machen, wollen Wirkung und Wahrhaftigkeit. Sie verrümpeln den Freiraum der Kunst wie ein Kellergelass, stellen ihn voll mit ihren Relikten der Welt, füllen ihn mit endlosen Dokumentationsfilmchen, verbarrikadieren ihn mit ihren Aktenordnern und Reportagefotos. Oder sie reißen ihn gleich ganz ab, im Zuge der Totalentgrenzung.

Und was heißt das für die Qualität der Kunst? Ein Künstler, der die Welt schluckt und dann das Ausgeschiedene dem Publikum darbietet – das war hinreichend grotesk und vermessen. Doch nichts mehr aufzunehmen, nichts anzunagen, nichts zu verdauen, nur noch die eigene Unantastbarkeit zu demonstrieren, ist auf Dauer nicht das, was gute

Kunst ausmacht. Die Welt als Welt zu zeigen, unverfälscht, ungebrochen, ist im Grunde eine Einverständniserklärung: alles vorhanden, alles gut. Der Künstler muss nur noch signieren. Gute Kunst aber will kein Einverständnis, sie pflegt Eigenart. Sie will die Welt nicht umarmen, sie will ihr etwas entreißen oder will sie bereichern. Sie stellt den Bildern der Welt ein Trugbild entgegen, aus der Geschichte formt sie eigene Geschichten. Und das macht ihre Qualität aus: Sie hebt sich ab, von dem was ist – auch wenn das nicht immer leichtfällt.

IRRTUM NR. 8: GUTE KUNST HAT ES IMMER SCHWER

Die Künstler sind es nicht allein. Nicht nur sie wollen das Leben in den Bannkreis der Ästhetik überführen. Die Bewegung auf der Gegenseite ist mindestens genauso stark: Das Leben will sich ästhetisieren. Wohl nie zuvor war der Ehrentitel Kunst ähnlich begehrt: Modemacher heften ihn sich ans Revers, Werbeleute präsentieren sich als große Künstler, Designer adeln ihre Objekte zu museumswürdigen Skulpturen. Der Bierbrauer Holsten bezeichnet Duckstein-Bier als das »Kunstobjekt seiner Zunft«. Die langbeinige Zitronenpresse von Philippe Starck trägt einen eigenen Namen, Juicy Salif, und erweist sich auch ansonsten als typisches Kunstprodukt, denn für so ziemlich alles ist sie zu gebrauchen, nur fürs Saftpressen nicht. Schließlich Issey Miyake, der Modeschöpfer: Er bekam für seine künstlerische Haute Couture sogar den Praemium Imperiale verliehen, der als »Nobelpreis der Künste« gilt, mit 110 000 Euro dotiert. Es scheint, als habe sich die prophetische Vision des Piero Manzoni tatsächlich erfüllt: Alle Welt stellt sich auf den Sockel der Kunst.

Darüber könnten sich die Künstler freuen, doch fühlen sich viele bedrängt und bedroht. Was ist noch ein Künstler, wenn alle Künstler sind? Sowohl das traditionelle als auch das moderne Verständnis von Kunst sind Allgemeingut geworden. Es ist nicht mehr ungewöhnlich, dass sich selbst eine Autobahnrast- zu einer Autobahnkunststätte umwidmet, in Illertal zwischen Ulm und Kempten zum Beispiel, wo bunte Kacheln und Riesengemälde die übliche Tristesse vertreiben sollen. Ebenso selbstverständlich wird die Readymade-Methode auf den Alltag angewendet, in Berlin Schöneberg etwa, wo 2005 ebenfalls eine Art Kunstraststätte eröffnete, eine Kneipe namens Raststätte Gnadenbrot, die in der Szene dadurch von sich reden machte, dass ihre Betreiber die Styroporfüchse, Hirschgeweihe und anderen Kitschkrempel des Vorbetreibers nicht auf den Müll warfen, sondern als kultverdächtiges und authentisch aufgeladenes Ambiente inszenierten.

Ähnlich wird auch die Denkungsart der Künstler gern übernommen. Heute will jeder ganz anders, ganz nonkonformistisch, ganz unverstellt sein: »Think Different« ist der Schlachtruf des Computerherstellers Apple, und selbst die für ihre althergebrachte Durchschnittlichkeit bekannte Fernsehzeitschrift *Hörzu* fordert in ihrer Werbung: »Machen Sie keine Kompromisse.« Die Margarine Lätta reklamiert für sich »Mut zur Leidenschaft!«. Die Werte der Kunst sind offenbar zu einer Lebensform geworden. Einst versprachen Künstler den Ausnahmezustand, heute lebt jedes Event davon. Kaum lässt sich das eine noch vom anderen unterscheiden: An jedem Flussufer ein Skulpturenpark und gleich daneben, von

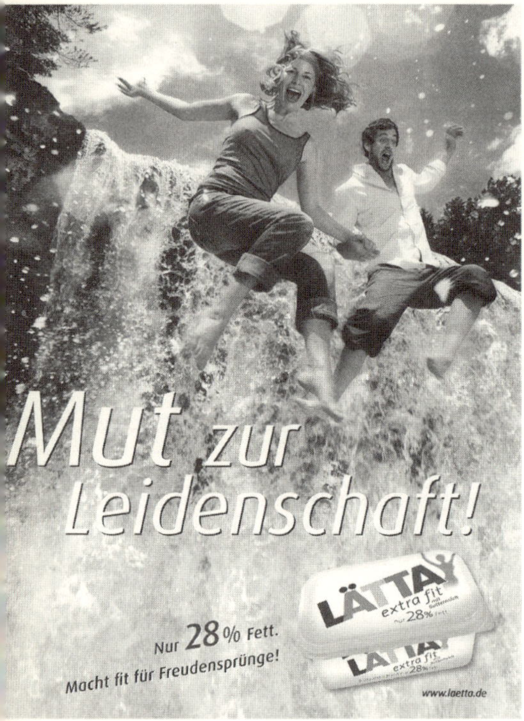

Werbeanzeige der Firma Unilever

Strohmatten geschützt, der künstliche Strandclub, mit Sonnenliegen und viel echtem Sand.

Selbst die aktionistischen Kunstformen werden gerne aufgegriffen: In Paris zum Beispiel gründete sich eine Widerstandsgruppe gegen die Überflutung des öffentlichen Raums mit Werbung, der Verein Résistance à l'Agression Publicitaire, dessen Mitglieder sich über Plakate hermachen, als wären sie Künstler, und sie mit Schriftzügen wie »Joghurt macht nicht glücklich« versehen. Beliebt sind weltweit auch dada-ähnliche Formen der Intervention, bekannt unter dem Namen Flash Mob. Wildfremde Menschen verabreden sich per SMS oder E-Mail zu einer Art Performance im öffentlichen Raum und folgen einem vorher verabredeten, möglichst absurden Plan. In Frankfurt zum Beispiel kauerten 25 Menschen minutenlang in Grüblerpose auf dem Boden, sprangen dann auf, riefen Heureka! und zerstreuten sich wieder. Ähnlich gedeihen im Internet viele Formen einer wilden Erfindungslust, auf Seiten von Myspace oder Youtube lebt sich vieles aus, was vergleichbar auch als Videofilm oder Fotodokumentation von Künstlern gemacht wird.

Wohl auch deshalb wirken viele Kunstwerke heute wie Kunstklischees – sie verdoppeln nur das Selbstverständliche, sie sind nicht erfindungsreicher gedacht, nicht sorgfältiger gemacht als das, was die Alltagskultur hervorbringt.

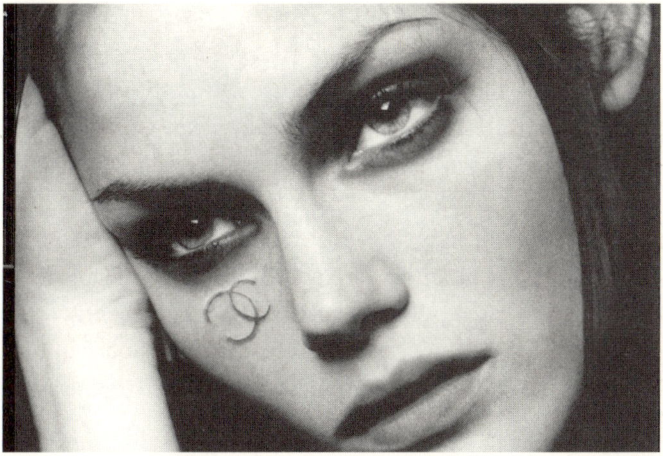

Daniele Buetti: Der Körper als Werbeträger, 2004

So kommt es keineswegs selten vor, dass sich Menschen ein Firmenlogo auf den Oberarm oder den Bauch tätowieren lassen, zum Beispiel das Apfel-Signet der Firma Apple.[76] Ähnliches zeigt der Künstler Daniele Buetti auf seinen computermanipulierten Fotos: Körper, die das Logo des Sportunternehmens Nike oder den Schriftzug der Modefirma Boss tragen. Größer könnte die Tautologie kaum sein. Die Wirklichkeit hatte Buettis Kunstschrecken überholt, noch bevor er entstanden war.

Je mehr sich die Künstler ihrer klassischen Formen entledigen und mit den Erscheinungsweisen der Marken und Produkte kokettieren, desto größer wird offenbar die Verwechselungsgefahr. Die alte Identität des Künstlers scheint durch die Zeichen- und Sinnerfinder der Industrie entkernt zu werden, sie machen ihm die klassische Rolle des Schöpfers, des Aus- und Umdeuters, des Allegoriengenies und Weltdurchdringers streitig. Was unterscheidet die ästhetische Erfahrung von der Alltagserfahrung, wenn das Primat der Zwecklosigkeit so allgegenwärtig ist, dass sich damit ganze Geschenkeläden füllen?

Wie kann sich die Kunst noch abheben vom Selbstverständlichen? Dass sie sich abheben muss, zeigt Irrtum Nr. 7: Nur in der Distanz wird Kunst zu Kunst. Ob es diese Differenz aber weiterhin geben kann, wird von vielen Künstlern bezweifelt. Weil ihnen die eigenen Qualitätsbegriffe abhanden gekommen sind, wissen sie nicht länger, was ihre Kunst eigentlich von Werbung, Mode, Design unterscheiden könnte. Und manche nehmen die vermeintliche Ununterscheidbarkeit hin, als sei sie schicksalhaft über sie gekommen – die Grenzen seien nun mal gefallen, die Zeiten unübersichtlich, was soll man machen. Allerdings verkennen sie damit, dass die wachsende Nähe von Alltag und Ästhetik nicht ohne Folgen bleibt. Die Konkurrenz setzt vielen Künstlern zu – und verändert ihre Kunst.

Selbst im Stammland, in der Malerei, ist die allgemeine Hilflosigkeit nicht zu verhehlen. Das Gefühl, vielleicht doch überflüssig zu sein, verfolgt die Maler seit langem. Bereits als die Fotografie im 19. Jahrhundert erfunden wurde, wähnten sich manche in ihrer Existenz bedroht. Auch heute gilt die Konkurrenz als schier unbesiegbar, alle Bilder scheinen längst gemacht. So fügen sich manche Künstler fröhlich in die Selbstaufgabe. Sie malen schwabbelige Comicquallen wie Inka Essenhigh oder Takashi Murakami, oder sie entwerfen schmucke Oberflächenmuster wie Fiona Rae oder Fred Tomaselli. Oft sind es blickdichte Bilder, von einer Perfektion, die jedem Industriestandard gerecht wird.

Andere Künstler entwerfen Bilder über Bilder, sie wollen aufklären, wie Kino und Computer das Bild der Welt prägen, wie jede Hauswand, jede Straßenecke zur Darstellungsfläche gerät und die Möglichkeiten der Bildaufnahme und Bildvermittlung sich vervielfältigen und beschleunigen. Immer und immer wieder beschäftigen sich die Maler mit diesem Thema, und damit stets auch mit der eigenen Ratlosigkeit. Die vermeintliche Bilderflut scheint eine geradezu hypnotisierende Kraft auf sie auszuüben. Sie wahren nicht kühlen Abstand, sondern meinen, immer wieder beweisen zu müssen, dass sie sich in der Welt der neuen Medien mit ihren Logos, Effekten und Strategien aufs Beste auskennen.

Es stimmt ja auch: Kein Maler kann heute mehr der Frage ausweichen, wie Bilder entstehen und welches Bild die Bilder von der Wirklichkeit geben. Doch müsste sie das nicht dazu zwingen, diese Frage so häufig zum Thema ihrer Kunst zu machen? Auch ein guter Schriftsteller beschäftigt sich mit Alltagstexten, ohne daraufhin zwangsläufig und immerzu die Sprache der Zeitungsartikel, Werbeseiten, Gebrauchsanweisungen vorzuführen oder zu verfremden. Viele Künstler haben sich eingeredet, sie müssten in einen Wettbewerb mit den Bildern der Mode, der Werbung, des Designs eintreten. Und nur, wenn sie sich deren Bilder offensiv aneigneten, könnten sie gegen die mediale Konkurrenz bestehen. Dabei brauchen sie ihre Mitstreiter im Feld der Ästhetik eigentlich nicht zu fürchten.

Zwar erscheint die Nähe der Kunst zur Mode zunächst verblüffend. In beiden Branchen geht es um eine Art Vorzeigekonsum. Gekauft wird Haute Couture nicht, um sich damit zu schützen, zu wärmen oder weil sie sonst von praktischem Nutzen wäre. Sie will nicht dienen, nicht den üblichen Forderungen nach Funktionalität gehorchen. Sie will sich selbst von dem Körper, der sie trägt, emanzipieren. Manchmal zwängt sie ihn ein, zwickt ihn, beult sich aus oder beschließt, nach der ersten Reinigung in die Brüche zu gehen. Genau wie die Kunst weist sie klassische Schönheitsvorstellungen zurück, sie bringt lieber das auf die Laufstege, was bislang als hässlich, als unvorstellbar galt. Sie erklärt – frei nach dem

Readymade-Prinzip – eben jenes zur Mode, das nicht Mode war. Als solche wird sie dann auch gekauft, nicht als Kleidung, sondern als ein Zeichensystem zum Hineinschlüpfen. Der Käufer hofft darauf, mit ihr das eigene Selbstbild neu zu bestimmen und sich von anderen zu unterscheiden.

Doch damit endet bereits die Gemeinsamkeit von Kunst und Mode: damit, dass die Mode jemanden braucht, der sie sich zu eigen macht und anlegt. Es reicht nicht, sie auf Puppen zu ziehen und auszustellen. Ihre volle Wirkung entfaltet sie erst im Wechselspiel mit einem Körper, den sie bedeckt oder bloßlegt. Ihre Eigentümlichkeit zeigt sich erst in dialektischer Beziehung zur Eigentümlichkeit ihres Trägers. Und sie verändert ihren Charakter je nachdem, wer sie sich überstreift. Für die Kunst hingegen spielt der Träger kaum eine Rolle. Sie braucht für ihre Bilder und Skulpturen nur Wand oder Fußboden, doch deren Beschaffenheit ist für ihre Wirkung nachrangig. Es schadet nicht, wenn sich der Träger neutralisiert und zum White Cube wird, zu einem weißen, störungsarmen Ausstellungsraum. Die Kunst existiert aus sich heraus, sie muss nicht in die Welt hinausgetragen werden, sie hat ihre Werte in sich beschlossen. Sie braucht nur den Betrachter, und der kann sie solange und sooft betrachten, wie er will. Nie wird sie sich abnutzen – auch das unterscheidet sie von der Mode.

Kunst hat die Chance auf Dauer, sie hängt nicht am Augenblick, sie kann warten, oft gewinnt sie ihren eigentlichen und auch ihren materiellen Wert erst in der Zeit. Mode hingegen ist für den Moment gemacht, sie lebt vom Vergehen, davon, dass sie sich selbst überholt und schon in der nächsten Saison als altmodisch gilt. Deshalb wäre sie so gerne Kunst.

Ähnlich lässt sich auch die Grenze zum Reich der Designer weit klarer bestimmen, als viele Künstler für gewöhnlich meinen. Manche halten diese Grenze schon deshalb für eine Schimäre, weil sie sich einige lukrative Verkaufsoptionen im Sektor Inneneinrichtung erhoffen. Ein Franz West lässt buntgestreifte Sofas anfertigen, ein Tobias Rehberger wohlige Lampen. Umgekehrt sehen USM Büromöbelsysteme so aus, als hätte jemand die Kuben von Donald Judd aus dem Museum herausgetragen, um daraus Schreibtische und Regale anzufertigen. So werden mitunter Kunstwerke zu Lümmelobjekten, und Designobjekte sind so unbequem, dass man sie lieber innig betrachtet, statt sich draufzusetzen. Einen klaren Unterschied zwischen beiden gibt es dennoch: »Eine Sache wird nämlich dadurch noch nicht schön, dass sie nicht nützlich ist, sondern dadurch, dass sie nicht nützlich zu sein braucht«, schrieb der Schriftsteller Karl Philipp Moritz vor gut 200 Jahren.[77] Es mag der Sessel also so skulptural und ungemütlich sein, wie er will, gekauft wird er doch im Möbelhaus oder beim Designhändler. Und schon das rückt ihn hinein in jene Sphäre, in der die Dinge nützlich zu sein haben. Selbst wenn er nur gekauft wurde, um schön herumzustehen,

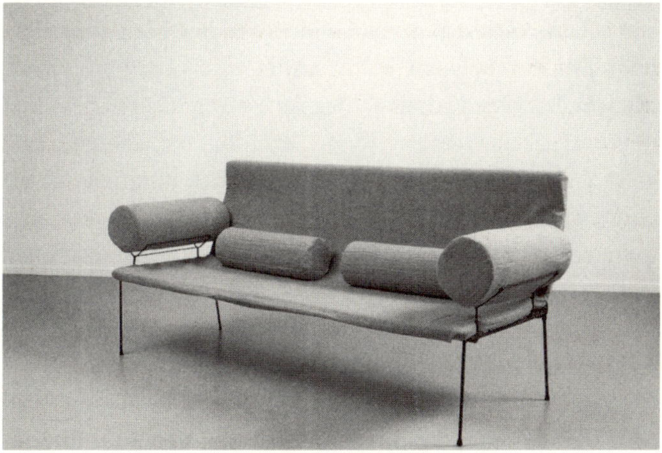

Franz West: »Diwan«, 1966

wird niemand seine Sesselhaftigkeit vergessen. Er bleibt immer auf diesen Zweck hin bestimmt, davon kommt er nicht los, auch wenn der Designer ihn mit Nato-Stacheldraht umwickelt hätte. Das würde jeden nur noch mehr daran erinnern, wofür der Sessel eigentlich hätte da sein sollen. Gerade die Negation erwiese sich als permanente Erinnerung an die ursprüngliche Funktion. Seine Brauchbarkeit bleibt der Maßstab.

Die Kunst hingegen ist nicht festgelegt auf eine bestimmte Aufgabe, sie erlaubt es dem Betrachter, sich ihr frei zu nähern. Sie erscheint nutzlos, auch wenn sie nicht nutzlos ist. Bei vielen Designobjekten verhält es sich umgekehrt: Sie versprechen Nutzen, haben ihn aber nicht. Und suchen deshalb in der Kunst eine Freiheit, die es für sie nicht geben kann.

Selbst die Werbung, die von manchen Künstlern so ehrfurchtstarr betrachtet wird, ist nicht viel besser dran. Auch sie bedient sich gern in den Galerien und Museen, schnappt sich ein paar Partikel Piet Mondrian, um damit die Haarpflegemittel von L'Oréal zu schmücken, oder imitiert Tony Craggs Produktcollagen, die nun für ein Internetportal werben sollen. Auch den gegenläufigen Weg beschreitet sie gern: trägt ihre Kampagnen ins Museum und nennt sie Kunst. Manche Bildideen scheinen das auch verdient zu haben. Erstens entwickelt Werbung so viel Witz, Rasanz, Lakonie, dass viele Künstler sich davon etwas abschauen könnten. Nichts daran ist zufällig, alles fein komponiert, sie will den Betrachter reizen, ihn verlocken, ihm größtmögliche Lust am Sehen verschaffen. Zweitens pflegt Werbung die Mittel der Provokation, wie etwa im Fall der Eisfirma Langnese, die einige ihrer Sorten nach den sieben Todsünden der Bibel benannte, nach Neid, Rache, Wollust oder Habgier. Drittens entwickelt sie mitunter verblüffende Strategien der Bedeutungsproduktion, selbst eine einfache Milka-Schokolade soll dann tiefe Gefühle wecken und wird deshalb, für einige Zeit zumindest, in den Geschmacksrichtungen Glück oder auch Liebe ausgeliefert. Mit Kunst allerdings hat das alles nichts zu tun.

Werbung, so raffiniert und klug und sensibel sie auch auftreten mag, kann immer nur Frohsinn verheißen, Schönheit, Reichtum, Befriedigung. Sie kann keine Tragödie sein, keine Apokalypse, kann den Betrachter nicht in die Dunkelheit führen und ihn dort belassen. Sie kann nichts von dem, was den Großteil guter Kunst ausmacht: kann die Welt nicht in Zweifel ziehen, kann nicht misstrauisch sein, misanthropisch, wütend. Sie muss einen Ausweg aufzeigen, denn der Ausweg ist das Produkt.

Und selbst in den Verheißungen, die sie ausmalt, kommt die Werbung der Kunst nicht gleich. Die Kunst kann den Traum vom Glück zwar zeigen, mehr aber nicht. Auch das kleine Glück, eine Schale verlockender Pfirsiche, gibt es nur für das Auge. Die Kunst vermag das Verlangen des Betrachters, einen der Pfirsiche zu essen, nicht erfüllen. Alle Erwartungen, die sie weckt, stellt sie still.

Die Werbung hingegen kennt immer auch die Anleitung zum Glück, sie weckt Lust, um sie zu befriedigen. Die Spannung, die von der Kunst gehalten wird, soll sich auflösen in Konsum. Ziel ist nicht Affektkontrolle, ein emanzipatorisches Spiel mit den Wünschen und Trieben des Menschen, sondern Triebabfuhr. Werbung darf nie ihr eigener Zweck sein, sie verweist, sie verkauft, sonst gäbe es sie nicht. Kunst hingegen ist ihr eigenes Produkt, und wenn sie wirbt, dann allein für sich selbst.

Doch so groß die Unterschiede, so markant die Alleinstellungsmerkmale der Kunst auch sind – verständlich ist es schon, dass viele Künstler sich von den Inszenierungen der

Modemacher, Designer und Werbeleute beeindruckt zeigen. Sie prägen die Alltagskultur mehr als alle anderen, dank der medialen Verbreitung sind sie allgegenwärtig und erzeugen jene Fluten aus Bildern und Zeichen, vor denen sich viele Menschen fürchten. So viel Foto, Film, Internet sei nicht zu ertragen, verändere die Sehgewohnheiten, begrabe die Kunst, so lautet die gängige Klage. Vieles beschleunigt sich, die Menschen sind es mittlerweile gewöhnt, Bilder an- und auszuschalten, her- und wegzuzappen. Bilder verdienen keine Zeit, brauchen keine Geduld, sie sind Verfügungsmasse. Das prägt auch die Art und Weise, wie viele Menschen die Bilder der Kunst sehen oder eben nicht mehr sehen.

Doch wächst mit der Flüchtigkeit zugleich das Bedürfnis nach Ruhe, nach Bildern, die bleiben und fordern. Nicht zuletzt deshalb steigt die Zahl der Museumsbesucher. Sie kämen nicht, wenn sie der Kunst überdrüssig und überhaupt bildersatt wären. Sie kommen, weil ihr Bilderhunger größer wird, und vielleicht auch, weil sie nicht immer nur zappen, sondern manchmal auch sehen wollen. So wenig wie das Fernsehen das Kino verdrängt oder der Videorekorder das Fernsehen überflüssig gemacht hat, so wenig scheinen auch die Medienbilder den Kunstbildern anhaben zu können.

Wechselwirkungen gibt es natürlich, doch keineswegs nur üble. Der Museumsbesucher kennt sich dank Internet und Digitalkamera mit Bildern aus, weiß um ihre Manipulierbarkeit, hat selber schon Fotos verändert, kopiert, montiert, Filme gedreht, geschnitten, hat gesehen, was andere auf die Bilder- und Filmseiten des Netzes stellen, hat es bewertet, sich mit anderen darüber ausgetauscht. Es ist für ihn alltäglich, Bilder zu machen und Bilder zu beurteilen. Die Digitaltechnik sorgt dafür, dass stets mehr Fotos entstehen, als gebraucht und gespeichert werden können, niemand kommt am Vergleichen und Auswählen vorbei. Der Besucher von heute weiß im Zweifel weniger von der Kunstgeschichte, dafür mehr von der Natur der Bilder. Seine Reizschwellen liegen höher, dafür ist die falsche Ehrfurcht von einst verschwunden.

Und was heißt das für die Qualität der Kunst? Auch der Künstler darf seine Ehrfurcht ablegen, er muss nicht ängstlich, nicht neidvoll auf all die anderen starren, die Bilder und Zeichen produzieren. Sie wollen sein wie er, er braucht nicht sein wie sie. Und vor den Bilderfluten muss er sich erst recht nicht fürchten. Eher spülen sie neue Besucher ins Museum, die den Kunstwerken mit größerer Ungeduld entgegentreten, doch auch mit mehr Selbstbewusstsein. Ihnen muss man keine medientheoretischen Überlegungen aufmalen, sie verlangen von den Künstlern weit mehr als nur ängstliches Kreisen um die eigene Kunsthaftigkeit. Gute Kunst muss sich nicht in Scheingefechten mit anderen oder mit sich selbst aufreiben. Sie kann ihre eigenen Qualitäten ausspielen, eben jene, die Werber, Modemenschen, Designer so gerne hätten. Sie darf tragisch sein und grundlos erhebend, düster und von tiefem Glück, und in all dem frei von Absicht und völlig nutzlos. Das aber fällt der Kunst am schwersten.

IRRTUM NR. 9: GUTE KUNST MUSS KRITISCH SEIN

Es schlagen zwei Herzen: Die Kunst will unabhängig sein und eingebunden, will fremd bleiben und dazugehören, wünscht sich Freiheit und eine feste Bestimmung. Den hohen Anspruch auf Autonomie formulierte bereits der Philosoph August Wilhelm Schlegel. Er schrieb, es liege »im Wesen der schönen Künste, nicht nützlich sein zu wollen«, ihnen sei »das Nützlichsein erlassen«.[78] Doch in dieser Freiheit, so schön sie auch sein mag, plagen sich viele Künstler mit Selbstzweifeln, das schilderten gut 120 Jahre später George Grosz und Wieland Herzfelde: »Ob man irgendein Gepust von sich gibt oder ein Sonett von Petrarca, Shakespeare oder Rilke, ob man Stiefelabsätze vergoldet und Madonnen schnitzt. Geschossen wird doch, gehungert wird doch, gelogen wird doch; warum die ganze Kunst?«[79]

Noch heute ist diese Frage nach dem Wieso und Wofür allgegenwärtig. Viele Künstler suchen nach einem Ziel, einer Aufgabe, die ihnen die Gewissheit verschafft, dass ihr Tun nicht ohne Wirkung verpufft. Sich allein um »Schönheit« zu bemühen oder um »sinnliche Erfahrung«, meint die Kunstkritikerin Isabelle Graw, würde bloß die »konservative Sehnsucht nach mehr ›Qualität‹« bedienen, da gehe es allein um »subjektive Empfindungen«. Die Kunst solle aber nach Möglichkeit etwas Anderes, etwas Objektiveres leisten: »einen gesellschaftskritischen Einsatz«.[80]

Nicht wenige Künstler fordern von sich selbst diesen Einsatz. Sie wollen keine Zulieferer für Museen und Messen sein, sich nicht verdingen an Händler, Sammler, Publikum. Sie suchen den Ausstieg aus dem Bild und den Einstieg in ein besseres Leben. Die Kunst gilt ihnen vor allem als ein Mittel der Politik und als Mittel der Sozialhilfe. Für sie muss ein Künstler kritisch sein oder er ist gar nicht. Er muss umwandeln, aufbrechen, verändern, wahlweise die Weltlage, das Bewusstsein oder die Wahrnehmung.

Auf den künstlerischen Ausdruck kommt es dabei meistens nicht an. So baute Mark Wallinger Anfang 2007 mitten in der Tate Britain in London eine große Protestwand gegen den Irak-Krieg auf. Die unzähligen Plakate und Banner

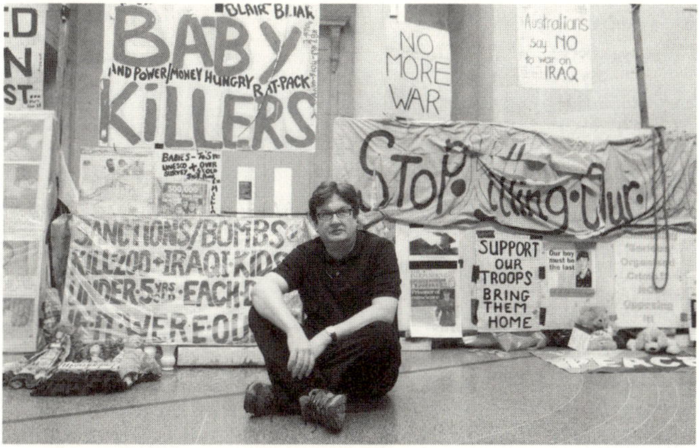

Mark Wallinger,
»State britain«, 2007

hatten ursprünglich vor dem Parlamentsgebäude gehangen, der Friedensaktivist Brian Haw hatte sie dort aufgehängt. 2006 musste er allerdings wegen eines neuen Gesetzes seine unermüdlichen Demonstrationen abbrechen, die Polizei entfernte die Bilder und Spruchbänder. Der Künstler Wallinger hatte jedoch alles sorgfältig dokumentiert und ließ nun die Zeugnisse des Protests originalgetreu nachbilden und in der Tate nachstellen. Das Museum wurde zum Asyl des politischen Aufbegehrens, die Straßen- zur Kunstinstallation. Der ästhetische Eigensinn darf draußen bleiben.

Von vielen Politkünstlern wird die Frage nach der Form geradezu verachtet. So bekundet etwa Wolfgang Zinggl, ein Künstler aus Wien, jegliche Debatte über ästhetische Belange sei kaum mehr als die »Krawattennadel am Hemd gutsituierter Bürger«. Schluss müsse sein mit Kunstkonsum und Augenweide. »Angesichts realer Härtefälle ist diese Form der Lust in der Kunst eitel geworden.«[81] Ihm kommt es geradezu obszön vor, Abermillionen für etwas auszugeben, das keinen messbaren Nutzen hat, und deshalb kümmert er sich zusammen mit der Wiener Künstlergruppe Wochenklausur um die Unterbringung von Obdachlosen oder richtet ein Programmkino für Migranten ein.

Ähnlich begegnen viele Polit- und Sozialaktivisten dem Ideal der ästhetischen Autonomie mit Skepsis. Sie wünschen sich, dass aus Kunst ein Prozess wird, Kommunikation, Handlung, Austausch. Nur in einem bleiben sie traditionell: Es treibt sie die alte Sehnsucht, das Scheinhafte der Kunst zu überwinden und endlich das Leben selbst zu ergreifen, authentisch und wahr im Sinne Platons. So wendeten sich zum Beispiel die beiden Künstlerinnen Irene und Christine Hohenbüchler über lange Jahre gezielt an behinderte Menschen, mit denen zusammen sie malten, bastelten oder gärtnerten. In einem ehemaligen Kloster in der Schweiz legten sie 2004 mit behinderten Bewohnern kleine Beete und einfache Skulpturen an und tauften sie »Wilde Gärten«. Auf ihrer »Suche nach dem Authentischen«, wie sie es nannten, schien dieses Wilde der geeignete Ort zu sein, um etwas Vorzivilisatorisches anzutreffen, etwas Unverbildetes, Urtümliches. Eine Architekturstudentin, die beim Aufbau der Gärten half, beschrieb ihre Arbeit als einen »Ausflug in eine heile Welt«.[82] Ähnlich hatte einst Paul Gauguin über seine Reisen in die Südsee gesprochen, auch er war auf der Suche nach dem gänzlich anderen.

So ermöglicht die Arbeit der Sozial- und Politkünstler viele sinnvolle Projekte, oftmals nützt sie Menschen, die in Not sind. Doch wie fast jede Hilfe ist auch diese nicht ohne Eigennutz. Manche Künstler suchen nach Projektionsflächen für ihre Wünsche nach Ursprünglichkeit, anderen geht es vor allem um das Gebrauchtwerden, um eine Dankbarkeit, die sie nur im Helfen finden. Im Unterschied allerdings zu professionellen Streetworkern, Jugendarbeitern, Sozialpädagogen haben sie nicht durch eine Ausbildung gelernt, auch die Nebeneffekte ihres Handelns zu reflektieren, sie wissen meist nur wenig von den Gefahren des Helfersyndroms oder den Vorteilen der Supervision. Und so wird manchmal die gute Absicht zur Bedrängnis, vor allem für jene Hilfsbedürftigen, die sich gegen die Ansprüche der Kunst nur schwer behaupten können und nicht übersehen, auf was für ein Projekt sie sich einlassen.

Ohne es recht zu wissen oder zu wollen, werden sie zu einem Objekt der Künstler und der Kunstbetrachtung, so wie es einigen Teilnehmern an den Aktionen der Hohenbüchler-Schwestern erging. Nicht alle suchten die Öffentlichkeit, die sie dann erfuhren, nicht alle waren glücklich mit ihrer Rolle des authentischen Exoten. Einmal schreckten die beiden Künstlerinnen nicht davor zurück, ihre behinderten Mitkünstler sogar im Museum zu präsentieren (natürlich im Namen der Emanzipation!), wo man sie über einige Tage wie im Zoo bei der Arbeit bestaunen konnte.

Noch drastischer trieb es der Künstler Roman Buxbaum, der in einem leerstehenden Hotel in Thalwill vier Schwarzarbeiter aus Tschechien einlogierte. Tagsüber diente ihre Wohnung als Museum, in dem die Allgemeinheit sich voyeuristisch über die Lebensgewohnheiten der Männer beugen konnte; nachts war sie dann wieder ihre Bleibe. Auch diese Aktion war gut gemeint, Buxbaum wollte zeigen, in welch widrigen Verhältnissen die Arbeiter lebten. Dafür schien jedes Mittel recht, und so verwandelte sich kapitalistische in künstlerische Ausbeutung.

Allerdings werden die politsozialen Künstler nicht selten ihrerseits ausgebeutet. So manche staatliche Stelle ist längst dabei, sich den Gutglauben und Tatendrang systematisch zunutze zu machen. Sie entschärfen politische Konflikte, indem sie diese kulturalisieren, also den Künstlern zuschieben – so als sei es deren natürlichste Aufgabe, sich um Prostituierte, Behinderte, Verhaltensauffällige zu kümmern, und als sei es nicht die Aufgabe des Staates. In den USA, wo man gern von Connective aestetics spricht, wies die Bundeskunststiftung, die National Endowment for the Arts, stolz darauf hin, dass die Kunst längst nicht mehr nur auf dem symbolischen Terrain agiere. Etliche Künstler nähmen sich in ihren Community Projects gefährdeter Jugendlicher an, kümmerten sich um Verbrechensvorbeugung, arbeiteten mit Analphabeten, Aids-Kranken oder Obdachlosen.[83] Ähnlich wird auch in England die Kunst als Befriedungsmedium entdeckt und systematisch ausgebaut. In einem Manifest der Labour Partei erklärte Tony Blair 1997, die Kunst sei von zentraler Bedeutung, wenn es darum gehe, »den Gemeinschaftsgeist neu zu beleben und das Gemeinwesen und dessen Identität zu stärken«.[84] Während seiner Regierungszeit wurde der Etat des Arts Council verdoppelt, und er soll weiter steigen, denn die systemstabilisierenden Wirkungen vieler Socially Engaged Practices sind es offenbar wert. Der Kunsthistoriker Andrew Brighton sprach bereits von einem Programm mit stalinistischem Charakter, derart alldurchdringend, propagandistisch und staatstragend komme es ihm vor.[85]

Die Polit- und Sozialkunst ist offenbar nicht immer so frei, wie sie es gemeinhin für sich selbst reklamiert. Von den Museen und vom Handel hat sie sich losgesagt, doch der Gefahr einer Vereinnahmung ist sie keineswegs entronnen. Im Gegenteil, die Mechanismen der Indienstnahme sind subtiler und vielschichtiger geworden. Was von den Künstlern als Kritik gedacht war, endet nicht selten in einer Art Gebrauchskunst, von der wahlweise soziale, politische, propagandistische und nicht zuletzt unternehmerische Belange profitieren. Nur die Kunst selber geht oft leer aus.

Sie dient noch als »Lockspeise des Guten« (Johann Georg Sulzer), sie wird als Begriff gebraucht, um dem gewöhnlichen Zweck eine höhere Bedeutung zu verleihen und um an Fördergelder zu kommen, die im Sozialetat der Kommunen nicht mehr vorgesehen sind. Manchmal hoffen die Künstler sogar darauf, die Kunst könne, wie Schiller schrieb, »in dem verwickelten Ganzen der Gesellschaft … alles Sanfte und Heftige in der moralischen Welt versöhnen«.[86] Allerdings glaubte Schiller an die grundstürzende und menschenverändernde Macht der Schönheit. Die Polit- und Sozialkünstler bauen hingegen auf die Macht der Ethik. Sie verhöhnen eine Kunstbegeisterung, wie sie Schiller prägte, als Religion ohne Gott – und antworten darauf mit einer Kunst ohne Ästhetik.

Dass es eine solche Kunst nicht gibt, dass Ethik nicht Ästhetik und Ästhetik nicht Ethik sein kann, ist vielen Künstlern gleichgültig. Sie beschädigen das eine wie das andere in ihrer Wirkungsmacht und Bedeutung. Denn ein ethischer Grundsatz ist ja nur dann wirklich überzeugend, wenn er unabhängig ist von der ästhetischen Erscheinung. Eine Überzeugung gewinnt erst dann an Glaubwürdigkeit, wenn sie nicht als hässlich oder schön abgetan oder gelobt werden kann. Wenn also Ethik nicht eine Frage des Geschmacks, sondern des Gewissens ist. Umgekehrt bekommt die Freiheit der Kunst, bekommt die ästhetische Erfahrung erst eine Tiefe, wenn sie nicht von vornherein durch ethische Ansprüche eingegrenzt wird. Das Gute der Ästhetik ist nicht das Ethisch-Gute, nicht das Verantwortliche, sondern die Erfahrung des Unverantworteten. Das Gute der Ästhetik ist, dass sie den Betrachter in eine Situation versetzen kann, in der seine moralischen Überzeugungen erschüttert werden und er einen Abstand zu seinen Kategorien des Richtigen und Falschen gewinnt. Das

Soziale an der Kunst ist also recht eigentlich das Asoziale, weil sie die allgemeine Vorstellung von dem, was sozial sei, unterläuft. Weil sie hilft, das Leben jenseits der Kunst zu relativieren, zu hinterfragen, zu unterminieren.

Doch wie könnte das gelingen, wenn die Ethik selbst zur Ästhetik erklärt wird? Die ästhetische Erfahrung ist eine Erfahrung der Offenheit, des Unabsehbaren, auch der Willkür – und erst im Ergebnis dieser Erfahrung kann sich ein bestärktes, ein neues, ein anders gesichertes ethisches Bewusstsein entwickeln. Das heißt, erst die Befreiung von aller Verantwortung kann dazu führen, die eigene Verantwortlichkeit neu zu begreifen. Nur die moralische Unbestimmtheit der ästhetischen Erfahrung birgt die Chance auf eine andere Form der Bestimmtheit, der Selbsterkenntnis.

Sie birgt natürlich ebenso das Risiko, dass alles beim Alten bleibt, die Kunst niemanden weiter berührt und alle gleichgültig zurücklässt. Gegen dieses Risiko wenden sich viele der Ethik- und Sozialkünstler. Sie wollen Sicherheit, eine Kunst mit klaren Gewinnaussichten, also eigentlich eine Kunst, die nichts anderes ist als Kommunikations- oder Sozialdesign. Wohlwollend könnte man von Pragmatismus sprechen.

Gegen Pragmatismus als solchen ist nichts einzuwenden. Es ist gut und notwendig, dass sich möglichst viele Initiativen gründen und der Not handelnd begegnen. Fraglich bleibt allein, warum manche Künstler nicht aus ihrer Künstlerrolle herausschlüpfen können. Nächstenliebe und politisches Engagement brauchen nicht den Namen der Kunst. Und die Kunst braucht keinen Naturalismus, auch keinen Calvinismus. Alles, was sie braucht, ist verführerischer Eigensinn.

Und was heißt das für die Qualität der Kunst? Ein gutes Kunstwerk, und sei es noch so kritisch, kann die Welt nicht verändern. Das muss die Welt schon selber machen. Die Kunst ist kein Einsatzkommando, keine Interventionstruppe, keine Hilfsorganisation, sie ist ganz unmartialisch und viel bescheidener. Ihre Qualitäten liegen im Stillen, in einem Moment des Innehaltens, der Verblüffung, vielleicht auch der Durchdringung. Sie lebt aus der Lust, nicht aus der Pflicht. Sie will ästhetisch sein und hebt sich die Ethik für später auf.

IRRTUM NR. 10: GUTE KUNST BRAUCHT GUTE IDEEN

Auf dem Kontinent der Kunst leben viele Stämme, und es werden, wie es aussieht, ständig mehr. Am liebsten wäre wohl jeder Künstler sein eigener Stamm. Doch der Eindruck täuscht: Eigentlich sind die vielen Stämme nur zwei. Da gibt es die Exaltierten und die Introvertierten, die Spontanen und die Kalkulierer, die Weltverliebten und die Weltverneiner. Nur die, die man die Museumskünstler nennen könnte, wollen nicht recht ins Raster passen.

Vordergründig lassen sie sich zu den Weltverneinern rechnen, denn lange hatte das Museum den Ruf, ein vom Leben abgewandter Ort zu sein. Manche Künstler hätten es am liebsten in die Luft gesprengt, andere verfassten die wunderbarsten Polemiken. »Museen, Friedhöfe! Sie sind wahrlich dasselbe«, höhnten die Futuristen in ihrem Manifest von 1909. Und eine Gebrauchsanweisung hielten sie auch gleich bereit: »Man möge einmal im Jahr dort einen Besuch machen, wie man seine Toten einmal im Jahr aufsucht. Das können wir zulassen. Man möge selbst einmal im Jahr Blumen zu Füßen der Mona Lisa niederlegen, wir verstehen das! Aber daß man jeden Tag seine Traurigkeit, seinen zerbrechlichen Mut und seine Unruhe in den Museen spazierenführt, das lassen wir nicht zu! Wollt ihr euch denn vergiften. Ein altes Bild zu bewundern, ist nichts anderes als unser Gefühl in eine Aschenurne zu schütten.«[87] Das war deftig gesagt und als abschließendes Wort gemeint, führte aber nur dazu, dass sich manche Künstler nun erst recht für das Museum interessierten und bis heute interessieren – nicht aus Nekrophilie, sondern aus besonderer Liebe, einer Liebe für Begriffe.

Es geht diesen Künstlern nicht darum, ihre Autonomie zu beweisen (Irrtum 6). Und ebenso wenig wollen sie zeigen, wie sehr sie auf ihre Autonomie verzichten können (Irrtum 8). Auch Ethik und Ästhetik zählen nicht weiter (Irrtum 9). Es geht ihnen weder um äußere, noch um innere Werte, sondern nur um die Kunst als Idee. Es handelt sich um eine Art Grundlagenforschung: Sie erproben, wann und warum der moderne Mensch zu einem Ding sagt, es sei Kunst. Und ob es etwas geben kann, das weder Ding noch Kunst ist.

Angefangen hat das alles, oft wurde es erzählt, mit Marcel Duchamp. Er hatte 1914 in einem Pariser Warenhaus einen Flaschentrockner gekauft und signiert. Drei Jahre später kaufte er in New York bei einer Firma für Sanitärbedarf ein Pissoirbecken, schrieb darauf den Namen Richard Mutt und wollte es unter dem Titel »Fountain« bei der Jahresausstellung einer Künstlervereinigung zeigen, doch wurde es abgewiesen.

Daraufhin gab es viel Aufregung und einen Skandal, der so groß war, dass er Duchamp schließlich zu einem Mythos machte. Viele Künstler des 20. Jahrhunderts erkoren ihn zu ihrem Vorbild, vor allem jene, die wie Piero Manzoni gerne die ganze Welt in ein Kunstwerk verwandelt hätten (Irrtum 7). Die Museumskünstler aber wollen noch mehr: Sie wollen auch die Bilder der ganzen Welt und die Bilder dieser Bilder in ihr Nachdenken über Kunst einbeziehen. Sie begreifen das

Museum als eine Art Klonforschungsstation, wobei es vorkommen kann, dass Klone eines geklonten Klons geklont werden.

Auch dafür schuf Duchamp ein Urbild: 1919 malte er einer Postkartenreproduktion der Mona Lisa ein elegant gezwirbeltes Schnurrbärtchen und einen Ziegenbart ins Gesicht und betitelte das Werk »L.H.O.O.Q.«; 1965 griff er wiederum nach Mona Lisa, zeigte sie diesmal ohne alle Bärte und nannte sie »rasée L.H.O.O.Q.«; nur acht Jahre später machte sich die Künstlerin Elaine Sturtevant daran, Duchamps reproduzierte Reproduktion zu reproduzieren, also nicht die erste, sondern die zweite, rasierte Fassung, wie der Titel »Duchamp rasée L.H.O.O.Q.« verrät. Theoretisch könnte es munter so weitergehen, immer tiefer würde der Besucher hineingeraten ins Mündungsdelta der Kunst, wo sich der breite Strom verzweigt und niemand mehr zwischen Haupt- und Nebenflüssen unterscheiden kann, auch nicht zwischen originalen Originalen, kopierten Originalen, originalen Kopien oder kopierten Kopien.

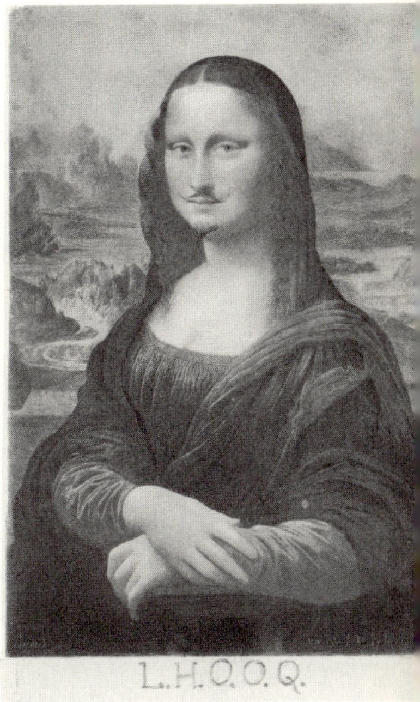

Duchamp: »L.H.O.O.Q.«, 1919

Anfangs war es ein Aufbegehren: Mit seiner Kunst über die Kunst der Kunst zog Duchamp den pseudoreligiösen Kult um die alten Meisterwerke ins Lächerliche. Er wollte die Beziehung zwischen Alltag und Ästhetik entspannen und nahm dabei weder den Kollegen Leonardo noch sich selbst sonderlich ernst. Es war kein Vatermord, kein Heroensturz, eher eine bescheidene Parodie, auch auf Duchamps eigene Rolle als Künstler. Doch wie das so ist mit Parodien: Wenn man sie oft wiederholt, laugen sie rasch aus und werden langweilig. Vor allem dann, wenn aus den Parodien Ernst und aus dem Ernst eine Methode wird wie im Werk der Künstlerin Sturtevant. Sie macht nicht nur die alten Meister, sondern auch die eigenen Kollegen zum Thema der Kunst. Bereits in den 1960er Jahren bat sie Andy Warhol um Siebdruckvorlagen, um zum Beispiel dessen Blumenbilder nachzubilden, die dieser wiederum einer Vorlage aus der Kodak-Werbung verdankte. Später kopierte sie dann alle möglichen Bilder, Skulpturen, Installationen, ihre ganze Energie investierte sie, um zu tun, was andere schon getan hatten.

Vermutlich ließe sich unterdessen ein ganzes Museum mit reproduzierten Reproduktionen füllen. Längst werden auch Fotografien von Künstlern fotografiert, so kopierte Sherrie Levine einige Bilder von Walker Evans, und es dauerte nicht lange, bis ein weiterer Künstler kam, Michael Mandiberg, der nun seinerseits Levines »Re-Fotografien« refotografierte.

Mittlerweile nimmt die Nachfertigung fast schon industrielle Formen an, Eric Doeringer zum Beispiel bietet seine so genannten Bootlegs gleich im Dutzend an, kleinformatige Ausgaben von teuer gehandelten Kollegen wie John Currin, Elisabeth Peyton oder Damien Hirst. Der Künstler Mike Bidlo hat Duchamps »Fountain« gleich 5000-mal abgezeichnet und nachgeformt, wobei es nicht ganz klar ist, ob es wirklich Duchamps Ur-Fountain war, den er vor Augen hatte oder vielleicht doch einen jener acht Neu-Fountains, die Duchamp 1964 hatte anfertigen lassen. Oder aber einen jener vielen Fountains, die von Duchamps Kollegen und Verehrern, von Künstlern wie Richard Pettibone, Hans Haacke, Jimmie Durham oder Jason Rhoades variierend und persiflierend dargestellt und ausgestellt worden waren.

So ist aus Duchamps anfänglichen Lockerungsübungen längst eine Art Zirkeltraining geworden. Es gehört zum guten

Ton, sich über den Fetisch Kunst und die althergebrachten Originalitätsbegriffe zu mokieren. Viele Künstler sehen sich nicht mehr als schöpferische Autoren, wollen von einem eigenen Werk nichts wissen, sie möchten den üblichen Vorstellungen von Bedeutung und Wertigkeit entkommen. Geglückt ist ihnen das allerdings nur in seltenen Fällen. Mit ihrer Methode der Aneignung, oft Appropriation genannt, wollten sie den Künstler, das kreative Genie, so weit wie möglich in den Hintergrund drängen – auch wenn er in Wahrheit weiterhin im prallen Rampenlicht steht.

Was sollte dort auch sonst stehen, wo die reproduzierten Reproduktionen keinen Eigenwert mehr behaupten mögen und keinen Ausdruck suchen? Sie wollen nicht betrachtet werden, sie sollen nur um die Frage kreisen, ob und warum es sich bei ihnen um Kunst handeln könnte. Damit steht aber automatisch auch der Fragesteller, der schöpferische Nicht-Schöpfer, im Vordergrund. Er zieht jene Aufmerksamkeit auf sich, die für gewöhnlich den Bildern gelten würde.

Er braucht diese Aufmerksamkeit auch, sie ist für ihn unverzichtbar. Denn allein weil das Künstlersein als etwas Besonderes und Bedeutungsvolles gilt, ist es ihm möglich, selbst die Kopie eines kopierten Bildes im Museum auszustellen. Wenn es nicht so wäre, könnten auch all die anderen, die Nicht-Künstler, dort mit ihren Repliken reüssieren. Der Hamburger Unternehmer Edgar von Hobe zum Beispiel, der in Litauen klassische Meisterwerke nachmalen lässt und bereits mehr als 3500 davon an Privatleute, Hotels und Banken verkaufen konnte, keines aber an ein Museum. Oder Richard Bostock aus London, der in China über 30 Maler beschäftigt, die auf Wunsch gerne auch frei erfundene Motive liefern, mythologische Szenen aus Ägypten oder dem alten Griechenland, garniert mit phantasievollen Signaturen. Diese Werke könnte ein Konzeptkünstler ohne weiteres in einer Museumsausstellung zeigen, es würde ihm vermutlich als eine kluge Variation der Post-Duchamp-Traditionen ausgelegt. Doch möglich wäre ihm dies einzig dank seines Berufstitels.

Auch wenn es den Künstlerberuf eigentlich nicht mehr zu geben scheint, weil das klar umrissene Aufgabenfeld des Künstlers ebenso aufgelöst wurde wie sein klassisches Formvermögen, hat er offenbar doch nichts an Autorität eingebüßt. Mehr denn je scheint ihn etwas Ungewöhnliches auszuzeichnen, eine geheimnisvolle Kraft, die dem Normalmenschen verwehrt bleibt. Wie wäre sonst zu erklären, dass seine Kopie als Kunstwerk gilt und die Kopie des Kopisten nur als Kopie? Im 19. Jahrhundert hätte man es wohl Genie genannt.

Was also wie eine Liberalisierung der Kunstwelt daherkommt, erweist sich oftmals als durchaus autoritätsfixiert. Vielleicht auch deshalb löst Duchamp bis heute so große Faszination aus. Bei einer Umfrage im Jahr 2006 unter 320 englischen Kunststudenten wählte die große Mehrheit den 1968 Verstorbenen zum einflussreichsten Künstler der Gegenwart und bezeichnete ihn als ihr wichtigstes Vorbild.[88] Das liegt wohl auch daran, dass die Studenten unter Berufung auf Duchamp so ziemlich alles tun können, was ihnen einfällt. Allein auf Ideen scheint es noch anzukommen. Es geht nicht mehr darum, etwas zu gestalten, man muss auch nicht begründen, es reicht, etwas aus dem Sortiment der Welt auszuwählen und es als die eigene Idee von Kunst auszuweisen.

Man kann das einen Akt der Unterwerfung nennen. Die Readymade-Künstler und ihre Nachfolger greifen sich Dinge, Bilder, Zeichen und prägen diesen ihre Künstlernamen auf. Legendär ist Duchamps Auftritt im Café des Artistes in New York 1916: Er besah sich das dortige Wandbild eines nicht weiter bekannten Malers. Er signierte es und machte es damit zu seinem eigenen. Ähnlich herrschen bis heute viele Künstler mit ihrer Unterschrift, einer Gebärde der Macht.

Aus autonomer wird absolutistische Kunst: Sie entsteht per Anweisung, per Behauptung und muss sich nicht weiter legitimieren. Niemand braucht sich noch den Fragen nach der Qualität zu stellen, auch das Museum nicht. Lässt es sich auf die Logik des Readymades ein, wird es ähnlich mechanisch agieren wie die Künstler. Es nimmt in seine Sammlung auf, was noch nicht in seiner Sammlung ist – wie ein Kaufhaus, das auch keine Produkte in sein Angebot aufnimmt, die es in derselben Ausfertigung vom selben Hersteller bereits anbietet. Im Unterschied allerdings zum Kaufhaus geht es dem Museum nicht um die Produktqualitäten, nicht um Aussehen, Haltbarkeit oder sonstige Eigenschaften. Zugespitzt formuliert der Kunsttheoretiker Boris Groys: »Es gilt der Code des Kunstsystems. Und dieser sagt dem Künstler: Geh und bringe mir etwas Neues. Wenn du mir etwas bringst, was in meiner Sammlung bereits existiert, interessiert mich das nicht. Das ist die Logik der Sammlung, das ist der Code.«[89]

Es gilt das Prinzip der Nicht-Wiederholung: Noch einen Duchamp-Brunnen wird das Museum nicht akzeptieren, es sei denn, er wäre vergoldet oder drei Meter hoch oder ein Urinal für Frauen. Gelingt es dem Künstler, diesen Anforderungen zu entsprechen, entwickelt er eine eigene Idee von Kunst und wird eines seiner werklosen Werke tatsächlich aufgenommen, dann ist dessen Kunststatus fortan auf Dauer gestellt, denn Museen betreiben keine Revision. Sie mögen manche Werke ins Depot verbannen, dort werden sie vielleicht sogar vergessen, doch auch die vergessenen Depotwerke sind immer noch Kunst. Der hoheitliche Akt des Museums ist unhintergehbar. Auch das könnte man Absolutismus nennen. Die alten Normen der Kunst sind abgeschafft, dafür verfährt die Kunst nun nach neuen Normen, sie strebt nach einer Objektivität, die alle Zweifel tilgt.

Nicht selten provoziert diese rigide Logik rigide Aggressionen, vor allem bei jenen Künstlern, die nicht vom Museum akzeptiert werden. Sie stürzen sich auf die musealisierten Werke, ähnlich wie einst Duchamp auf das Wandgemälde in New York. Aaron Barschak zum Beispiel goss 2004 einen Eimer roter Farbe über seinen Kollegen Jake Chapman und dessen Bilder und erklärte anschließend, dieses sei nun ebenfalls ein Kunstwerk; bei den begossenen Werken handelte es sich um Goya-Radierungen, auf die Chapman zusammen mit seinem Bruder lauter Comicfiguren gemalt hatte. Man könnte sagen, Barschak vernichtete etwas Vernichtetes.

Ähnlich hatte zehn Jahre zuvor der Künstler Mark Bridger ein Kunstwerk von Damien Hirst attackierend umgedeutet: Er öffnete einen großen Glasbehälter voller Formaldehyd, in dem Hirst ein Schaf eingelegt hatte, schüttete schwarze Tinte hinein und taufte das Werk »Black Sheep«. Seine Rechtfertigung: »Ich habe der Arbeit etwas Interessantes hinzugefügt. Als Konzeptkunstwerk hatte ja das Schaf seine Aussage bereits gemacht.«[90] Damit zeigte Bridger, dass er ebenso wie Barschak die Logik des Readymades, eine Logik der Selbstermächtigung, sehr wohl verstanden hatte: Es geht in dieser Kunst um Ideen, und eine gute Idee muss unabhängig von ihrer materiellen Erscheinung sein. Sie lässt sich mithin auch nicht durch Farbe zerstören, sie lässt sich nur fortschreiben. Über den Kunstwert dieser Fortschreibung mussten am Ende die Gerichte entscheiden. Eigentlich wäre es die Sache der Museen gewesen.

Das hätte diese allerdings arg in die Bredouille gebracht. Sie hätten erklären müssen, worin der qualitative Unterschied zwischen einer Goya- und einer Chapman-Zerstörung eigentlich besteht. Vermutlich hätten sie darauf hingewiesen, dass die Goya-Radierungen von den Chapmans ordnungsgemäß gekauft worden waren; Bridger hingegen vergriff sich nicht am eigenen Eigentum. Damit wäre allerdings nur die Frage nach der Legalität beantwortet gewesen, und die ist bei der Bewertung von Kunst nebensächlich. Auch ein Gemälde, das auf gestohlener Leinwand gemalt wurde, kann hohe malerische Qualität besitzen. Die Museen wären also gezwungen gewesen, sich über die Wertkriterien für eine Kunst über Kunst zu äußern – und letztlich auch darüber, warum sie diese Ideen überhaupt ausstellen.

Häufig geht es den Ideenkünstlern ja nicht um die dinghaften Qualitäten ihrer Werke, diese müssen nicht betrachtet werden. Wenn ein Museum sie dennoch zeigt, dann eher als Dokumente. Sie gleichen jenen Urkunden oder Verträgen, die in einem historischen Museum ausgestellt werden – nicht um ihrer Schönheit willen, sondern um damit einen Vorgang zu illustrieren. Auch Readymade-Objekte illustrieren einen Vorgang: den Vorgang ihrer Kunstwerdung und ihres Einzugs ins Museum. Mit dem Abschluss dieses Vorgangs hat sich die Idee des Künstlers meistens erfüllt, es ist bewiesen, was bewiesen werden sollte. Übrig bleibt das Objekt, anhand dessen der Beweis geführt wurde. Duchamps Flaschentrockner zum Beispiel war nie als musealisiertes Ausstellungsobjekt gedacht, und wenn man ihn dennoch ausstellt, dann nur als Erinnerung daran, dass Duchamp ihn eines Tages gekauft und signiert und damit zum Kunstwerk erklärt hat. Ihn in einem Buch abzubilden, wäre völlig ausreichend, es ging ja nie um seine ästhetischen Eigenschaften.

Für den Betrachter ist das nicht sonderlich angenehm: Wenn er in der Vitrine eines historischen Museums einen

Friedensvertrag sieht, muss er recht genau wissen, was für ein Krieg denn da beendet wurde, um den Wert des Dokuments zu ermessen. Und so verhält es sich auch mit der Readymade-Kunst: Allein die Betrachtung führt kaum weiter, man muss schon den Vorgang kennen.

Nun illustrieren nicht alle Readymade-Objekte einen Vorgang, es gibt viele Mischformen. Manche Künstler verfremden das Material, das sie aus dem Alltag in die Kunst heben. Andere bauen darauf, dass die Dinge der Welt eine andere Wirkung entfalten, sobald sie auf der Bühne des Museums stehen. Dort sehe man sie losgelöst von ihren üblichen Zwängen, der Betrachter könne sie anders wahrnehmen, den Flaschentrockner von Duchamp ebenso wie eine komplette Tengelmann-Supermarkt-Ausstattung, die der Künstler Guillaume Bijl ins Museum brachte. Allerdings ist die Museumsbühne nicht so weltentrückt, wie viele Künstler hoffen. Gelegentlich wirkt sie selbst wie eine Art Supermarkt, während umgekehrt Kaufhäuser, etwa Selfridges in London, ihre Waren in einer quasi-musealen Präsentation darbieten. Merklich schrumpft auf diese Weise der Unterschied zwischen realer und ästhetischer Erfahrung. Die Verfremdungseffekte, die das Museum einst versprach, verlieren an Kraft.

Lange hatten sich viele Künstler auf diese Wirkungen verlassen. Die Institutionen schienen jene letzten Gewissheiten zu bieten, die sonst nicht mehr zu haben waren. Nun aber verflachen die Unterschiede, das Museum gleicht sich anderen Einrichtungen der Kulturbranche an. Dort ist der Glaube an die Institution von jeher geringer ausgeprägt gewesen, niemand hegt die Vorstellung, ein Telefonbuch werde zur reflexionsreichen Lektüre, falls es denn im Suhrkamp Verlag erschiene. Oder Heino könne sich zum reinen Kunstgenuss

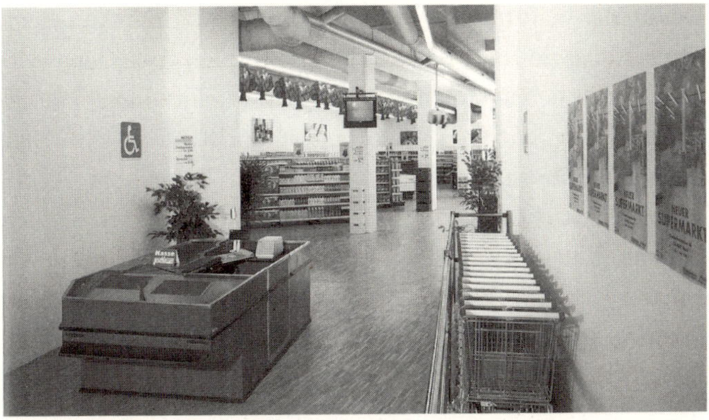

Guillaume Bijl: »Neuer Supermarkt«, 1990

entwickeln, sollte er in der Staatsoper auftreten dürfen. Nur dem Museum traut man merkwürdigerweise zu, noch die größte Banalität in einen Erkenntnisgewinn zu verwandeln.

Auch daran ist Duchamp nicht ganz unbeteiligt, obwohl er doch ausgezogen war, die Kunst von ihren eigenen Fixierungen zu befreien. Er sprengte die engen Begriffe, er wollte alles Selbstverständliche befragen. Er führte vor, dass Kunst nicht nur von Objekten, sondern auch von Definitionen bestimmt wird, von der Art und Weise, wie man sie betrachtet. Eine verbindliche Methode allerdings wollte er daraus nicht machen. Nie verlangte er von anderen, sie sollten nun ebenfalls Begriffe sprengen und immerzu die Kunstfrage stellen. Dennoch ist Readymade unterdessen eine jener Selbstverständlichkeiten geworden, die Duchamp stets suspekt waren. Viele Künstler sind es heute gewöhnt, sich vor allem mit sich selbst, ihren Kollegen, den Sammlern, den Museen zu befassen.

Und was heißt das für die Qualität der Kunst? Gute Kunst muss schielen: Sie behält sich selbst im Auge, ihr Blick aber gilt denen, deren Blicke ihrem Blick begegnen. Sie weiß um die Regeln der eigenen Zunft, doch interessiert sich nicht weiter dafür. Immer nur Verwandlung qua Handauflegen, immer nur die Rolle des König Midas spielen, das langweilt sie. Sie will sich auch nicht erschöpfen in einer Idee, sich andienen bei irgendeiner Theorie. Viel wichtiger als die Frage nach sich selbst ist ihr die Frage nach dem Betrachter. Sie will eigene Bilder finden. Und begreift es als Qualität, wenn sich ein paar Menschen diese Bilder genauer anschauen. Wenn sie verharren, sich vielleicht sogar erkannt fühlen. Wenn jenes Wechselspiel aus Sehen, Fühlen, Denken einsetzt, das Kunst heißt.

III
WEGE AUS DER QUALITÄTSKRISE

DIE GRUNDLAGEN: ÜBER DIE KUNST DES UNTERSCHEIDENS

Qualitätvolles Sehen: Was es heißt, ein Betrachter zu sein

Das Schöne am Betrachter ist, dass alle Betrachter sind. So unterschiedlich Galeristen, Sammler, Künstler, Theoretiker auch sein mögen, im Betrachten heben sich die Rollen auf. Jeder kann Betrachter sein, es braucht dafür kein Geld, kein Museum, keine langwierige Ausbildung. Betrachten ist etwas Demokratisches. Allerdings ist nicht jeder, der sich Kunst ansieht, auch gleich ein Betrachter. Ein Betrachter ist nur jemand, der nach etwas trachtet: der sucht, wünscht, verlangt. Er schaut nicht, blickt nicht, jedenfalls nicht einfach nur so. Er betrachtet.

Lange war das Trachten etwas, was man nicht vom Betrachter erwartete. Künstler trachteten, sie waren es, die strebten und zielten, sie stoben vorneweg, waren Avantgarde, und alle anderen sollten folgen. Dieses Muster, die einen an der Spitze, die anderen hintendran, erinnerte stets an das Oben und Unten der überwundenen Feudalordnung. Damals hatten die Fürsten das Sagen, und die Künstler waren zu Diensten. Später wurden manche Künstler selbst zu Fürsten, und die Betrachter in gewisser Weise zu ihren Untertanen. Es ging ja um Hohes, um eine Utopie für die Gesellschaft. Die Künstler versprachen das Gute und Richtige, da durften sie ein wenig Demut wohl erwarten. Heute wissen viele kaum mehr, was an der eigenen Kunst gut und richtig ist, von der Gesellschaft zu schweigen. Demut aber wird weiterhin verlangt.

Auch wenn sich die Hoffnungen des 20. Jahrhunderts verflüchtigt haben, geblieben sind viele Dogmen. Die alten Herrschaftsformen erweisen sich als recht beharrlich. Weiterhin ist dem Betrachter die Statistenrolle zugedacht, die Kunstszene will lieber unter sich aushandeln, was als gut gilt und was nicht. Das verschafft Sicherheit in unsicheren Zeiten: Man fügt sich ins bestehende Machtgefüge, vertraut den Autoritäten, bleibt seinen Irrtümern treu und lässt am Ende den Markt entscheiden. So dreht sich die Kunst in engen Kreisen um sich selbst.

Eine neue Avantgarde müsste her: den Zirkel sprengen, die Irrgärten niedermähen. Doch mit solchen Kraftgesten ist heute nicht mehr viel zu gewinnen. Es käme auch nur wieder eine Form von Behauptungskunst dabei heraus, wieder das alte Muster: die einen schreiten voran, die anderen folgen. Viel mühsamer wäre es, das übliche Machtdenken aufzulösen: nicht neue Bestimmer zu verlangen, sondern andere Formen des Bestimmens, die herausführen aus der Unmündigkeit.

Wenn Kunst etwas Naturhaftes wäre, etwas Objektives, könnte sie auf mündige Subjektive gut verzichten. Doch kein Ding der Welt ist einfach so und von sich aus Kunst. Erst braucht es jemanden, der ihm den Begriff anhaftet, der also das Ding als Kunst erkennt, sprich: anerkennt. Heute übernehmen diesen Akt des Anerkennens gern der Markt und die Museen, doch sind sie eher Anerkennungsmaschinen. Sie nutzen ihre Autorität, um zu verfügen, doch bleibt bei ihnen Kunst ein kalter Begriff, es fehlt das Begreifen. Institutionen können nicht begreifen, das kann nur der Mensch, ein jeder für sich. Und auch das nur, wenn er zu sehen lernt. Alles andere ist dann alles andere.

Von Wahrnehmung ist in den letzten Jahrzehnten viel die Rede gewesen, viele Künstler wollten sie aufbrechen oder verschieben oder erweitern. Gemeint war damit meistens, dass dem Betrachter eine Erkenntnis mitgegeben werden sollte, sein Weltbild sollte zurechtgerückt, Aufklärung betrieben werden. Doch hat das Wahrnehmen mit Erkennen zunächst nur wenig zu tun. Es geht nicht um klares Denken, sondern um das weiche und unscharfe Fühlen.

»Nichts ist im Verstand, was nicht vorher in den Sinnen war« – auf dieser Einsicht von Aristoteles aufbauend, entwickelte der Philosoph John Locke im 18. Jahrhundert einige wichtige Theorien des Erkennens.[91] Gut 100 Jahre später erklärte Immanuel Kant: »Wenn man Objekte bloß nach Begriffen beurteilt, so geht alle Vorstellung der Schönheit verloren.«[92] Kant war nicht gerade für Gefühlsduselei bekannt und doch davon überzeugt, dass jedes Urteil über Kunst auf einer Empfindung gründet, »die mit dem Gefühle der Lust und Unlust unmittelbar verbunden ist«.[93] Mit einer Lust am reflektierenden Urteilen, am freien, intellektuellen Spiel.

Heute erscheint das vielen als abgeschmackt. Von sinnlicher Kunst zu sprechen, von Lust und Gefühl, gilt ihnen geradezu als reaktionär und infantil. Für sie zählen Ideen und Konzepte, die Kunst soll Wissen vermitteln. Kant hingegen wollte sie freistellen von solchen Aufgaben und Zwängen. Er wollte dem Betrachter erlauben, sich von den Imperativen der Rationalität zu lösen. Keiner Lehre zu folgen, sondern sich an der eigenen Urteilskraft erfreuen zu können, das war für ihn die ästhetische Erfahrung.

Auch heute kann die Kunst ein Freiraum sein, um sich einzulassen auf das Ungesteuerte. Hier darf der Mensch finden, was er nicht suchte. Darf sich verlieren, aufgehen im Augenblick, darf sehend von sich selber absehen. Darf ein Gespür entwickeln für das, was Theorie heißt, im ursprünglichen Sinn des Wortes: Schauen und Betrachten.

Manchen Künstlern mag das recht dürftig vorkommen. Als sei Kunst nur ein waberndes Etwas oder schlimmer noch: bloß das Lustobjekt der Konsumgesellschaft, ein Genussmittel für den kleinen Gefühlshunger zwischendurch. Doch unterschätzen sie das, was Wahrnehmung bedeutet. Nicht jeder kann sehen, nur weil er die Augen aufreißt. Und eine Empfindung ist nichts, das sich an- und ausknipsen ließe. Die Kunst entsendet den Betrachter zwar ins Reich des Vorbegrifflichen, verwickelt ihn in ein Wechselspiel aus Reiz und Rührung. Aber dieses Spiel verlangt wie jedes Spiel einen Einsatz. »Auch die Freude an der Form will errungen sein: Man muss es lernen zu sehen und sich in die Form zu vertiefen. Wir müssen unsere Augen entdecken«, schrieb vor gut hundert Jahren der Architekt August Endell.[94] Das ist das wunderbar Paradoxe an der ästhetischen Erfahrung: Sie zielt auf das Ungebildete, auf Affekte; und verlangt doch Einbildung, eine Schulung der Gefühle.

Die eigenen Augen zu entdecken, heißt erst einmal, den eigenen Augen zu trauen. Dieses Zutrauen ist nicht besonders weit verbreitet. Viele Menschen halten sich lieber an ihr Wissen, sie suchen Sicherheit in den kontrollierbaren Fakten und packen die Kunst schnell in die üblichen Stil-, Methoden- und Motivschubladen. Viele Museen unterstützen dieses Sicherheitsstreben noch, indem sie ihren Besuchern gleich am Eingang ein Hörgerät aufsetzen, was sich ungefähr so auswirkt, als würde ein Koch seinen Gästen die Nase zuklemmen. In einigen englischen Museen, in der Tate Modern in London zum Beispiel, werden die üblichen Audioguides gelegentlich sogar zu Videoguides aufgerüstet. Sie haben kleine Bildschirme, auf denen man sich Fotos oder Filme ansehen kann, um mehr über die Biographie des Künstlers oder die Entstehungszeit des Kunstwerks zu erfahren. Das kommt vielen Menschen entgegen, die ohne mediales Dauerfeuer etwas vermissen würden. Oft hilft es ihnen auch, das Gesehene besser einzuordnen. Das Sehen selbst machen diese Geräte aber nicht gerade einfacher. Bevor die Kunst vorgedrungen ist zum Auge, hat das Ohr schon die ersten Worte gehört, es prasseln die Begriffe, Namen, Ratschläge, und rasch verschwindet jene Offenheit, die es zum Betrachten eigentlich braucht.

Nicht zufällig ist gerade bei der Kunst das Bedürfnis nach Anleitung besonders groß. Viele aktuelle Werke erscheinen recht komplex, verlangen viel Vorwissen, manche sind auch völlig unzugänglich. Doch das ist es nicht allein. Ebenso schwierig wie das Verstehen ist das, was vor dem Verstehen liegt: das bloße Sehen. Es fordert vom Publikum weit mehr, als man gemeinhin glaubt. Es verlangt innere Freiheit und einen Willen zur Mündigkeit.

Das fängt schon damit an, dass der Betrachter im Museum keinen bequemen Sitzplatz hat, anders als jemand, der ins Kino geht, ins Theater oder der sich mit einem Buch aufs Sofa setzt. Es ist physisch anstrengend, vor der Kunst stehen zu müssen; noch anstrengender sind die mentalen Leistungen. Die Kunst fordert vom Betrachter jede Menge eigenständiger Entscheidungen. Will er ein Buch lesen, geht er in die Buchhandlung, wählt eines aus und liest es, meistens wohl von vorne nach hinten. Wer Kunst sehen will, geht ins Museum, wählt ein Bild aus, dann noch eines und wieder eines, ständig muss er neu bestimmen, was ihm sehenswert erscheint und was nicht. Und über Anfang und Ende muss er ebenfalls selbst entscheiden – sowohl darüber, wie lange er ein einzelnes Bild betrachten will, als auch darüber, wie lange er im Museum bleiben möchte. Ebenso wenig ist festgelegt, womit der Betrachter seine Betrachtung anhebt. Bei einem Theaterstück oder einem Buch hat der Autor in der Regel klar definiert, womit es beginnt und wie es ausgeht. Vor einem Bild muss jeder selber sehen, im wortwörtlichen Sinne, wie er zurechtkommt. Also: welchen Abstand wählen, welchen Teil zuerst betrachten, wohin den Kopf neigen – all das muss er entscheiden.

Er kann natürlich auch rein mechanisch vorgehen, und für viele Betrachter ist das auch der übliche Bewegungsmodus im Museum: Sie schreiten ab. 10 Sekunden fürs Bild, 10 weitere für das Schildchen, viel höher liegen die Durchschnittswerte nicht. Ein gewöhnliches Bild scheint auch mehr Aufwand nicht zu verlangen, es ist mit ein, zwei Blicken erfasst, warum also länger verweilen, gleich daneben wartet ja das nächste.

Die Kunst reglementiert den Betrachter nicht, sie übt keinen Zwang aus, was manche Künstler fast verzweifeln lässt, weil sie mit ihren Werken gerne bezwingend wären. Sie können es aber nur sein, wenn der Betrachter es will. Wenn er aus freien Stücken entscheidet, sich Zeit zu nehmen, ins Detail zu gehen, sich auf all das einzulassen, was es so braucht zum Sehen.

Eine Binsenweisheit: Die Kunst entsteht erst im Auge des Betrachters. Üppige Theorien haben das belegt und rezeptionsästhetisch vertieft. Auch gab es durchaus Versuche, aus diesem Wissen eine Methode zu machen und es anzuwenden. Der Theoretiker und Künstler Bazon Brock arbeitete bereits vor über 30 Jahren an einer systematischen Rezipientenschulung. Doch außer ein paar guten Absichten ist davon nur wenig übrig geblieben. Die meisten Großausstellungen, Museen und Messen von heute sind keine Orte des Sehens, sondern der Überforderung. Die Biennale in Venedig zum Beispiel wächst und wächst, immer neue Pavillons und Ausstellungsflächen werden erschlossen. Für den Riesenparcours braucht selbst ein geschultes Publikum mehr als zwei Tage, die Kunst wird zum Extremsport. Auch das ist eine Form, den Zumutungen des Sehens zu entgehen: Die Zumutung wird von einer anderen Zumutung überblendet.

Häufig wird so getan, als sei Kunst etwas fürs Vorübergehen. Am Times Square in New York etwa, einem der lautesten Plätze der Welt: Rundum an den Häuserwänden schillernde, kreischende, sich bewegende Werbetafeln, und mittendrin, auf einem der Riesenbildschirme, wird Kunst gezeigt, Werke von Thomas Struth zum Beispiel. Niemand käme auf die Idee, sich ein Konzert von Karlheinz Stockhausen mitten im Getümmel einer Straßenkreuzung anzuhören. Die Kunst hingegen wird gern als Blitzvergnügen begriffen.

Das kann sie auch sein, manchmal jedenfalls. Nicht jedes Kunstwerk verlangt tiefe Versenkung, manches springt den Betrachter schnell an und fällt dann auch rasch wieder von ihm ab. Insbesondere die Skulpturen im öffentlichen Raum sind oft so konzipiert, dass ein paar Fernblicke genügen. Meistens aber ist gute Kunst mehr als Fast Food und schnelle Befriedigung. Sie bereitet Lust, weil sie etwas in Aussicht stellt. Und in Aussicht stellt sie etwas, wenn sie den Betrachter zum Sehen einlädt, ohne gleich alles auf den ersten Blick offen zu legen. Qualität wäre so betrachtet ein anderes Wort für das Vielversprechende, für eine Kunst, die sich erst nach und nach entbirgt.

Sogar hirnphysiologisch lässt sich diese Art des Sehens beschreiben, als eine Vorfreude, eine Verlockung, die im Zentrum des Gehirns vermehrt Dopamin ausschüttet. Ein leichtes Kribbeln, ein waches Zuwenden, ein begehrendes Aufmerken, so könnte auch ein Hormonforscher über das Phänomen Kunstbetrachtung referieren. Allerdings muss man sich vor mechanischen Erklärungsmodellen hüten, wonach jeder Reiz eine vorhersehbare Reaktion auslöse. Lange war das zwar die Vorstellung der Kunsttheorie. So beschrieb Johann Georg Sulzer 1771 das Schöne als etwas, das sich ähnlich klar und eindeutig erfassen ließe, wie die Zunge das Salzige und das Saure unterscheiden kann. Der Mensch besitze »das Vermögen, das Schöne zu empfinden, so wie die Vernunft das Vermögen ist, das Wahre, Vollkommene und Richtige zu erkennen«.[95] Das Besondere der Kunsterfahrung ist jedoch, dass Reiz und Reaktion sich gegenseitig beeinflussen und verändern. Mit dem Empfinden wächst auch die Empfindungsfähigkeit, mit dem Sehen das Gespür für das Ansehnliche und mit dem Betrachten die Mündigkeit des Betrachters.

Wenn die Künstler an diesen mündigen Betrachter (und damit auch an ihre eigene Mündigkeit) glaubten, dann müsste sich einiges in der Gegenwartskunst ändern. Dann käme es auf den Einfall nicht so sehr an wie auf den Ausfall, auf das, was für den Betrachter beim Betrachten herausfällt. Dann wären keine Erkenntnisse zu illustrieren und keine Wahrheiten zu verkünden, dann ginge es um etwas ziemlich Ungreifbares: um das Vermögen der Sinne.

Der Mensch kann Gefühle lernen, kann sie vertiefen, verfeinern, kann sich im Intuitiven noch kennen. Er kann nicht nur Erkenntnisse gewinnen, sondern sich auch an Affekten bereichern. Die Kunst muss sich also nicht darauf kaprizieren, die Wahrnehmung verschieben oder aufbrechen zu wollen. Es reicht, wenn sie erst einmal das Wahrnehmen wahrnimmt.

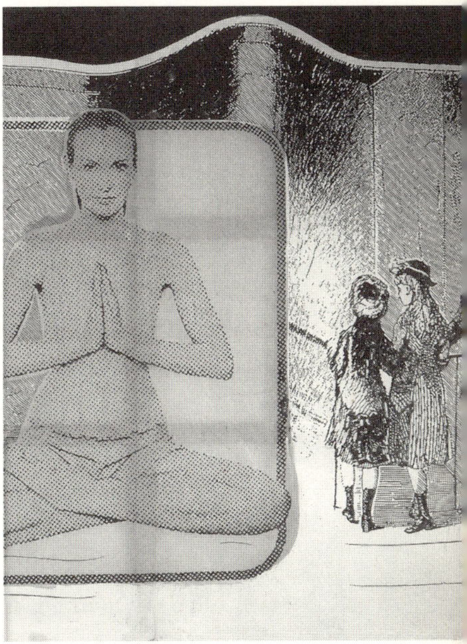

Sigmar Polke: »Lotus Mantra«, 2005 (Ausschnitt)

In gewisser Weise versuchen das viele Künstler auch, allerdings oft in didaktischer Absicht. Sie wollen ihre Kunst durchschaubar machen, oft sogar wortwörtlich. Sigmar Polke zum Beispiel hat etliche seiner Bilder auf durchsichtiger Leinwand verfertigt, die Konstruktion des Keilrahmens schimmert durch, und so enttarnen diese Bilder ihre eigene Gemachtheit, damit der Betrachter auch ja nicht dem Illusionismus anheimfalle. Andere Künstler zerschnippeln und collagieren Hollywoodfilme oder Zeitschriftenfotos, um medienkritisch vorzuführen, wie die Rezipienten manipuliert werden. Die Verführungskraft eines Bildes gilt oftmals als unheimlich, sie scheint den Menschen gegen seinen Willen zu packen und zu bedrängen. Also gehört sie bloßgestellt und stillgelegt und ins Reich der Erkenntnis überführt.

Aus dieser Aufklärungsarbeit, so sinnvoll sie manchmal sein mag, spricht ein seltsames Unbehagen am eigenen Können. Die Ästhetik soll nicht ins Ungesteuerte führen, sondern in die Reflexion. Der Betrachter soll sich nicht seinen Affekten und der Kunst überlassen. Er soll ein Durchschauer sein. Dabei gehört es zur wunderlichen Erfahrung des Sehens eigentlich dazu: mehr zu sehen als man sieht, sich von Bildern davontragen zu lassen, losgelöst von den Bleigewichten des Gegenwärtigen. Diese Begabung zur Phantasie, die in jedem Menschen steckt (und ihn vom Tier unterscheidet), könnte die Kunst fördern. Doch vielen Künstlern ist sie suspekt, der Betrachter soll nicht träumen, denn Träumen bedeute Flucht aus der Wirklichkeit.

Daran ist nicht alles falsch. Wer aber der Kunst und ihren Betrachtern das freie Spinnen abgewöhnen will, nimmt ihnen zugleich das, was so oft vermisst und eingefordert wird: die Lust am utopischen Denken. Es braucht ja Einbildungskraft, um etwas auszubilden, um sich etwas vorzustellen, das nicht im Heute liegt. Es ist nicht die Schwäche, sondern eine große Stärke, den Dingen eine fiktive Lebendigkeit zusprechen zu können.

Wie wenig manche Künstler an diese Stärke ihrer Kunst glauben, zeigt sich oft schon daran, wie sie über die Betrachter sprechen. Der klassische Vorwurf: Viele wollten sich nur an der Schönheit der Kunst laben, an ihrer Erhabenheit ergötzen, an ihrer Exotik weiden. Sich Bilder anzusehen – im Jargon: Flachware anzuglotzen – gilt als ein rein konsumistischer Akt, als Ausdruck tiefer Unmündigkeit. Deswegen wird alles getan, aus dem Betrachter nicht nur einen Durchschauer, sondern auch einen Mitkünstler zu machen. Das flache Bild soll möglichst einnehmend wirken, im wörtlichen Sinne: Es wächst über sich hinaus, greift auf den Betrachter zu, wird zum Environment, zu einer raumfüllenden Installation, die alles einzufassen, zu umschlingen scheint und jede Art der Passivität unter einer hohen Welle der Eindrücke begraben will.

Beliebt sind auch diverse Formen der Interaktion. Der Betrachter soll nicht nur sehen, er soll fühlen, tasten, klettern, riechen, hören, er soll Knöpfe drücken, kleine Zettelchen beschriften. Manchmal soll er sich auch, wie bei dem Künstler Erwin Wurm, zwei Spargelstangen in die Nase stecken. Die Kunst wird zur Kunst erst durch den Betrachter, durch sein Kneten, Basteln, In-die-Nase-Stecken. Das kann mal lustig sein, mal der reine Stumpfsinn, egal aber, welche Formen die Partizipationskünstler finden, fast immer verkennen sie, wie partizipativ bereits das reine Sehen ist.

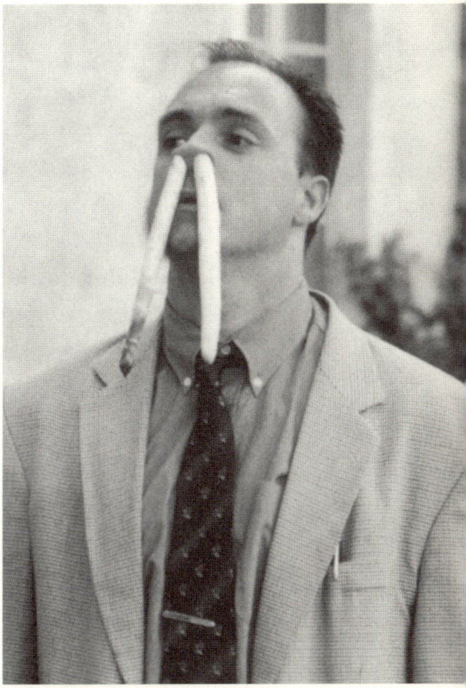

Erwin Wurm: Bank-Manager vor seiner Bank, 1999

Schon das Betrachten selbst formt das Kunstwerk um, ein jeder macht sich davon sein eigenes Bild, in seinem Inneren nimmt es neue Formen und Bedeutungen an. Und das ist durchaus kein konsumistischer, sondern ein schöpferischer Akt, ein Akt der Aneignung. Der Theoretiker Boris Groys meint, der Betrachter werde dabei »automatisch zum Künstler – und hört somit auf, ein Betrachter zu sein«.[96] Zumindest potentiell kann beim Sehen mehr entstehen, als beim reinen Mitspielen und Mitwerkeln, das die Aktivkünstler vorschlagen. Dem Betrachter wird weit größere Freiheit zugetraut, er kann selbst entscheiden, mit wie viel Nähe oder Distanz er einem Bild begegnet, wie lange er bei ihm zubringt.

Bei den Mitmachwerken muss er sich hingegen zwischen Entweder und Oder entscheiden, entweder steckt er sich den Spargel in die Nase oder nicht, folgt den Regeln oder verweigert sie. In der vermeintlich demokratisierten Partizipationskunst bleibt der Handlungsrahmen meist vom Künstler abgesteckt. Es gibt Gebrauchsanweisungen, Spielanleitungen, Mitmachregeln – auch das ist eine Form, mit der Zumutung der Bilder zurechtzukommen, die nicht vorgeben, wie man sie betrachten soll.

Doch Wahrnehmung lässt sich nicht programmieren, sie braucht eine Unbestimmtheit, in der sich das Spiel von Reiz und Rührung entwickeln kann. Sicher kann man auf die Offenheit auch verzichten, wenn ohnehin von vornherein feststeht, was bei der Kunstbetrachtung herauszukommen hat. Will man hingegen solche Festlegungen nicht, dann muss man Sehen als Bewegung begreifen, als einen Prozess, in dem sich die Dinge in Sinneseindrücke verwandeln. Das klingt simpel, verlangt aber einiges: Damit Kunst etwas auslöst, muss auch der Betrachter gelöst sein, frei von äußerlichen Anforderungen, auch vom eigenen Zeitdruck. Wahrnehmen heißt immer: Die Dinge als etwas Besonderes würdigen zu wollen.

Dabei geht es nicht um fromme Andacht, der Betrachter muss sich nicht unterwerfen, nicht ausliefern. Im Gegenteil, es geht um ein waches, gleichberechtigtes Wechselspiel, abermals um eine paradoxe Erfahrung: Kunst erscheint unveränderlich und verändert sich unter den Blicken des Betrachters. Sie will ewig sein und wird lebendig doch nur im Augenblick ihrer Betrachtung. Für eine solche Erfahrung braucht es Selbstbewusstsein und eine Geistesgegenwart, die das Vergangene zurücktreten lässt und das zuvor Erfahrene, alles Gewusste relativiert.

Qualitätvolles Denken: Warum aus Kunst so leicht Kitsch wird

Das wäre die Idealvorstellung: Kunst zunächst nur zu sehen, nur zu spüren. Doch für das reine Sehen ist der Mensch nicht gemacht. Jeder Sinneseindruck löst gleich Erinnerungen aus, weckt Assoziationen, fordert Vergleiche. Der Verstand verlangt sein Recht, und so wird das Fühlen durchdrungen vom Denken und das Denken beeinflusst vom Wollen. Der Betrachter möchte begreifen, er will das Gesehene auf den Begriff bringen: Wie ist es gemacht, wie ist es gemeint? Durch alle Museen schwirrt: Was soll es sein?

Die Frage nach der Bedeutung zeichnet die Kunst aus. Niemand käme auf die Idee, sich angesichts eines Sonnenuntergangs zu erkundigen, was er wohl bedeuten könnte – Natur ist, wie sie ist. Wenn hingegen ein Künstler wie Olafur Eliasson in der Turbinenhalle der Tate Modern in London eine gewaltige Kunstsonne untergehen lässt, weckt das gleich viele Vermutungen über den Sinn des Ganzen. Manchmal kann diese Frage nach der Bedeutung so übermächtig werden, dass die Kunst hinter ihr zu verschwinden droht, weil das Deuten wichtiger ist als das Sehen. Umgekehrt allerdings, wenn es beim reinen Kunstgefühl bliebe, wäre auch niemand glücklich. Das eine kann nicht sein ohne das andere: Um zu wissen, worüber man redet, braucht es das Wahrnehmen; um das Wahrgenommene zu erschließen, braucht es das Nachdenken. »Das gelungene Werk führt die Erfahrenden nicht aus der Welt ihrer Erfahrung heraus oder setzt sie von dieser frei: es gibt ihnen die Freiheit, sich zu ihrer Erfahrung erfahrend zu verhalten«, so beschreibt der Philosoph Martin Seel die Dialektik der Kunst.[97]

Der Betrachter hat es also nicht unbedingt einfach: Er

soll sich frei von allen Einflüsterungen seines Verstandes der Kunst widmen, soll in sie eintauchen; zugleich soll er abheben und das eben noch Erblickte reflektieren. Kurz, er soll in seiner Wahrnehmung die Wahrnehmbarkeit der Welt wahrnehmen. Das mag sich verschraubt anhören, doch jede andere, unbedachtere Form der Kunstbegegnung führt schnurstracks in den Kitsch.

Kitsch bedeutet, die Persönlichkeit der Kunst zu spalten: Sie ist dann nur noch das schöne Gefühl oder nur noch der kluge Gedanke. Wenn alles einfach und unmittelbar sein soll, unberührter Genuss, dann wird es rasch schwülstig. »Kitsch ist mechanisch und arbeitet mit festen Formeln. … Kitsch gibt vor, von seinen Käufern nichts außer ihrem Geld zu verlangen – nicht einmal ihre Zeit«, erklärt der Kunstkritiker Clement Greenberg.[98] Wenn sich alle Fragen erübrigen, wenn die Kunst aufgeht in Wirkung und Bedeutungsprahlerei, dann kann es mit der Qualität nicht weit her sein.

Der Betrachter darf also freiheraus fragen: Ist ein Kunstwerk nur gefällig oder gefällt es mir auch? Will es nur meine Affekte kitzeln, nur schön tun, nur hässlich sein, nur unver-

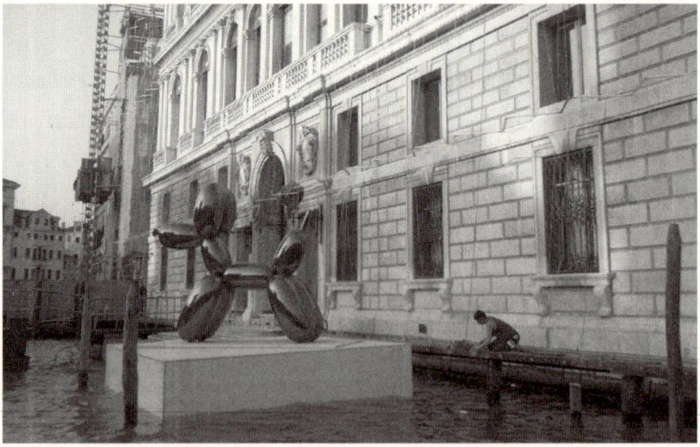

Jeff Koons: Magenta-Pudel vor dem Palazzo Grassi in Venedig

ständlich erscheinen? Oder machen sich die Effekte verdient, führen sie in ein Thema, in eine Geschichte, eine Analyse?

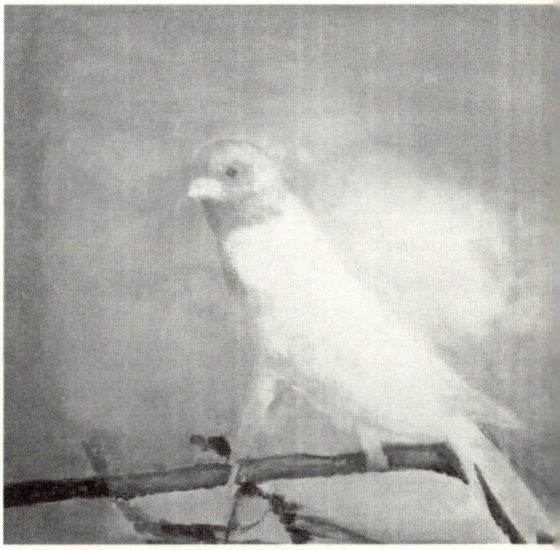

Luc Tuymans: »Bird«, 1998

Erstaunlich viele Kunstwerke der Gegenwart begnügen sich damit, eindrücklich sein zu wollen, jede Nachfrage perlt an ihnen ab. Das gilt für die opulenten Schwarzweißdramen der Shirin Neshat, die allein das Exotische beschwören. Das gilt für die Spielzeugwelten von Jeff Koons, seine übergroß aus Metall nachgeformten Ballonhündchen zum Beispiel. Es gilt auch für Hans Haacke, der seine Kunst nicht selten auf nacktes Anklagen reduziert.

Doch nicht nur Überdeutlichkeit hindert den Betrachter am Begreifen, weil der Künstler alles schon für ihn auf den Begriff gebracht hat. Auch allzu große Undeutlichkeit erweist sich leicht als Kitsch. Der belgische Maler Luc Tuymans zum Beispiel, von vielen als Ausnahmekünstler gefeiert, malt oft trübe Bilder, wie nebelverhangen sehen sie aus. Gern belässt es Tuymans bei Andeutungen, beim Unbestimmten: Kanarienvogel und Blumentopf, ein finsterer Herr mit Sonnenbrille und die Kreuzigung Christi, das Banale wie das Gewaltige, alles verschwimmt im Ungefähren. Er hat auch die Gaskammer eines Konzentrationslagers gemalt oder Albert Speer, den Architekten des Führers, beim Skilaufen. Das scheint seine Ernsthaftigkeit zu bezeugen, viele unterstellen seiner Kunst eine tiefere Absicht. Doch gerade weil Tuymans seine Motive fast ausnahmslos in eine Sphäre der Indifferenz überführt, wird die Vagheit zur Masche. Seine Bilder raunen, sie laden ein zu wohligem Schauder, jeder darf in sie hineinprojizieren was er möchte. Auch so kann Kitsch aussehen.

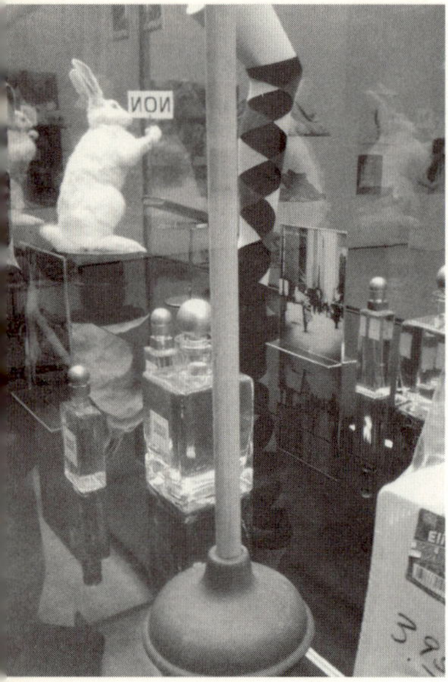

Josephine Meckseper: »The Complete History of Postcontemporary Art«, 2006

Damit die Kunst nicht nur Gefühlssache ist, sondern auch begriffen und durchdrungen werden kann, muss ein Kunstwerk also beides können: Affekte ermöglichen und sich vor beliebiger Affektproduktion hüten. Es gilt für den Künstler dasselbe wie für den Betrachter: Das Impulsive, rein Assoziative, muss einholbar bleiben von der Reflektion.

Gerade unter den Jüngeren ist es sehr beliebt, diverse Gebrauchsgüter zu einer Installation zusammenzustellen, ohne dass für den Betrachter erkennbar wäre, was für assoziative Weitsprünge hier von ihm erwartet werden. Josephine Meckseper etwa zeigt in einer Vitrine einen Ansauger, das bestrumpfte Bein einer Schaufensterpuppe, einige Fläschchen Parfum, ein ausgestopftes weißes Kaninchen, das eine Art Protestschild in die Höhe hält, und noch viele andere Dinge, allesamt vereint unter dem Titel »The Complete History of Postcontemporary Art«. Demonstriert wird ironisch aufgeladene Vieldeutigkeit, bedeutsam aber würde diese erst, wenn diese Bedeutung nicht allein für die Künstlerin zugänglich wäre.

Gute Kunst ist eine, die den Betrachter zur Deutung einlädt, ohne gleich vollständig ausdeutbar zu sein. Erst aus diesem sich verbergenden Entbergen kann jene Lust entstehen, von der Immanuel Kant sprach. Er sieht im Künstler einerseits »das Talent, welches der Kunst die Regel gibt«; andererseits müsse seine Kunst »von allem Zwange willkürlicher Regeln so frei scheinen, als ob es ein Produkt der bloßen Natur sei«. Nur so entstehe eine »Lust, welche allein allgemein mitteilbar ist, ohne sich doch auf Begriffe zu gründen«.[99] Zum Kunstgestalten wie zum Kunstbegreifen braucht es dieses

Einerseits-Andererseits. Die Regeln, denen ein Werk folgt, sollen sich noch in Sprache fassen lassen, zugleich darf die Kunst nicht ganz im Begrifflichen aufgehen und zur bloßen Regelerfüllung werden. Sie muss unbestimmt bestimmbar bleiben.

Anders ist es in der Kunst des Kochens oder der Kunst der Parfumeure. Für den Geschmacks- wie für den Geruchssinn gibt es keine eigene Sprache: keine Zungenschrift, in der ein Mensch dem anderen schmeckend etwas mitteilen könnte, keine Geruchszeichen, dank derer sich per Nase eine Bedeutung transportieren ließe. Es gibt auch keine Geschmacksfotografie und keine Geruchsgemälde. Die bildenden Künstler sind also deutlich im Vorteil, auch wenn sie diesen Vorteil nicht unbedingt nutzen. Um wahrgenommen zu werden, muss niemand ihre Kunst essen, also vernichten; ihre Kunst muss auch nicht erst verduften, also verschwinden, um zu wirken. Vielmehr genießen sie das Privileg der Fernsinne, wie Hegel es nannte.[100]

Sie rücken mit ihren Werken den Menschen nicht auf den Leib, sie gestatten Distanz, ein Abrücken. Sie können etwas darstellen, das sie selbst nicht sind. Ein Essen ist immer das Essen, das der Mensch isst. Ein Bild hingegen kann vom Essen erzählen, es kann sogar wie Essen aussehen, niemals aber muss es und wird es Essen sein. Das Privileg der Künstler ist: Sie haben Zugang zu Affekten und ebenso Zugang zu den Räumen der Bedeutung. Bedeutung aber entsteht nur, wenn sie vom Künstler empfunden und auch von Betrachtern geteilt wird. Wenn also die Kunst sich nicht allein auf sich selbst bezieht, sondern sich als »Vehikel der Mitteilung« (Kant) versteht.[101] Natürlich muss kein Künstler sich auf so ein Spiel des Zeichengebens und Geschichtenerzählens einlassen, er kann auch ganz versinken im Kosmos der eigenen Symbole und selbstgebrauten Mythen und sein Publikum vergessen. Allerdings ist es dann meistens nicht Kunst, was er betreibt, sondern Therapie. Er will sich selbst auf die Spur kommen, für andere bleiben die Spuren unleserlich.

Gute Kunst aber sucht nach einer Beziehung zu den Betrachtern, nach einem Verhältnis beruhend auf wechselseitiger »Gunst«, wie Kant es nannte.[102] Auch bei Schlegel heißt es, der Künstler dürfe nicht nur für den Künstler arbeiten, sondern befördere mit seinen Werken »Gemeinschaft und gesellige Wechselberührung«.[103] Die Kunst sollte Öffentlichkeit suchen und das öffentliche Leben befördern, das war der Anspruch. Und dieser Anspruch gilt noch heute. Deshalb reicht es nicht, wenn nur Einzelne die Kunst betrachten und begreifen. Es braucht den Austausch, den Streit, das Urteil.

Qualitätvolles Urteilen: Weshalb Kunst eine Geschmackssache ist

Wie soll das gehen? Wenn ein Betrachter sich sein eigenes, subjektives Bild von der Kunst gemacht hat, wie kann er behaupten, er sei zu einem Urteil gelangt? Ein Urteil müsste doch objektiv begründbar und nicht nur subjektiv empfunden sein. Wenn es sich aber nicht objektiv begründen lässt, ist Kunst dann nur Geschmackssache?

Nicht wenige Menschen sehen das so. Sie halten den Kunststreit für überflüssig, denn über Geschmack lasse sich halt streiten – und das soll heißen: nicht streiten. Der eine finde Jeff Koons toll, der andere möge lieber Gerhard Richter, ein Dritter begeistere sich für Joseph Beuys, was solle man da lange reden? Jede Qualitätsdiskussion hat sich damit, so scheint es, erledigt.

Geschmack ist aber nicht Geschmack, nicht in dem Sinne,

wie viele das Wort verwenden. Sie sagen Geschmack und meinen damit, ein jeder Mensch habe seine eigenen, unverwechselbaren Vorstellungen von dem, was schön, gut und angemessen sei. Doch ganz so einfach ist die Sache nicht. Es reicht ein Blick auf die Nahsinne: In China essen viele Menschen gerne Schlangen, hierzulande ist das nicht sonderlich verbreitet, und zwar nicht, weil die Geschmacksnerven der Chinesen unbedingt anders ausgeprägt wären als die eines Mitteleuropäers, sondern weil Geschmack etwas mit Erziehung zu tun hat. Ähnliches gilt auch innerhalb einzelner Kulturen: Keiner ist so frei in seinem Geschmack, wie er es vielleicht gerne wäre. Der Einzelne ist in seinem Geschmacksempfinden abhängig von der Zeit, in der er lebt. Anders wäre es kaum zu erklären, warum Künstler wie der Renaissancemaler Matthias Grünewald und viele andere, die heute hoch geschätzt werden, über lange Zeit vergessen waren. Über Jahrhunderte galten ihre Bilder als geschmacklos und erst als die Geschmäcker sich veränderten, wurden sie wieder entdeckt.

Doch nicht nur von der Zeit, auch vom Milieu ist der Geschmack des Einzelnen abhängig. Nicht selten wird sogar über Kunst definiert, wo die Grenzen zwischen verschiedenen Gruppen oder zwischen den Generationen verlaufen. Die Älteren finden den Maler Markus Lüpertz noch gut, für die etwas Jüngeren muss es schon Martin Kippenberger sein.

Wenn Geschmack aber kulturell und sozial bedingt ist, sich also durchaus benennen und formen lässt, lohnt sich auch der Streit darüber. Nur braucht es Kriterien für so einen Streit, es genügt nicht, dass der eine sagt, er finde die Videofilme der Künstlerin Pippilotti Rist das reinste Tralala, während der andere sich darauf zurückzieht, ihre schwebenden Bilder einfach nur schön zu finden. Es reicht auch nicht, die

Eigenschaften eines Kunstwerks einfach nur zu benennen, kommt es am Ende doch darauf an, wer diese Eigenschaften wie bewertet. Es geht letztlich um einen Wertestreit, und je lebendiger dieser Streit geführt wird, umso besser für die Kunst.

Sie braucht das Betrachten, das anteilnehmende Sehen; ebenso braucht sie aber den offenen, konfliktbereiten Austausch. Gerade weil es für die Kunst keine vorgeschriebenen Regeln oder Ideale mehr gibt, ist die stete Debatte über Regeln und Ideale unverzichtbar. Nur so lässt sich verhindern, dass die Kunst am Ende nur ihren eigenen Trugbildern folgt oder sich in Beliebigkeit verliert. Hochgegriffen kann man diesen Disput sogar als eine Art Probe auf die Gesprächsfähigkeit einer Gesellschaft verstehen. Im Freiraum der Kunst lässt sich über unterschiedliche Wertbegriffe und Schönheitsvorstellungen verhandeln, sehr offen, sehr spielerisch, denn ernsthafte Konsequenzen muss niemand befürchten.

So gesehen ist Geschmack immer auch eine Form von Sozialkompetenz. Kant spricht von einem »sensus communis«, von einem Gespür für das, was viele Menschen verbindet. Nur ein Künstler mit einem solchen Sensus wird ermessen können, wie seine Werke ankommen, welche Rücksichten sie nehmen, welche Geschmackskonventionen sie negieren sollen. Ob sie nur dem engen Kreis der Freunde und Händler etwas sagen oder auch eine allgemeine Neugier wecken. Wer also raus will aus der Selbstgefangenschaft, aus der »Selbstverhinderung« (Jörg Heiser), in die sich viele Künstler begeben haben, kommt an einer Geschmacksdebatte nicht vorbei.

Für den Soziologen Klaus Theweleit gilt zwar der gute Geschmack, »dieser abgehalfterte Gaul aller Begriffslosen« als das »diskreditierteste aller Orientierungsmittel« – und vermutlich stimmen ihm viele zu.[104] Zu oft wurde als geschmacklos geschmäht, was der gesellschaftlichen Mehrheit schlicht nicht ins Raster passen wollte. Da heute aber dieses Rasterlose, das Individualisierte und Abweichende zum Ideal der Mehrheit avanciert ist, lässt sich Geschmack kaum noch als ausgrenzender Begriff verstehen. Eher ist er einer, der es auf Verständigung anlegt und nach Verbindlichem forscht. Wer nach Geschmack fragt, emanzipiert sich von dem üblichen autoritären Denken, das in der Kunstszene vorherrscht: Der Betrachter wird zur Zentralfigur.

Weil dem einen nun aber dieses und dem anderen jenes gefällt, unterscheidet Kant klugerweise zwischen Sinnengeschmack und Reflexionsgeschmack, zwischen dem Privatsinn und dem Allgemeinsinn. Er meint, dass sich ein jeder der Relativität seiner eigenen Empfindungen bewusst sein muss, vor allem dann, wenn es nur um wohlige Gefühle des Angenehmen geht. Doch niemals hätte er gesagt, die Welt sei deshalb zum völligen Relativismus verdammt. Er beharrt darauf, dass sich jeder mündige Betrachter ein eigenes Urteil zutraut und dieses auch formuliert – nicht, um anderen dieses Urteil aufzuzwingen, er »sinnet nur jedermann diese Einstimmung an«.[105] Dieses Ansinnen bedeutet: Der Einzelne soll seine Empfindungen offen bekunden, ebenso soll er aber die Empfindungen der anderen zur Kenntnis nehmen. Man könnte das als eine Form des Lernens bezeichnen – es lässt sich etwas über das eigene Selbst begreifen und darüber, wie sich dieses Selbst zum Selbst der Allgemeinheit verhält.

Auch das ist also Kunst: Subjektivität zu fördern einerseits, anderseits nach Gemeinsamkeit zu suchen. Blieben alle nur bei ihren Privatgefühlen, könnte der Überdruss größer kaum sein. Und von Kunst ließe sich auch nicht mehr sprechen, wenn sich jeder unter dem Begriff etwas ganz anderes vorstellen würde. Um die »subjektive Allgemeingültigkeit«, von der Kant spricht, kommt also niemand herum. Am Ende bleibt das Ziel eine Kunst, die »für sich selbst zweckmäßig ist und, obgleich ohne Zweck, dennoch die Kultur der Gemütskräfte zur gesellschaftlichen Mitteilung befördert«.[106]

PHASE 1: AUF DAS BETRACHTEN KOMMT ES AN! WIE DER EINZELNE DIE QUALITÄT DER KUNST BESSER BESTIMMEN KANN – EINE ANNÄHERUNG IN FÜNF SCHRITTEN

90 Prozent aller Bilder, Skulpturen, Installationen taugen nichts – das ist die Zahl, die viele nennen. In früheren Zeiten war das kaum anders, nur dass damals die Nachfrage nicht so hoch war wie heute, es weniger Künstler und mithin auch weniger Kunstwerke gab. Wichtiger denn je ist daher das Auswählen. Doch wie soll das gehen, wie kann der Betrachter den Wert der Kunst bemessen? Welche Methode soll er wählen? Man kann der Kunst ja nicht kommen mit Knoten, Kilohertz, Pond, Bar, Karat oder Lux. Jede physikalische Vermessungsmethode versagt. Eine Ermessenssache bleibt die Kunst aber trotz allem. Jeder darf ihren ästhetischen Druck bestimmen, ihr inhaltliches Gewicht abwiegen, ihre technische Höhe, ihre sinnliche Leuchtkraft beziffern. Nur über die richtige Skala herrscht Unklarheit. Gibt es einen Eichstrich für Empfindungen?

Vermutlich wird auch der größte technische Fortschritt keine wissenschaftlich exakte Methode auftun, weder um

Liebe oder um Glück oder eben um Kunst in ihrer Qualität trennscharf fixieren zu können. Jeder Betrachter ist anders, jedes Werk ist verschieden, jedes Netz gemeinsamer Koordinaten scheint zu zerreißen. Es kann nur Näherungswerte geben. Doch was ist schlecht an Näherungswerten?

Es lassen sich die Selbstbilder der Künstler benennen, ihre Irrtümer beschreiben, es lassen sich Auswege skizzieren. Und es lässt sich über die Erwartungen der Betrachter sprechen, über ihre Reaktionen und darüber, wie sie sich selbst ein Bild machen können. Diese Annäherung beginnt, wie sollte es anders sein, über die Privatsinne – erst in dieser Phase 1, im Sehen, Spüren und Bewerten, findet ein jeder seine Beziehung zur Kunst und ihren Kriterien. Dann führt die Annäherung hinüber in die Phase 2, ins Reich des Allgemeinsinns – dort klären sich die Eigenschaften der Kunst, es zeigt sich ihre Zweckmäßigkeit ohne Zweck und ihr Wert wird offenkundig.

Frage 1: Was sagt mir mein Kunstgefühl?

Die Kunst ist frei, und der Betrachter ist es ebenso. Er darf Ich sagen und dieses Ich gegen alle Künstler, Händler, Kritiker behaupten. Er muss sich nicht von anderen erzählen lassen, was er sehen soll. Er kann einfach sehen, so wie er auch einen Spielfilm sehen kann, ohne sich vorher über den Regisseur, die Schauspieler oder die Drehbuchvorlage zu informieren. Sicher, mit ein wenig Hintergrundwissen verändert sich der Blick, das Sehen gewinnt an Tiefe. Doch Vorbereitung ist keine Pflicht. Es reicht fürs erste, wenn der Betrachter sich einlässt auf das, was die Filme oder Gemälde oder Installationen zeigen. Er kann sich auf sein Sprachgefühl verlassen, sein Rhythmusgefühl und ebenso auf das, was man das Gefühl für Kunst nennen könnte. Dieses Gefühl mag nicht sonderlich ausgeprägt sein, doch das muss es auch nicht unbedingt. Kein Mensch wird mit einem tiefen Kunstgefühl geboren, es entwickelt sich erst nach und nach. Und gerade daran ist ein gutes Kunstwerk zu erkennen: Es bringt den Betrachter auf den Geschmack, es spricht das Kunstgefühl an, im besten Falle wird es sogar gestärkt.

Daraus muss keine tiefe Ergriffenheit werden, keine heilige Empfindungsandacht wie vor 200 Jahren, als es nicht selten vorkam, dass Menschen im Museum weinten. Sie suchten in der Kunst das große Empfindungsgewitter, die heißen Winde der Lust, die Zornesblitze, einen Donner aus Angst und Gewalt. Heute weinen manche Menschen, wenn ein Film oder ein Buch sie tief hineinnimmt in ein fremdes Leben, so tief, dass sich das Fremde anfühlt wie das Eigene. Bilder oder Skulpturen haben es da weit schwerer. Nur selten können sie den Betrachter in lange Erzählfäden einwickeln oder in die Seelentiefen einer Figur hineinführen. Und doch sind auch sie nichts ohne den Faktor E (Emotion, Einfühlung, Erfahrung). Es braucht Verwunderung, ein Aufmerken und Innewerden. Gute Kunst muss das Kunstgefühl rühren. Das ist Ich-Kriterium Nr. 1.

Das mag eine Platitude sein, doch war die Beziehung zwischen Künstlerschaft und Publikum während der letzten 100 Jahre nicht gerade von besonderer Zuneigung geprägt. Und noch heute sind die Nachwirkungen dieser konfliktreichen Partnerschaft kaum zu verhehlen. Erstaunlich viele Kunstwerke scheinen sich nicht weiter um den Betrachter zu scheren. Sie sind kaum mehr als ein unterkühltes Symbol, da gibt es nichts zu spüren, alle Sinnlichkeit ist ausgeblendet.

Als der Künstler Olaf Nicolai 2005 gebeten wurde, für eine Landesberufsschule im österreichischen Neunkirchen ein

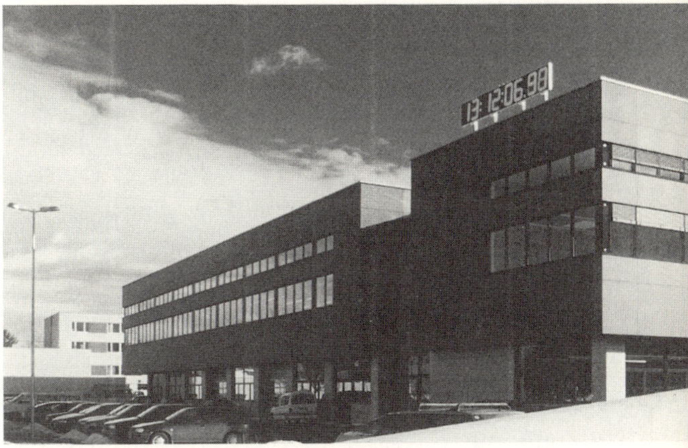

Olaf Nicolai: Schuluhr, 2005

Kunstwerk zu gestalten, begnügte er sich damit, aufs Flachdach des Neubaus eine völlig schmucklose, digitale Uhr setzen zu lassen. Sie fällt einzig dadurch auf, dass sie außer Stunden und Minuten auch Sekunden, Zehntel- und Hundertstelsekunden anzeigt. Niemand dürfte die Uhr als Kunst erkennen, allenfalls ein gehetzter Blick wird sie streifen und sie für ein gewöhnliches Accessoire der Schule halten. Mehr soll dieses Objekt auch nicht sein. Die Uhr ziele »auf subtile und dauerhafte Prozesse der Identifikation, die sich eher beiläufig und im selbstverständlichen Umgang mit Dingen entwickeln«, heißt es in einem Ausstellungskatalog.[107] Von einem subtilen, dauerhaften Kunstgefühl ist nicht die Rede. Der Künstler will – verständlicherweise – kein Aufhübscher sein, will nicht so tun, als sei mit putzigen Figuren oder knalligen Bildern dem öffentlichen Raum zu helfen. Deshalb entzieht er seine Kunst und setzt den Betrachter – unverständlicherweise – auf Entzug.

Neben solchen Formen von Gefühlsarmut gibt es in der zeitgenössischen Kunst auch eine Armut des übergroßen Reichtums: gefühlsgeladene Bilder und Skulpturen, die es dem Betrachter schwer machen, vor lauter Pathos noch eigene Empfindungen zu entwickeln. Ron Mueck zum Beispiel formte einen toten, nackten, alten Mann aus Silikon, seinen »Dead Dad«. Hermann Nitsch verbrauchte ganze Badewannen voller Tierblut für seine Kunstspektakel. Bjarne

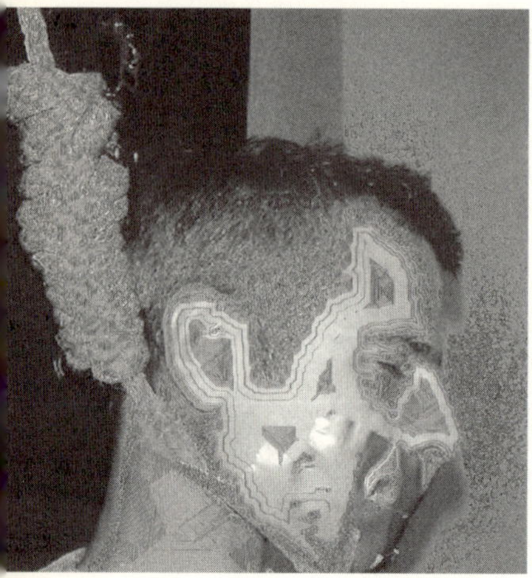

Bjarne Melgaard,
»Black Low«, 2002
(Ausschnitt)

Melgaard stellte Bilder echter Hinrichtungen und Kastrationen aus. Brutalität muss brutal sein, Blut blutig, Tod tot – nach diesem Prinzip funktioniert diese tautologische Kunst. Sie ist reizvoll und reizlos zugleich, sie will mit äußerstem Lärm ein tiefinnerliches Echo erzeugen, doch bis auf ein wenig Ekel und Furcht mag sich in den meisten Betrachtern kaum etwas rühren.

Gefühle lassen sich halt nicht erzwingen, niemand kann sie aufmalen, niemand freimeißeln. Gute Kunst kennt keine Befehle der Trauer, keine Kommandos der Freude, dergleichen setzt den Betrachter nur unter Gefühls- und Leistungsdruck. Er meint dann, nun sofort und unbedingt etwas sehr Gravierendes empfinden zu müssen, woraufhin er innerlich erst recht verstummt.

Blanker Zufall allerdings sind Gefühle auch nicht. Zwar folgen nicht alle Menschen denselben Mustern von Reiz und Rührung, der eine mag sich unterfordert fühlen, wo der andere an Überforderung leidet. Dennoch kann der Künstler die eine oder andere Fährte auslegen, die den Betrachter hinausführt auf ein Feld der sinnlichen Sensibilität. Bei Jeff Wall, auf seinem Bild »Geflutetes Grab«, erstreckt sich dieses Feld bis zum Horizont: Alles ist feucht und trübe, ein winterblasser Friedhof, vereinzelte Grabsteine, ungepflegt, verwittert. Vorne im Bild ein Erdhaufen, ein Spaten, ein Regenwürmchen, ein frisch ausgehobenes Grab, aus dessen Tiefen es verwunschen leuchtet. Dort unten gibt es rote Seeanemonen und Seesterne, eine tropische Unterwasserpracht, zum Greifen nah, sehr real, sehr unerklärlich.

Jeff Wall setzt auf die Stärken der Kunst, in den Mitteln wie

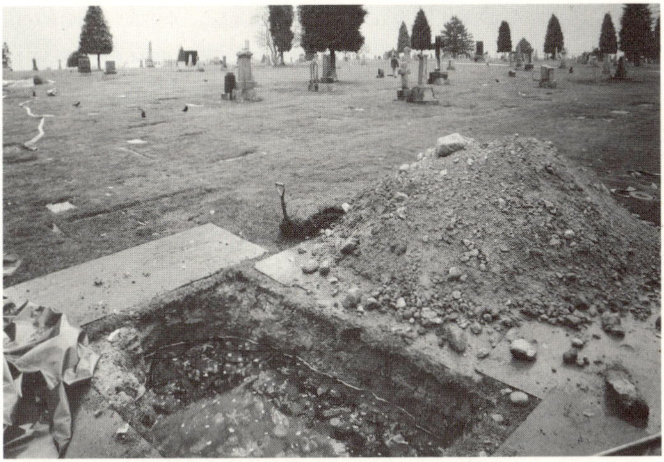

Jeff Wall:
»Das geflutete Grab«,
1998–2000

in den Motiven. Technisch gesehen ist sein Bild ein riesiges Dia, das in einem großen Lichtkasten steckt und von hinten beleuchtet wird. So gewinnt Wall selbst der Novembergräue etwas Pulsierendes ab, und das Seegetier erscheint derart farbenfroh, dass die Augen sich gerne verlocken lassen und angeregt über das Bild wandern. Diese Kunst setzt auf Präsenz, und das heißt auch: Sie fordert vom Betrachter, präsent zu sein, im wortwörtlichen Sinne. In ihrer Lebendigkeit lässt sie sich nur für den erfahren, der sie aufsucht. Kein Buch, keine DVD bietet dafür Ersatz. Und das ist Ich-Kriterium Nr. 2: Gute Kunst entwickelt ihren wahren Reiz erst in der unmittelbaren Anschauung. Sie vermag auch jene Betrachter noch zu überraschen, die das Werk schon aus einer Zeitschrift oder einem Buch kennen.

Nicht selten wirken diese Reproduktionen sehr eindringlich und klar, manchmal sogar stärker als das übergroße Original. Doch gute Kunst zeichnet es aus, dass die Kopie nicht heranreicht an die Komplexität, Farbtiefe oder Detaillierung der Vorlage. Sie ist eben nicht allein auf Fernsicht konzipiert, sie erschöpft sich nicht in ihrer Fotogenität, sondern wünscht sich auch den mikroskopierenden Blick. Nur ein solcher wird das Regenwürmchen bei Jeff Wall erkennen und auch sonst eine Fülle von Details, die das Gesamtbild bereichern.

Doch die Lust am Sehen, an den Farben und Formen, an einem spannungsvoll komponierten Bildaufbau, ist für Wall kein Selbstzweck – Ich-Kriterium Nr. 3. Sie dient vielmehr dazu, den Betrachter in eine Geschichte hineinzuziehen, die es noch gar nicht gibt, weil der Betrachter sie erst noch erfinden muss. Jeder meint, auf so einem Friedhof schon einmal gewesen zu sein, jeder ahnt die Beklommenheit, die Melancholie. Doch lässt Wall mitten in der Tristesse etwas Tropisches aufscheinen, er zieht der Gegenwart die fahle Grasnarbe ab und lässt der Phantasie freien Lauf. Aus der Normalität gleitet das Auge dankbar hinab ins Absurde, und so gehen auch die Empfindungen auf Tauchgang.

Spannungsvoll durchmischen sich die Gefühle – das ist Ich-Kriterium Nr. 4. Gute Kunst bietet nicht helle Freude, nackte Angst, schiere Gewalt, keine Empfindungen in Reinform. Vielmehr erlaubt sie dem Betrachter, sich auf ungesichertes Gefühlsterrain zu begeben. Er darf spüren, was das sein könnte: ätzende Freude, bunte Trauer, wärmende Angst.

Frage 2: Finde ich Gefallen?

Mit ein wenig Herumfühlen ist es also nicht getan. Es braucht ein Gefälle, damit daraus Gefallen wird. Zu viel vom selben erzeugt immer Überdruss. Deshalb ist auch Schönheit, anders als manche meinen, nie die große Harmonie und Vollkommenheit. Kunst muss eine Erwartung aufbauen, ohne diese auch gleich zu erfüllen – das Ich-Kriterium Nr. 5. Ohne die Freude am Entschlüsseln, am Überlegen und Verwerfen hat sich das Kunstglück rasch erschöpft. Nur der Kitsch befriedigt stante pede alle Bedürfnisse, die er weckt.

Erst eine gewisse innere Widersprüchlichkeit sorgt für die nötige Wahrnehmungsspannung, die das Gefällige vom Gefallenden unterscheidet. »Was blos angenehm ist, führet bald eine Sättigung und zuletzt den Ekel mit sich. ... Hingegen fesselt das Unangenehme, das mit dem Angenehmen vermischt ist, unsere Aufmerksamkeit, und verhindert die allzu frühe Sättigung«, schreibt der Philosoph Moses Mendelssohn im 18. Jahrhundert.[108] Ähnlich plädiert sein Kollege Johann Georg Sulzer für eine Kunst, die ihr Publikum nicht unterschätzt: »Handlungen und Unternehmungen ohne Verwicklung haben wenig Reizung. ... Man übersieht gleich im Anfang alles, was dabey zu thun ist, und in der Ausführung selbst geht alles ohne Schwierigkeit fort; man muß nirgend stille stehen, um sich zu bedenken, wie man dem Ziehl näher kommen soll; man trifft keine Schwierigkeiten an, deren Ueberwindung Anstrengung der Kraft erforderte.«[109]

Vielen Kunstwerken fehlt die Komplexität, von der Sulzer spricht. In der zeitgenössischen Malerei zum Beispiel wird häufig auf eine Durchgestaltung von Mittel- und Hintergrund verzichtet, mal werden sie nur angedeutet, mal begnügt sich der Maler mit einer planen Farbfläche. Nur selten findet sich eine räumlich anspruchsvolle Konstruktion, ein spannungsreiches Vor-und-Zurück, eine weitgestaffelte Szenerie. Der Künstler selbst »trifft keine Schwierigkeiten an, deren Ueberwindung, Anstrengung der Kraft erforderte« – und genauso ergeht es am Ende auch dem Betrachter. So schauen zum Beispiel die ruppig zurechtgeschnitzten Holzskulpturen des Bildhauers Stephan Balkenhol oft so ausdruckslos und unbeteiligt in die Welt hinaus, stehen so steif und bieder auf ihren Sockeln, als sollten sie allenfalls ein Gefühl der Wiedererkennung hervorrufen. Selbst wenn sie einmal auf einem Giraffenhals hocken oder ihnen überlange Beine wachsen – »man übersieht gleich im Anfang alles«. Und so sind die Unterschiede zu der großen Digitaluhr von Olaf Nicolai allenfalls quantitativer Art.

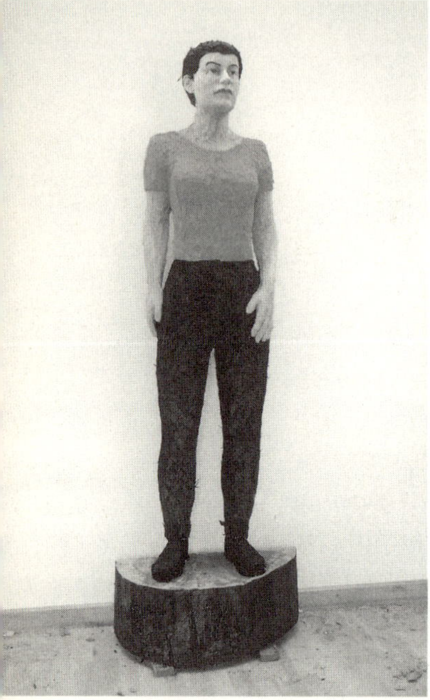

Stephan Balkenhol: »Große Frau mit gelbem Hemd«, 1994

Andere Künstler vermeiden bewusst das Unterkomplexe. Allerdings gestalten sie nicht einzelne Bilder oder Skulpturen besonders vielschichtig und bedeutungsreich, sondern verfolgen eine Strategie der Überfülle. Sie tapezieren ganze Wände mit einzelnen, kleinen Motiven oder formen gewaltige Installationen, in denen Fremdes und Vertrautes zu einer großen neuen Einheit zusammenfinden sollen. Über sieben Meter lang ist die Montage aus über drei Dutzend Bildern, die der Künstler Matthew Day Jackson unter dem Titel »Dance of Destruction« 2006 in der Saatchi Gallery zeigte. Dort hing eine Fotografie der Sphinx in Kairo, überklebt mit dem Gesicht George Washingtons, daneben prangte eine amerikanische Landschaft, daneben eine Reproduktion des »Turmbau zu Babel« von Pieter Breughel, viele weitere Motive folgten. Irgendwie kritisch sollte diese Großcollage sein, doch was und inwiefern kritisiert wurde, blieb rätselhaft. Was komplex erscheinen wollte, erwies sich als eine Ansammlung von Beliebigkeiten. Ein Begleittext der Galerie sprach von »Konglomerat«.

Solche Konglomerate gibt es viele in der Gegenwartskunst, auch bekannte Künstler verfallen gerne auf diese Technik. Der Fotograf Wolfgang Tillmans zum Beispiel präsentiert seine Bilder gern wie Streugut. Er verteilt kleine und große

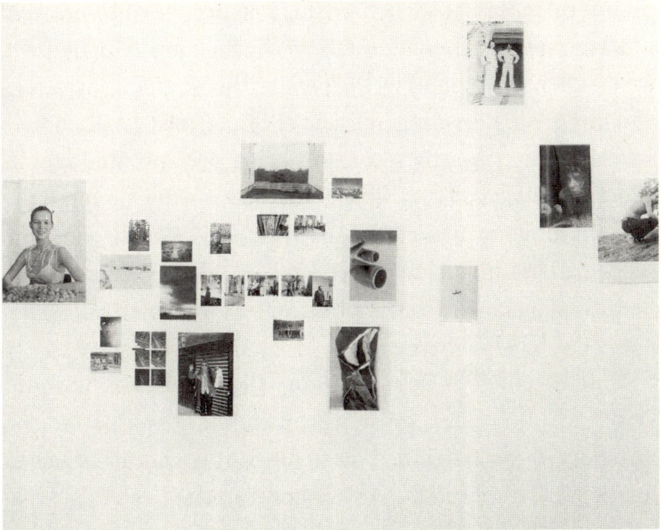

Wolfgang Tillmans: Installationsansicht »I Didn't Inhale«, 1997 (Ausschnitt)

Fotos, Gesichter, Wolken, Äpfel scheinbar wirr auf einer Galerie- oder Museumswand. Für ihn selbst mag sich das zu einem Netz aus Assoziationen und Erinnerungen fügen, für den Außenstehenden bleibt es in vielen Fällen hingestreuselte Willkür. Anders als auf dem Friedhof von Jeff Wall, der die Gegensätze sehr präzise inszeniert, wirkt die Komplexität vieler anderer Künstler diffus und aufgesetzt. Sie bleibt beliebig, weil sie sich nicht dem Verstehen öffnet.

Frage 3: Wird mir die Kunst verständlich?

Kunst muss ein Rätsel sein, ein tiefes Geheimnis, gefeit gegen alle Kräfte des Verstandes – nicht selten ist das so zu hören. Erstaunlich viele Menschen sind der Meinung, dass Kunstwerke irgendwo im Jenseitigen zu siedeln hätten, unerreichbar fürs schnöde Diesseits. Sie müssten unverständlich sein und bleiben, sonst wären sie keine Kunst. Doch ist dieser pseudoreligiöse Anspruch erstens kaum einzulösen und führt zweitens leicht in eine ätherische Weltabgeschiedenheit, wo sie ebenso wenig hingehört wie in die Konfektionswarenabteilung der Konsumgesellschaft. Gute Kunst ist eben kein weichgespülter Mystizismus und keine privatmythologische Esoterik. Zwar verlangt sie Gefühl, nichts wäre sie ohne das Empfindungsvermögen der Betrachter. Zugleich aber will sie begriffen und gedeutet werden. Sie löst im Betrachter das Bedürfnis aus, nicht nur zu fühlen, sondern auch zu verstehen – das Ich-Kriterium Nr. 6.

Nun ist ein Bild kein Lexikonartikel und eine Skulptur kein Sachbuch oder sonst irgendwie eine Form strengrationaler Welterklärung. Wenn die Kunst damit begänne, luzide und verbindliche Antworten zu geben, wenn sie einmünden würde in ein allgemeines Verstehen, dann wäre sie keine Kunst mehr. Doch heißt das im Umkehrschluss nicht, dass sie sich allen Fragen entziehen soll. Manche Künstler sehen das so: Sie meinen, etwas möglichst Verstiegenes und Nebulöses fabrizieren zu müssen, sie flüchten sich auf die Eiseshöhen der Abstraktion oder spinnen sich in einen magischen Symbolismus ein. Was in der Literatur eher die Ausnahme ist – nur selten erscheinen Bücher, die von vorne bis hinten mit Rätselwörtern gefüllt sind –, gilt in der Kunst nicht wenigen als Zeichen von Qualität. So wird zum Beispiel die Künstlerin Hanne Darboven für ihre »Konzentration, Konsequenz und Kontinuität« gepriesen, weil sie »auf tausenden und abertausenden von Blättern … in scheinbar unendlicher Reihung Zahlen und Buchstaben aufgeschrieben hat«.[110] Bewundert wird die Unablässigkeit des Schreibens, Darbovens Systematik und die Strenge, mit der sie ans Werk geht. Was bei so viel »Konsequenz und Kontinuität« allerdings herauskommt, inwiefern sich die beschriebenen

Blätter für den Betrachter erschließen lassen, wird nicht weiter erörtert.

Vor gut 200 Jahren sprach der Philosoph August Wilhelm Schlegel von einem »Mangel an Allgemeingültigkeit«, er beklagte die »Herrschaft des Manierierten, Charakteristischen und Individuellen«.[111] Wer nur seine Träume malt oder aus Hirngespinsten versponnene Installationen macht, landet im Kryptizismus. Wer allerdings umgekehrt alles Subjektive tilgt, alle inneren Widersprüche und Komplexitäten ausräumt, wird lieber gleich Propagandist. Es kommt für einen Künstler nicht darauf an, möglichst viel »Konsequenz und Kontinuität« an den Tag zu legen. Weit wichtiger ist ein Gespür für Balance. Verständlich wird seine Kunst nur, wenn sie im Hallraum des Regelhaften zu eigenen Regeln findet. Sie muss zugänglich bleiben, ohne in Vereinnahmung aufzugehen.

Mit dieser Dialektik spielen zum Beispiel der Künstler Christo und seine Frau Jeanne-Claude. Sie greifen sich ein Stück geregelte Wirklichkeit, eine Brücke, ein paar Inseln oder den Reichstag, um diese für kurze Zeit nach ihren Kunstregeln umzuformen. Für ihre jüngste Kunstaktion 2005 im Central Park von New York mussten sie 26 Jahre lang kämpfen, erst dann waren alle Politiker überzeugt, alle bürokratischen Hemmnisse überwunden, alle Vorschriften erfüllt, und sie konnten mit dem Aufstellen ihrer »Gates« beginnen. Für sie war dieses Anlaufen gegen Widerstände ein integraler Bestandteil ihres Kunstwerks, denn in den Widerständen zeigte sich, wer das Sagen hat, welche Erwartungen, Ansprüche, Zwänge die Wirklichkeit beherrschen. Sie machten die bestehenden Regelwerke sichtbar, um ihre eigenen Regeln kontrastreich davon absetzen zu können.

Auch für Christo und Jeanne-Claude sind »Konsequenz

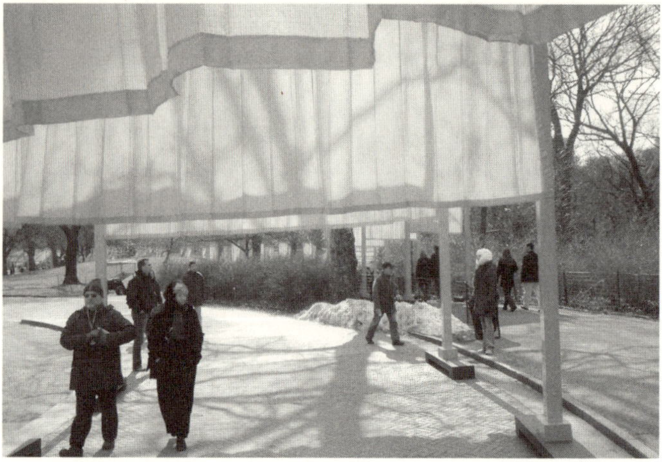

Christo und Jeanne-Claude: »The Gates« im Central Park New York, 2005

und Kontinuität« unverzichtbar, sie gehören zum Wegebahnen dazu und sind also durchaus ein Teil des Kunstwerks. Allerdings werden sie niemals Selbstzweck und auch nicht explizit ausgestellt. Denn münden soll alle Anstrengung am Ende im großen Kunstwerk. Und dieses rückt ab von dem, was vorher war, es will keine Konsequenz, keine Kontinuität, sondern löst sich binnen kurzer Zeit wieder auf. In New York folgten auf die 26 Jahre der Vorbereitung nur 16 Tage der Darbietung, danach wurden die Tore abgebaut.

Es zeichnet gute Kunst aus, dass sie einem klaren Auftrag folgt, sich aber für die Erfüllung dieses Auftrags jede Freiheit nimmt. Das gilt für Fragen der Gestaltung ebenso wie für Fragen des Inhalts: Sie muss ein Thema abstecken und eine eigene Variation dazu finden – das ist Ich-Kriterium Nr. 7.

Christo und Jeanne-Claude setzten im Grunde auf die Wiederholung des Immergleichen. Sie ließen im Central Park rund 7500 Kunststofftore aufstellen, unbeholfene Gestelle, grob verschraubt und auf klobigen Füßen; doch hinein in diese Rahmen hängten sie große Tücher, die frei im

Wind flatterten und schwebten. Dieses leichte Kräuseln, das harte Zurren, das Tändeln, Schlenkern, Treiben wirkte so, als hätten sich lauter monochrome Bilder losgerissen, um endlich ein ungezähmtes Leben zu führen. Was auf Gleichheit und Exaktheit angelegt war, begann sich selbst unendlich zu variieren. Im Wechsel des Sonnenlichts leuchteten die orangefarbenen Tücher mal seidig und geheimnisvoll sanft, mal tief und sommergelb. Die Tore waren karg, geometrisch und rational und standen doch offen für die irrationalen Kräfte von Wind und Licht.

In gewisser Weise spiegelte dieser Gegensatz einen noch größeren: den Park in seinem Verhältnis zur Stadt. Manhattan ist streng unterteilt in ein Schachbrettraster, alles ist Schneise und Kante, und nichts darf sich winden. Auch der Park ist klar umgrenzt, ein schmales, langes Handtuch, 341 Hektar groß. Innerhalb dieser klaren Parkgrenzen geht es hingegen frei und ungezwungen zu, die Landschaft ist hügelig und verwunschen, der schrundige Fels markiert die Gegenwelt zum blanken Beton rundum. Christo und Jeanne-Claude machten sich also die Prinzipien New Yorks zu Eigen, Mikro und Makro fielen bei ihnen in eins.

Das Ideal einer Kunst, die Vielfalt wagt und Einheit sucht, wurde bereits im England des 18. Jahrhunderts intensiv gepflegt. Regelfrommes Formen galt damals als genauso langweilig wie regelloses. Das Monotone war den Künstlern genauso fern wie das Ungebändigte. Sie suchten nach Zwischenformen, ihr Ideal war das Pittoreske, und vor allem die Gärten Chinas und Japans wurden zum Inbild einer Kunst, in der sich Naturhaftes und Menschengemachtes kongenial ergänzen. Nicht mit dem Lineal sollte die Welt beherrscht werden, wie im französischen Garten. Als viel reizvoller galt es, sich auf ein federndes Spiel von Anpassung und Abweichung einzulassen, also auf Prinzipien, wie sie ähnlich auch eine demokratische Gesellschaft prägen, in der Gleichheit herrscht und erst in dieser Gleichheit das Ungleiche möglich wird. Während sich die Kunst heute oft als permanenter Ausnahmezustand geriert, machten es sich die Künstler damals leichter und schwerer zugleich: Sie begannen im Gewöhnlichen und wendeten es sanft ins Ungewohnte, sie suchten das Vertraute, um diesem eine Ausnahme abzugewinnen. Der Betrachter durfte verstehen und in diesem Verstehen sich umso mehr verwundern.

Frage 4: Was gibt mir die Kunst?

Das Verhältnis von Betrachter und Kunstwerk ist immer geprägt von Geben und Nehmen. Nur wer seine Aufmerksamkeit investiert, wer Geduld aufbringt und Zeit opfert, kann reicher werden: Er gewinnt Bilder und Geschichten, wird gestärkt in seiner Einbildungskraft, es wächst das Empfindungsvermögen. Allerdings muss das Verhältnis von Aufwand und Ertrag schon stimmen – das ist Ich-Kriterium Nr. 8. Was bietet ein Kunstwerk für die Mühe, die das Betrachten kostet? Und: Was löst es ein von dem, was die Größe der Gesten und der materielle Aufwand zu versprechen scheinen? Nun lässt sich die Kunst natürlich nicht in ein abstraktes Kosten-Nutzen-Schema pressen. Doch ist es bei einem Roman mit 800 Seiten selbstverständlich, dass er mehr sein muss als die breitgeklopfte Fassung einer 150-seitigen Novelle. Auch in Film, Theater, Oper, Musik wird in aller Regel darüber nachgedacht, welche Längen zumutbar sind und wie sich die Spannung halten lässt. Immer wächst mit dem Umfang auch die Gefahr der Langeweile. Umso erstaunlicher ist es, dass die Werke der bildenden Künste während der letzten Jahrzehnte immer größer und mächtiger geworden sind. Dahinter steckt nicht selten Imponiergehabe. Gerade in den Museen wollen viele Künstler am liebsten einen Raum für sich allein haben, und wenn das nicht möglich ist, dann zumindest eine eigene Wand.

Zudem verstärkt der Markt den Drang zu den Überformaten, denn abstruserweise werden die Preise für Gemälde oft nach Quadratmetern berechnet. Der künstlerische Erlös wächst aber nur selten mit, im Gegenteil, auf den gigantischen Leinwänden scheint selbst Gewichtiges noch zu schrumpfen. Häufig gelingt es den Malern nicht, die weiten Flächen mit einer beziehungsreichen Komposition unter Spannung zu setzen, und so wirkt es meist so, als sollten die Bilder nur deshalb groß sein, um groß zu sein.

Bei den Werken des Malers Michel Majerus ist das besonders ausgeprägt. Seine Motivcollagen erstrecken sich mitunter 10 Meter in die Höhe und 10 Meter in die Breite. Doch gibt es auf vielen dieser Bilder kaum mehr zu sehen als ein paar hilflose bunte Schleifen, dazu vielleicht den Schädel eines Popsängers. Nun könnte man wohlwollend unterstellen, Majerus habe mit dieser Art monumentalisierter Dürftigkeit auf die Hohlheit der Popkultur hinweisen wollen. Dafür hätten allerdings zwei, drei solcher Kolossalbilder völlig ausgereicht. Majerus aber wollte es dabei nicht belassen. Fast immer, wenn er malte, malte er groß – und es interessierte ihn nicht weiter, dass seine Kompositionen ebenso unproportioniert ausfielen wie das Verhältnis von Riesenform und Zwergengehalt.

Immerhin gestaltet sich für den Betrachter die Wahrnehmung der meisten Majerus-Werke nicht sonderlich anstrengend, rasch gleitet der Blick an den Oberflächen ab. Anders ist es da schon bei materialreichen Installationen, etwa bei denen des Künstlers Jason Rhoades, der selbst riesige Hallen mühelos zu füllen versteht. Manchmal sehen seine Installationen aus, als hätte jemand die Bastelkeller der Eigenheime aufgeschlitzt und einfach das ganze Zeug ausgeschüttet, die Eisengestänge, Stromkabel, Abfalleimer, Spielzeugbahnen, Telefone, Leinwände, Nähmaschinen. Im Prinzip müsste der Betrachter mehrere Stunden aufbringen, um alles in diesem Wust zu studieren, jeden Winkel zu erschließen. Doch würde ihm das wenig bringen: Es gibt keine Fronten in dieser Materialschlacht, keine Pfade der Durchdringung. Hier oder dort mag sich eine Assoziation anbieten, doch vom nächsten Gegenstand wird sie bereits dementiert.

In einer gelingenden Installation gehen die Dinge eine Beziehung ein, untereinander und mit dem Betrachter. Es gibt einen Rhythmus, der sich erspüren, eine Struktur, der sich folgen lässt. Bei Jason Rhoades gibt es alles, nur das nicht. Der Betrachter geht leer aus, trotz aller Fülle.

Gute Kunst muss nicht ins Vermessene streben, dort verliert sie sich im Zweifel nur. Außerdem ist es aufwendig genug, nur das Angemessene zu erreichen. Das Thema will umrissen sein, das geeignete Mittel bestimmt, die richtige Größe ermittelt. Welche Geschichte soll sich entspinnen? Reichen dafür ein paar Verse oder muss es ein Wälzer werden? Geht es hinaus auf die Kellerbühne oder soll es der große Opernabend werden? Und was eigentlich sollte sich idealerweise im Betrachter entzünden? Einem Künstler, der ganz für sein Ego lebt, allein der Inspiration verpflichtet, mögen diese Fragen verquer vorkommen. Sein Gegenüber aber, der Betrachter, verlangt nach Austausch, er begibt sich in die Kunst, ebenfalls hoffend auf Inspiration. Da ist die Freude am Sehen, am Wechselspiel von Farbe, Form und Raum das eine. Das andere, das Ich-Kriterium Nr. 9, wäre ein Sehen, das klüger macht.

Gute Kunst lädt ein in den Hintergrund, sie belässt es nicht bei ein paar starken Gesten mit Sofortwirkung, sondern hofft darauf, ein paar Pforten zu öffnen, die in eine tiefere, inhaltliche Diskussion führen. Viele Künstler neigen hingegen zu einer Kunst, die vor allem die Kunsthaftigkeit der Kunst reflektiert, die spezifische Eigenschaft ihrer Medialität. Andere bedienen in ihrem Bedürfnis nach Aufklärung vor allem die gängigen Vorurteile. So nahm sich die Künstlerin Sissel Tolaas vor, die soziale Wirklichkeit Berlins einzufangen, und zwar in Flakons. Sie sprach mit Leuten im Hochhausviertel Reinickendorf über ihre Sucht nach Solarien und McDonald's; dann fuhr sie ins gehobene Charlottenburg und ließ sich von Kaschmir und neuer Bürgerlichkeit erzählen. Anschließend mischte sie die passenden Parfums, das eine roch nach Tankstelle, das andere nach Maiglöckchen. Damit bestätigte sie die ohnehin vorhandenen Vorstellungen von dem, was Armsein und was Reichsein bedeutet. Die Kunst löste kein Nachdenken aus, alle durften sich schnuppernd in ihren Klischees bestätigt fühlen.

Gute Kunst hingegen erschöpft sich nicht in der Originalität ihrer Mittel, sie will fremde Erfahrungsfelder erschließen oder bietet ungewohnte Zugänge zu vertrauten Themen. William Kentridge zum Beispiel erlaubt dem Betrachter gleich auf doppelte Weise ein Sehen, das klüger macht. Zum einen hat er für seine Filme eine sehr eigenwillige Technik entwickelt. Er zeichnet etwas mit Kohle oder Bleistift, fotografiert das Motiv, radiert ein wenig daran herum, zeichnet etwas dazu, macht wieder ein Foto und so weiter, bis sich das Ganze zu einem zuckelnden Film fügt, in dem jedes Bild das vorherige in sich trägt. Manchmal taucht er in diesen Filmen auch selber auf, dann steht er beispielsweise vor einem leeren Blatt, auf dem plötzlich Zahlen erscheinen, Kurven und Sprenkel, noch ehe er den

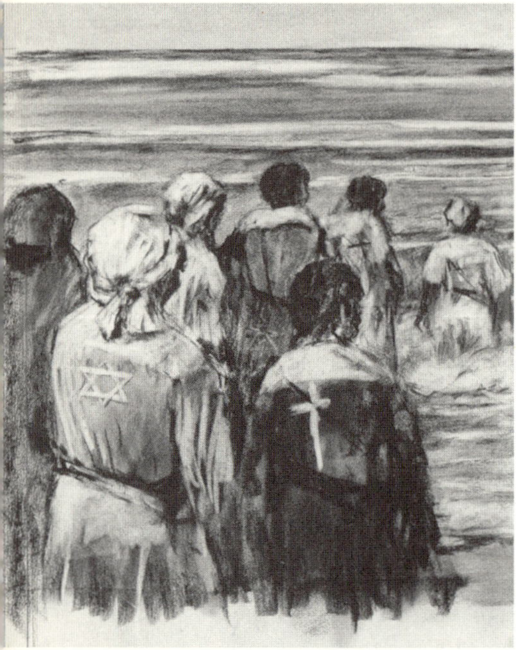

William Kentridge: »Tide Table«, 2003 (Ausschnitt)

Kohlestift aufs Papier setzt. Dann sind plötzlich schwarze Schnipsel zu sehen, die über die Zeichnung schwirren, sich zu einem Ruderer verdichten, der munter über den Papierbogen treibt. Dann ist eine Landschaft zu erkennen, aus der mit einem Mal die Bäume abstürzen, dann erodieren Berge, schließlich hängt aller Kohlestaub am unteren Rand der Zeichnung. Bei Kentridge machen sich die Bilder selbständig, sie sind so ungebändigt, als wäre der Künstler nur ihr hilfloser Dompteur. Der Betrachter spürt das Unausschöpfliche der Zeichenkunst: Alles kann sich aus allem ergeben, nichts ist endgültig.

Doch dieses kluge Spiel mit der Technik, mit den Möglichkeiten der Ein- und Selbstbildung ist für Kentridge nur das eine. Das andere ist sein politisches Wollen, das viele Filme prägt und aus dem reinen Spiel ein bedeutungsreiches macht. Sein tastendes Zeichnen, das ruckelnde Auftauchen und Absinken der Motive, wird zu einem Sinnbild des Erinnerns, einer künstlerischen Annäherung an das Leben unter der Apartheid. Kentridge wurde 1955 in Johannesburg geboren und bekam als Sohn jüdischer Einwanderer schon früh die Ungleichheit im Lande zu spüren. In vielen Filmen erzählt Kentridge von blutigen Schlachten und rasendem Unrecht, von der Macht des Geldes und von der haltlosen Kunst. Selten nur werden seine Bilder propagandistisch, meistens gelingt ihm die Balance, den Betrachter für seine Kunst einzunehmen, ohne ihn politisch zu agitieren. Kentridge liebt es, seine Filme beiläufig aus dem Alltäglichen ins Absurde gleiten zu lassen, um gleich darauf wieder im Vertrauten auftauchen. So entkommt er dem falschen Pathos und den üblichen Klischees, auch den Fallen der Selbstbespiegelung. So ermöglicht er ein Sehen, das klüger macht.

Frage 5: Auf ein Wiedersehen?

Gute Kunst verlangt nach mehr. Sie hält den Betrachter, stärkt seine Neugier, sie bewegt ihn zum Wiederkommen, zum Nach- und Weitersehen. Das ist Ich-Kriterium Nr. 10. Nicht wenige Menschen gehen an einem Bild, das sie bereits kennen, einfach vorbei. Sie hätten es doch schon gesehen, sagen sie. Bei einem guten Bild allerdings erschöpft sich das Sehen nicht beim Erstkontakt, im Gegenteil, die Wiederbegegnung wird zum Reiz, auch weil der Betrachter nie weiß, ob sich sein Sehen im Wiedersehen verändert.

Natürlich stellt sich diese Frage nicht, wenn ein Kunstwerk vor allem aus grellen Effekten besteht. Das Gemüt stumpft ab bei Überreizung, was eben noch als Schock empfunden wurde, wird gleichmütig hingenommen. Ähnlich verpuffen Bilder, mit denen der Künstler quasi tagesaktuell auf das Weltgeschehen einwirken möchte. Ihre Dringlichkeit ist von ähnlicher Dauer wie die der Glatteiswarnung von voriger Woche.

Es bedarf subtilerer Techniken, um die Gefühle des Betrachters wach zu halten. Oft sind es Bilder oder Skulpturen, die auf den ersten Blick eher unscheinbar wirken und deren Vielfalt sich erst bei näherem Hinsehen entdecken lässt. Sie wollen nicht um jeden Preis auffallen, sie vertrauen auf die visuelle Intelligenz des Betrachters, auf seine Ausdauer ebenso wie auf seine Lust an einer gewitzten Ikonographie. Oft siedeln sie im Konkreten, führen hinaus ins Allgemeine. Sie beleben den Kunstsinn und ebenso den Sinn, öffentlich über den Kunstsinn zu streiten.

Am Ende bündelt sich im Ich-Kriterium Nr. 10 all das, was der Betrachter in seiner ästhetischen Erfahrung, seinem Abklopfen der anderen Ich-Kriterien, für sich gewinnen konnte. Verlangt es mich, dieses Kunstwerk wiederzusehen? Auf diese Frage wird es ein Ja nur geben, wenn das Werk die meisten der genannten Qualitätsmerkmale aufweist.

1. Es rührt mein Kunstgefühl.

2. Das Original bietet mehr als die Reproduktion.

3. Das Spiel der Formen und Farben ist kein reiner Selbstzweck.

4. Sondern löst in mir unvertraute, gemischte Gefühle aus.

5. Dank dieser Gefühle baut sich eine Erwartung auf.

6. Zu dieser Erwartung gehört, das Kunstwerk nicht allein fühlen, sondern auch verstehen zu wollen.

7. Mir wird verständlich, welches Thema das Werk aufgreift und dass es zu diesem Thema eine eigene Variation findet.

8. Die Kunst inszeniert dieses Thema mit einem Aufwand, der in einem produktiven Verhältnis zum Ertrag steht.

9. Das Kunstwerk bereichert mich.

Und so bleibt es mir – 10. – im Gedächtnis und macht mich neugierig auf ein Neu- und Weitersehen.

PHASE 2: AUF DAS BEWERTEN KOMMT ES AN!

WIE SICH GEMEINSAM BESSER ÜBER DIE QUALITÄT DER KUNST URTEILEN LÄSST – EINE AUSEINANDERSETZUNG IN FÜNF KATEGORIEN

Und was dann? Das Ich hat gesehen, hat betrachtet, hat erfahren, was sich zwischen ihm und der Kunst ereignet, ob sie ein Gefühl weckt, Spannung erzeugt, ein Bild aufruft. Doch welcher Weg führt nun von der ästhetischen Erfahrung zum ästhetischen Urteil?

Um zu verstehen, was die Kunst zur Kunst macht – welche Erfahrungen also der einzelne Betrachter mit anderen Betrachtern teilen kann –, muss sich der Blick erst heben. Es braucht Abgleich und Austausch, eine breitere Einschätzung. Diese gewinnt der Betrachter erst, wenn er das eine Werk neben andere Werke hält, wenn er versucht, es einzuordnen ins allgemeine Kunstgeschehen und in die Kunstgeschichte. Das mag man für selbstverständlich halten, ist aber kein besonders einfaches Unterfangen.

Über ein einzelnes Kunstwerk mögen die Rezipienten noch angeregt debattieren, jeder kann seine Einschätzung dem anderen mitteilen. Weit schwieriger ist es, die Kunstwerke des einen Künstlers mit den Kunstwerken eines anderen Künstlers zu vergleichen. Das liegt vor allem daran, dass die meisten Künstler für sich in Anspruch nehmen, allein den eigenen Maßstäben zu folgen. Sie wollen sich nicht festlegen auf irgendeine Gattung oder Rolle, ihre Kunst soll ganz für sich stehen. Ein jeder will unvergleichlich sein, das aber macht alle gleich. Und so herrscht eine Art Egalitarismus des Gegensätzlichen. Der Begriff Kunst soll nichts und niemanden ausschließen, alles soll sich mit allem frei kombinieren lassen.

Treuherzig folgen die meisten Ausstellungen diesem Prinzip, und so fühlt sich der Betrachter mitunter wie auf einem Konzert, bei dem nacheinander der Rapper Eminem, der Komponist Karlheinz Stockhausen und der Schnulzengeiger André Rieu die Bühne betreten. Anschließend soll dann eine Jury den Besten der drei ermitteln.

In der Musik erspart man sich dergleichen. Trotz vieler Transfers, Durchdringungen, Crossover-Maßnahmen wird doch anerkannt, dass es unterschiedliche Podien, unterschiedliche Öffentlichkeiten, unterschiedliche Ideen gibt. In der Kunst hingegen ist das Absurde alltäglich: Ob beim Turner-Prize in London oder bei dem Preis der Nationalgalerie in Berlin – überall glaubt man an das Vergleichbare des Unvergleichlichen. In der großen Art-Family mag niemand aus- und abgrenzen, auch wenn die Folgen nicht eben erfreulich sind: Wo alles gleich gültig ist, dominiert die Gleichgültigkeit. Der Überdruss, den viele in der Szene beklagen, stammt aus eigener Herstellung: aus der allgemeinen Unlust am Unterscheiden.

Geschwunden ist das Bewusstsein für die vielen verschiedenen Spielfelder der Kunst. Ihre Spielarten werden zwar immer vielfältiger, von der Vielfalt ihrer Aufgaben und Eigenschaften ist hingegen nur selten die Rede. Es wird nicht gefragt, welche Funktionen ein Kunstwerk eigentlich erfüllen soll, denn das verstieße ja gegen das Autonomiegebot.

Weiterhin gilt das Museum mit seinen Ausstellungen als die wahre Bestimmung der Kunst. Wenn sie profaneren Zwecken dient, wird das gern voller Geringschätzung betrachtet. Sofabild ist ein Schmähwort, denn ein Wohnzimmer zu schmücken, soll nicht die Aufgabe der Kunst sein. Sonntagsmaler ist ein Schmähwort, denn die Menschen zu eigenen Bildern anzuregen, soll nicht die Aufgabe der Kunst sein. Gebrauchskunst ist ein Schmähwort, denn das Alltägliche zu bereichern, soll nicht die Aufgabe der Kunst sein. Noch immer wird sie festgelegt auf das Hohe und Uneinholbare.

Wer die Perspektive wendet, wer nicht die Künstler und ihre Institutionen in den Fokus nimmt, sondern den mündigen Betrachter, wird die Sache anders sehen. Da erfüllt die Kunst dann viele Aufgaben: Den einen beschert sie einen schönen Sonntagnachmittag, anderen ist sie ein Gesellschaftsspiel, dritten wird sie zur Existenzfrage. Manche suchen in ihr einen Ort der Offenheit und Verunsicherung, andere hoffen auf eine Zuflucht für ihre Sehnsüchte und Ängste. Fast jedes Kunstwerk übernimmt solche Funktionen, und folglich lässt es sich auch klassifizieren. Ähnlich wie in der Literatur oder im Theater gibt es auch in der Kunst Boulevardstücke, Frauenbücher, Lyrik, Tragödien oder Historienromane. Oft erfordern sie auch einen spezifischen Aufführungsrahmen: Es gibt Kunstwerke, die der Intimität eines Wohnraums bedürfen, andere sind programmiert auf die Schnelldurchläufe einer Biennale, dritte entwickeln ihre Wirkung erst in den weißen Räumen des Museums. Wer um diese Unterschiede weiß, dem fällt es weit leichter, sich ein Urteil zu bilden.

Das mögen manche Künstler als Einschränkung empfinden, sie wollen, dass ihre Kunst frei bleibt von allen Anforderungen. Sie soll auch nicht eingeordnet werden in irgendwelche Klassifikationssysteme. Allerdings wird bislang ebenfalls klassifiziert, wenngleich nicht unbedingt nach inhaltlichen Gesichtspunkten. Es wird unterschieden zwischen Laien- und

Profikunst, zwischen Künstlern mit und ohne Galerie, zwischen gut- oder schlechtverkäuflicher Kunst. Wenn ein Bild hohe Preise auf den Messen und Auktionen erzielt, erfüllt es damit ebenfalls eine Funktion: Es belebt die Hoffnungen auf Reichtum und wird zum begehrten Statusobjekt. Manche erfreut das, andere meinen, die Kunst werde ihrer Funktion nur gerecht, wenn sie sich der Marktfunktion verweigere. Ähnliches lässt sich für das Museum sagen: Besonders am Readymade zeigt sich, wie funktionalistisch dort mitunter verfahren wird. Aufgenommen werden nur solche Alltagsgegenstände, die zuvor noch nicht musealisiert worden sind, es herrscht das Klassifikationssystem der Sammlung.

Was also sollte dagegen sprechen, sich jenseits der Markt- und Museumslogik nach möglichen neuen Kategorien umzuschauen? Für manche Künstler könnte es sogar befreiend wirken, nicht länger auf den Markt oder das Museum fixiert zu sein – und vor allem, nicht mit jedem Werk einem absoluten Kunstbegriff genügen zu müssen. Die bislang übliche Erwartung, jedes Bild, jede Skulptur müsse die Kunst als solche voranbringen und nach Möglichkeit alle Kunsteigenschaften auf sich vereinigen, führt nicht selten zu den beschriebenen Erscheinungen der Selbstlähmung. So wenig wie ein Schriftsteller mit einem neuen Buch die Weltliteratur als solche befragen oder sogar neu begründen muss, so wenig braucht auch ein Maler die Kunstgeschichte umzuwälzen. Es reicht fürs erste, wenn er für sich klärt, was er mit einem Bild möchte, welche Wirkungen er sich von diesem erhofft, welche Funktion es erfüllen soll.

Fünf mögliche Kategorien sollen hier diskutiert werden: Vergnügungskunst, Gewaltkunst, Alltagskunst, Wohlfühlkunst und Erkenntniskunst. Welches Kunstwerk nun in welcher dieser Kategorien am besten aufgehoben sein könnte, wird natürlich niemand endgültig bestimmen können oder wollen. Doch allein die Diskussion darüber erweist sich als durchaus produktiv, wenn es darum geht, Wert und Bedeutung eines Werks zu klären. So sind die Kategorien auch keine Schubladen, um die Kunstwelt endlich aufzuräumen und sicher wegzuschließen. Im Gegenteil, sie sollen etwas öffnen, sie sollen das Gespräch der Betrachter über ihre unterschiedlichen ästhetischen Erfahrungen erleichtern. Die Kategorien bilden dafür den Rahmen. Erst in diesem lassen sich die vermeintlich unvergleichlichen Werke aufeinander beziehen, und sehr viel leichter ergeben sich Maßstäbe der Beurteilung. Die Betrachter können gemeinsam nach der Funktion eines Kunstwerks fragen und danach, ob und wie es dieser Funktion gerecht wird. So beginnt die Phase 2 der Kunstbetrachtung: Auf die ästhetische Erfahrung folgt die urteilende Verständigung.

1. Witz komm raus – Kunst ist Vergnügen

Irgendwo in den Hinterköpfen ist das Schillerwort vom ernsten Leben und der heiteren Kunst noch abgelegt. Doch kaum jemand würde ins Museum gehen, weil er hoffte, dort auf besonders ausgeprägte Formen von Ironie und Satire, Travestie und Parodie, von Sarkasmus, Spott oder Zynismus zu treffen. Die Kunst ist kein Witz, sie hat etwas Stolzes und Schönes und Ernstes zu sein – dieser Nimbus umgibt sie noch immer. In der Musik, der Literatur oder im Film gehört das Vergnügen ganz selbstverständlich dazu; in der Kunst aber gilt oft das protestantische Ethos von Arbeit und Anstrengung. Kunst muss wahr sein, und das Wahre ist nicht lustig.

Schon Kant hält das Unterhaltsame für etwas, das zwar angenehm sei, doch kaum mehr als »bloße Empfindungen«

auslöse. »Angenehme Künste sind die, welche bloß zum Genüsse abgezweckt werden; dergleichen alle die Reize sind, welche die Gesellschaft an einer Tafel vergnügen können: als unterhaltend zu erzählen, die Gesellschaft in freimütige und lebhafte Gesprächigkeit zu versetzen, durch Scherz und Lachen sie zu einem gewissen Tone der Lustigkeit zu stimmen, wo, wie man sagt, manches ins Gelag hinein geschwatzt werden kann, und niemand über das, was er spricht, verantwortlich sein will, weil es nur auf die augenblickliche Unterhaltung, nicht auf einen bleibenden Stoff zum Nachdenken oder Nachsagen, angelegt ist.«[112] Noch strenger sehen es später die Philosophen Theodor W. Adorno und Max Horkheimer: Es sei dem »Amusement immer schon das geschäftlich Angedrehte anzumerken, der sales talk, die Stimme des Marktschreiers vom Jahrmarkt«, schreiben sie in ihrer *Dialektik der Aufklärung*. Ihnen scheint Vergnügen unvereinbar zu sein mit jeder Art von kritischem Denken, denn »Vergnügtsein heißt Einverstandensein«, ein Topos, der immer wieder gern zitiert wird. »Vergnügen heißt allemal: nicht daran denken müssen, das Leiden vergessen, noch wo es gezeigt wird. … Es ist in der Tat Flucht, aber nicht, wie es behauptet wird, Flucht vor der schlechten Realität, sondern vor dem letzten Gedanken an Widerstand, den jene noch übriggelassen hat.«[113]

Bei einem Rundgang durch die Gegenwartskunst würden Adorno und Horkheimer in all ihrer Strenge wohl noch gestrenger. Vieles müsste hinfort auf den Müllhaufen der Geschichte. Denn von Würde und Pathos und schwerer Welthaltigkeit ist nur wenig zu erblicken. Die meisten Künstler haben sich von der alten Rolle des Sinn- und Bedeutungsstifters emanzipiert. Sie wollen den Erwartungen nicht entsprechen, wollen nicht bekehren und nicht läutern. Lieber versuchen sie sich im Unterhaltungsfach, ihre Kunst soll kurzweilig sein und humorvoll. Es gibt Neo-Dada und Neugaga, viel kindlich Verspieltes und kindisch Verdrehtes. Manche geben sich auch mit ein paar visuellen Kalauern zufrieden. Sarah Lucas zum Beispiel hat es gern zotig. Mal bastelt sie aus lauter Zigaretten einen Christus am Kreuz und nennt die Skulptur, offenbar in Anspielung auf eine eigene Nikotinsucht: »Christ You Know It Ain't Easy.« Ein anderes Mal beklebt sie eine raketenähnliche Hohlform mit lauter Werbezetteln von Pizzalieferanten, legt sie auf ein umgekipptes Motorrad und nennt das Ganze: »All We are Saying, is Give Pizza a Chance« – als Anspielung auf einen alten Friedenssong von John Lennon. Auch Wim Delvoye pflegt solche eingängigen Belustigungsstrategien, betreibt dafür aber nicht selten gewaltigen Aufwand. So ließ er einen riesigen Zementmischer aus Teakholz anfertigen, über und über mit asiatischen Ornamenten versehen. Gleich mehrere indonesische Kunstdrechsler hatten elf Monate lang damit zu tun. Das Werk soll schön skurril und angenehm absurd wirken und nebenher auch noch jene ärgern, die etwas gegen Tropenholz und Billigarbeit haben, gegen die Ausbeutung von Natur und Mensch. Wer protestiert, ist automatisch als Spaßverderber und Kunstspießer enttarnt. Selbst gegen das krasse Missverhältnis zwischen Erstellungsaufwand und Vergnügungsertrag lässt sich kaum etwas einwenden – das Werk steht ja im Schutzraum der Ironie. Mit dem Hinweis, es sei doch nicht ernst gemeint, sondern spotte allen Maßstäben, lässt sich fast jede Maßstabslosigkeit rechtfertigen.

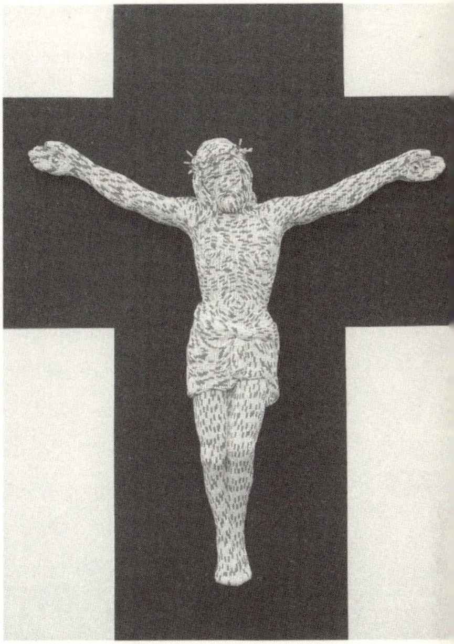

Sarah Lucas:
»Christ You Know It Ain't Easy«, 2003

Das ist die Kehrseite der vergnüglichen Kunst: Dank ihrer immunisieren sich viele Künstler gegen Bewertung und Kritik. So verlegten sich etwa die Maler Werner Büttner und Albert Oehlen in den 1980er Jahren gerne auf sarkastische Großformate wider den bürgerlichen Mief und die akademische Schönheitspinselei. Das mochte anfangs den Reiz der ungewohnten Lockerheit haben, wurde allerdings selber bald akademisch. Ihr absichtsvoll ruppiger Malstil, ihre auf Aktualität getrimmten Motive zeigten nur solange eine provokativ-heitere Wirkung, wie es noch klar konturierte Feindbilder gab: eine feinmalerische, ewigkeitserpichte Kunst. Mittlerweile hat sich das freie Blödeln und Herumdilettieren so weit verbreitet, dass sich meist nicht mehr unterscheiden lässt, ob etwas ironisch gemeint oder einfach nur handwerklich schlecht gemacht ist. Was einst spöttisch gemeint war, wirkt allenfalls noch unfreiwillig komisch. Dennoch halten viele Künstler an ihrer Ironisierungsmethode fest. Werner Büttner malt Bilder wie »Der Blick durch den Käse«, auf dem zwei riesige Käsescheiben zu sehen sind, durch eins der Käselöcher blickt ein Mann. Das mag als kleine aktuelle Zeitungskarikatur amüsant sein, in Öl gemalt und auf ein Format von fast vier Quadratmetern gebracht, ist es auf monumentale Weise kümmerlich.

Sein Kollege Oehlen scheint derweil in den nackten Zynismus abgerutscht zu sein, er manscht seine Bilder sorglos zusammen, wissend, dass sich eh alles gut verkaufen lässt; noch immer zehrt er von der Aura des Rebellischen. Doch ironische Kunst ist nur dann gut, wenn sie sich nicht damit zufrieden gibt, einen falschen Idealismus abzuräumen. Sie muss von eigenen Idealen getragen sein, ansonsten verkommt sie rasch zur bloßen Attitüde.

Der Betrachter muss die Ironie also nicht unbedingt

ernster nehmen als die Künstler selbst. Es kommt durchaus häufig vor, dass ein Werk nachträglich als ungemein ironisch bezeichnet wird, obgleich es eigentlich nur verrutscht oder missraten ist. Im Zweifel braucht also nicht alles unter Ironieverdacht und -schutz gestellt zu werden. Humor in der Kunst soll ja gerade unnötige Ehrfurcht auflösen und nicht neue erzeugen. Und selbst wenn ein Künstler sich als großer Spötter erweist, lässt sich immer noch diskutieren, ob sein Spott wirklich beißend ist oder eher wohlfeil.

So ist zum Beispiel Skepsis angebracht, wenn ein Kunstwerk seinen Witz vor allem dem Werktitel verdankt, wenn also Bild, Skulptur oder Aktion erst per Beipackzettel verlustigt werden müssen. Dann handelt es sich meistens um das, was man im Englischen einen One-liner nennt, einen schnellen, deftigen Witz, der in einer Zeitschrift auf der Karikaturenseite bestens aufgehoben wäre, im Museum aber rasch langweilt. Das gehört zu den Grundproblemen aller Schmunzelästhetiker: Das Lustige verträgt in der Regel keine Dauer, es will nicht in Öl gemalt und im gravitätischen Museumsrahmen betrachtet werden. Über einen One-liner kann man einmal lachen und kein zweites Mal, selbst ein guter Witz hat sich schnell aufgebraucht.

Manchmal allerdings gelingt es Künstlern auch, etwas von der nötigen Beiläufigkeit und Spontaneität in die Kunst hinüberzuretten. In den heiteren Wimmelbildern, wie sie etwa Jan Steen im 17. Jahrhundert malte, werden dem Betrachter so viele kuriose Begebenheiten, Nebengeschichten und Details erzählt, dass sich eine Pointe an die nächste reiht, immerzu scheint sich Neues zu ereignen. Später wurde diese Art von gemaltem Aktionismus von den Künstlerbewegungen Dada und Fluxus als Performance fortentwickelt, und bis heute halten sich Gruppen wie Gelitin (vormals Gelatin)

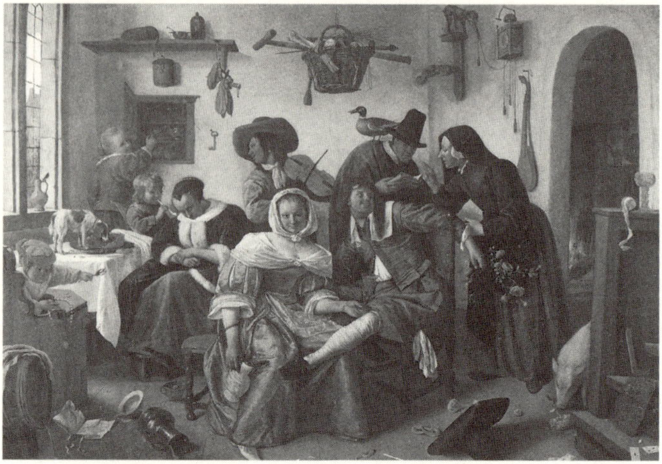

Jan Steen: »Die verkehrte Welt«, 1663

an dieses Grundprinzip. Mal gehen sie in Venedigs dreckigen Kanälen baden, mal fahren sie halbnackt auf Mofas die weite Strecke von Wien nach Sofia.

Auch solche Streiche und Überdrehtheiten lassen sich für den Betrachter recht einfach bewerten. Er muss sich nur fragen, wer dabei eigentlich mehr Spaß hat – er oder der Künstler. Meistens ist es eindeutig der Künstler, denn für den Betrachter besteht die ganze Kunst in ein paar mehr oder weniger lustigen Fotos.

Solche dokumentierten Späße zünden eigentlich nur dann, wenn ein klares Spaßopfer auftaucht, eines, das der Betrachter kennt, am besten der Künstler selbst. Bei Andreas Slominski oder Martin Kippenberger lässt sich das beobachten, auch Christian Jankowski gelingen immer wieder verspielte Formen der Selbstironie. Er wendet die Bedeutungshuberei der Kunstwelt ins Absurde. Als er 1999 zur Biennale nach Venedig eingeladen war und partout nicht wusste, was er dort zeigen sollte, rief er einige der in Italien sehr beliebten TV-Wahrsager an und fragte sie, ob ihm ein gutes Werk gelingen und er viel Anerkennung finden werde. Alle prophezeiten ihm eine große Zukunft – und behielten Recht, denn der abgefilmte Dialog zwischen radebrechendem Künstler und wortreichen Kartenlegern sorgte auf der Ausstellung für allgemeine Erheiterung. In der abstrusen Konfrontation erkannte die Kunstgemeinde lachend sich selbst und das eigene pseudomagische Gehabe, das aus einem Künstler subito einen Jungstar macht und aus Nichtigkeiten Meisterwerke. Auch einen echten Magier hat Jankowski – als ironisches Künstlerebenbild – schon ein paar Mal engagiert. Der ehemalige Assistent von David Copperfield verzauberte bei einer Vernissage das Publikum in eine Herde Schafe, die blökend und ein wenig ängstlich die weißen Räume durchzottelte, oder verwandelte den Kunstvereinsdirektor in einen blasiert dreinblickenden Pudel. Die alte Hoffnung der Avantgarde, dass sich mit und in ihren Bildern die Welt verwandeln könne, wird in solchen Aktionen ins Aberwitzige gewendet.

Allerdings erreichen solche Kunstscherze über Kunst auch schnell ihre Grenze: dort, wo sie nur noch dem Eingeweihten verständlich sind und dem breiten Publikum erst mühsam erklärt werden müssen. Zum Beispiel plante Maurizio Cattelan einmal eine Karibische Biennale, bei der nur teilnehmen sollte, wer garantiert nichts ausstellen würde – das war weder sonderlich subtil, noch besonders amüsant und wurde außerhalb der Szene auch nicht weiter registriert.

Catellan ist sonst eher bekannt für deftige und sehr publikumswirksame Witze: Er inszenierte Papst Johannes Paul II. als Wachsfigur, von einem Meteoriten erschlagen, oder ließ eine kleine Hitlerfigur wie einen Schulbub auf dem Museumsfußboden knien. Andere Künstler meinen, lustig sei, was lustig anzusehen ist: Thomas Grünfeld zum Beispiel bastelt gerne Mischwesen, eine Katze mit Fuchskopf oder eine Kuh mit Straußenbeinen, die auch in jedem Kuriositätenkabinett gern gesehen wären. Ottmar Hörl transportierte 10 200 Plastikeulen nach Athen, eingefärbt in den olympischen Farben anlässlich der Olympischen Spiele 2004, um so dem alten Ausspruch von den nach Athen getragenen Eulen eine »überraschende Variante« abzugewinnen, wie er sagte. Nicht selten schlägt das vermeintlich Ironische auch um in nackten Zynismus, etwa bei Zbigniew Libera, der 1996 einen Bausatz aus Lego-Steinen für ein Konzentrationslager vorlegte.

Für die Kunst des Humors empfiehlt es sich offenbar, nicht die Extreme, sondern eher die Mitte zu suchen: nicht zu simpel und direkt zu sein, nicht zu verrätselt, nicht zu selbstgerecht, nicht zu konstruiert. Oft ist ein Vergnügen besonders vergnüglich, wenn es sich nicht selbst als Witz oder Groteske annonciert, sondern eher im Anarchischen siedelt oder im Abstrus-Alltäglichen. Pippilotti Rist zum Beispiel zeigt in ihrem Videofilm »Ever ist Over All« von 1997 eine Frau, die langsam und ganz unbescholten an einer Reihe parkender Autos vorbeigeht, in der Hand eine Lilie. Dann schlägt sie plötzlich mit der (offenbar aus Metall gefertigten) Lilie die Autoscheiben ein, ganz lässig, nur zum Vergnügen; eine Polizistin geht vorüber, freundlich grüßend.

Ähnlich wohnt auch auf den Fotos von Anna und Bernhard Blume das Groteske im Selbstverständlichen. Inmitten eines kleinbürgerlichen Ambientes proben die Künstler den Aufstand, Stühle kippen, der Perserteppich rotiert, Kartoffeln lernen das Fliegen, Vasen rauschen wie Ufos durch die Pressspanmöbelwelt. Das könnte billiger Klamauk sein oder saure Spießerkritik, die Blumes belustigen sich aber nicht hämisch über Blümchendecke und Kissen mit Schlag, sie werden selbst zu Spießern, schlüpfen in deren Kostüme und freuen sich an den Abenteuern der Entfesselung.

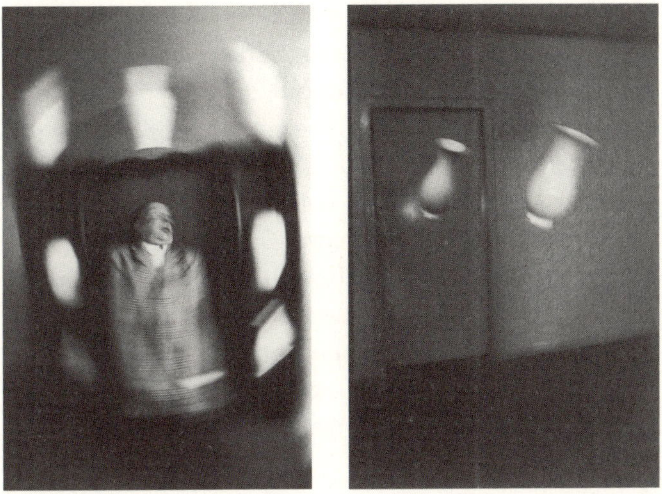

Anna und Bernhard Blume: »Vasenekstase«, 1987 (Ausschnitt)

So besteht die hohe Kunst der Vergnügungskünstler oft darin, das Schwere schweben zu lassen. Nicht irgendwelche Pointen hinzuzwirbeln, das wäre Karneval, sondern dem tiefen Ernst eine feine Leichtigkeit abzugewinnen. Manchmal reicht es schon, ein paar heitere Wörter auf eine dunkle Wand zu werfen, so wie in der Installation des Künstlerduos Peter Fischli und David Weiss »Findet mich das Glück«. Kurz leuchten ein paar Fragen auf und verschwinden dann wieder, als hätte der Betrachter sie nur geträumt: »Ist meine Dummheit ein warmer Mantel?«, »Warum sind die Sterne so unordentlich verteilt?«, »Fährt nachts meine Seele ohne Auspuff in der Gegend herum?«, »Spinnt die Spinne mit Gefühl?«

Die beiden Künstler sind leidenschaftliche Spieler, auch das gehört zu guter Vergnügungskunst, ebenso wie ein präzises Gespür für Spannung, für Verzögerung, Beschleunigung, kurz für »Den Lauf der Dinge«. So heißt einer ihrer bekannten Videofilme: Da purzeln Müllsäcke, rauchen Blechdosen, da rollern Autoreifen, und immer zieht das Rotieren des einen gleich das Rutschen des Nächsten nach sich, ein Dominospiel mit entfesselten Gießkannen und Malerquasten. Gebannt schauen die Betrachter zu, hoffend, die Kette möge niemals reißen. Sie freuen sich über die Funken, den Knall, das ungestüme Brodeln und zugleich darüber, dass all das Wilde hier so großartig domptiert seine Rolle spielt und ein Effekt stets den nächsten zeugt. Das hat etwas Großes und ebenso etwas wunderbar Groteskes – aus diesem Gegensatz speist sich die Komik. Diese Art von Vergnügungskunst ist nicht schillernd und nicht locker, nichts für eine ironiegestählte Gesellschaft, für die Immer-Fitten und Dauerlächler. Sie ist präzise und aufreizend unprätentiös, in einer fast nebensächlichen Weise hochdramatisch.

2. Wahre Schrecken – Kunst wird gewaltsam

Immer war Langeweile der größte Feind der Kunst. Und langweilig war vor allem das Vollkommene, die große Befriedung, die Harmonie. Natürlich hatte auch das Schöne seinen Platz, das Schreckliche aber blieb eine große Faszination: berühmt Matthias Grünewalds Christus am Isenheimer Altar, der Leib verzerrt, zerstochen, aufgeschlitzt; bewundert das »Floß der Medusa« von Théodore Géricault, lauter Tote, Nackte, Verzweifelte; bestaunt die »Schrecken des Krieges« von Francisco de Goya, Bilder von Mördern und Henkern.

Viele Künstler der Gegenwart setzen diese gute alte Tradition fort, die zurückreicht bis in jene Zeit, in der mit Kunstwerken das Böse gebannt und das Wilde gezähmt werden sollte. Allerdings ging es keineswegs immer um existentielle Nöte, das Dunkle hatte oft auch den Kitzel des Unterhaltsamen. Bis heute ist Gewaltkunst häufig nur eine Unterform der Vergnügungskunst, man denke an die vielen Fernsehkrimis und Abenteuerromane. »Wo wir also eine beständige Spannung der Kräfte fühlen, die allmählig ihre Würkung erreichen, da empfinden wir auch Vergnügen«, schrieb schon Johann Georg Sulzer vor gut 250 Jahren.[114]

Allerdings ist Gewalt nur solange vergnüglich, wie sie nicht ungefiltert daherkommt, darauf wies etwa zur selben Zeit Gotthold Ephraim Lessing hin. Er schilderte am Beispiel der antiken Laokoon-Skulptur, wie wichtig es sei, dass ein Künstler die reale Brutalität mildert und selbst dem verzweifelten Kampf der drei Männer gegen die Seeschlange noch eine Schönheit abgewinnt. »Er mußte Schreien in Seufzen mildern; nicht weil das Schreien eine unedle Seele verrät, sondern weil es das Gesicht auf eine ekelhafte Weise verstellet.« Lessing war es wichtig, dass eine gewaltsame Darstellung nicht die nackte Schaulust des Betrachters weckt, ihn nicht zum Voyeur macht, ihn auch nicht anwidert oder abstößt, sondern ihn zum Mitleiden befähigt. Dafür müsse ein Kunstwerk »Schönheit und Schmerz zugleich« zeigen, ansonsten käme dabei nur etwas heraus, von dem »man gern sein Gesicht verwendet, weil der Anblick des Schmerzes Unlust erregt«.[115]

Heute geht es vielen Künstlern um eben diese Unlust. Sie wollen Leiden zeigen und den Betrachter leiden sehen. Es klafft die Wunde, es rinnt das Blut, das Elend soll unmittelbar sein. Deshalb zieht Thomas Hirschhorn Fotos von verstümmelten Menschen, Kriegsverletzungen und Folterungen aus dem Internet und präsentiert sie in wüsten Collagen. Deshalb zeigt Sigalit Landau in einem Videofilm, wie sich ein Hula-Hoop-Reifen aus Stacheldraht langsam in den Bauch einer Frau gräbt. Deshalb schneidet sich Valie Export vor laufender Kamera mit einem Messer in die Nagelhaut, bis das Blut nur so spritzt. Die Bilder sollen brennen. Dabei aber bleibt es dann auch meistens.

In nur wenigen Gewaltkunstwerken trifft der Betrachter auf ein Gegenüber, auf einen anderen Menschen, in dem er sich selbst erkennen könnte und dessen körperliche und seelische Pein ihm nahe rücken würde. Der Schmerz tritt meist abstrakt auf, es geht um anonyme Wunden, um einzelne traktierte Gliedmaßen, die pars pro toto vom Leiden künden sollen, einem Leiden an und für sich.

So bleibt dem Betrachter kaum mehr, als sich voller Ekel abzuwenden oder aber sich am Elend zu weiden. Er kann sie grauenvoll finden oder zutiefst berührend, ein differenzierteres Urteil ist kaum möglich. Es erschiene als geradezu obszön, angesichts verstümmelter Leiber eine schöngeistige Erörterung über Fragen der richtigen Komposition, Narration oder Proportion zu beginnen. Ähnlich verhält es sich, wenn Künstler aus dem zerrütteten Leben realer Menschen berichten, etwa Nan Goldin mit ihren Fotos von Heroinabhängigen. Jede Art von ästhetischer Reflexion scheint sich zu verbieten. Die Kritik hat ausgedient.

Allerdings kann gerade das dem Betrachter zum Maßstab seines Urteils werden: ob er überhaupt urteilen darf. Welche Fragen lässt die Kunst zu? Wie viel Offenheit erlaubt sie? Ein Kunstwerk, das nur auf Betroffenheit zielt, auf Angst oder Ekel, produziert zwangsläufig eine Art Negativ-Kitsch. Genau wie ein Horror-Video ist es auf Schauder kalkuliert, auf den schnellen Effekt. Hingegen wird jedes gute Kunstwerk auf verordnete Emotionen verzichten. Es treibt und zwingt den Betrachter nicht, vielmehr ermöglicht es ihm eigene, tatsächlich empfundene Gefühle. Es ist eindringlich, doch nicht bedrängend.

Viele Gewaltkunstwerke gestalten sich arg funktionalistisch: Nicht nur degradieren sie den Betrachter zum bloßen Reizempfänger, manche missbrauchen auch die gezeigten

Opfer als Reizerzeuger. Wenn ein Künstler wie Gilian Wearing lauter nackte Obdachlose abfilmt, wie sie pöbeln und sich vollaufen lassen, nur um sie anschließend in Breitwandformat museal präsentieren zu können, dann grenzt das an Ausbeutung, wenn auch nur im Namen der Kunst.

Auch in anderen Fällen wird Gewalt zum bloßen Selbstzweck, mit ihr verschafft sich der Künstler etwas von der begehrten öffentlichen Aufmerksamkeit. Wo immer es gewalttätig zugeht, scheint etwas Wichtiges, etwas Existentielles verhandelt zu werden. Und so umgibt sich ein Kunstwerk, das Blut und Wunden zeigt, immer auch mit einer Aura des Bedeutsamen, ganz gleich, ob es tatsächlich bedeutungsvoll ist oder nicht.

Der Betrachter muss sich davon aber nicht weiter beeindrucken lassen. Er kann sich kühl fragen: Gebraucht das Kunstwerk die Gewalt allein, um Eindruck zu machen? Oder öffnet es bei aller Drastik doch Spielräume der Bewertung? Führt es den Betrachter hinein in eine eigene Geschichte und erlaubt ihm ein eigenes Verstehen? Oder verdoppelt es nur das, was ohnehin als grausam und übel gilt?

Gerade wenn es um Krieg und Terror geht, schlüpfen erstaunlich viele Künstler in die Rolle des Trittbrettfahrers. Kaum waren die Folterfotos aus Abu Ghraib aufgetaucht, wo amerikanische Soldaten ihre irakischen Gefangenen systematisch malträtierten, wurden sie auch schon zur Vorlage mehrerer Kunstwerke, oft nur unwesentlich verfremdet. So fotografierte Hans Haacke einen Menschen mit Folterkapuze, nur war diese anders als im Original nicht schwarz, sondern glich einer US-amerikanischen Fahne. Auch Fernando Botero nutzte die Gunst der Stunde, um mit einer ganzen Reihe von Ölbildern die Folterszenen nachzustellen, und durfte sich dabei auch noch als Märtyrer fühlen, weil kein staatliches

Museum die Bilder zeigen wollte. Der Grund dafür lag wohl eher in der künstlerischen Qualität, denn Boteros Bilder ästhetisieren das Leiden, mit ihren pummeligen Männlein verniedlichen sie die realen Schrecken. Dennoch konnte der Künstler behaupten, seine Kunst sei aus politischen Motiven abgelehnt worden – prompt wurde über ihn berichtet.

Viele Künstler greifen nach den kruden Bildern der Medien und nutzen sie für ihre Kunst, allerdings gelingt es ihnen häufig nicht, den Bildern etwas Eigenes entgegenzusetzen. Sie sind fasziniert von der Gewalt und spiegeln diese Faszination. So gibt es viele Dutzend Kunstwerke, die sich mit den Terroristen der RAF beschäftigen, sie zeigen Andreas Baader oder Gudrun Ensslin, mal grob übermalt wie bei Wolf Vostell, mal als Collage wie bei Lutz Dammbeck. Doch selbst dort, wo die Künstler ironisch werden, um einer allzu großen Nähe zu entkommen, bleiben sie den Bild- und Gedankenwelten der Täter verhaftet. Scott King etwa malte Ulrike Meinhof als Mona Lisa, Hans Niehus fingierte für Holger Meins einen Ehrenstern auf dem Hollywood Boulevard. Beide Künstler möchten den Starkult entlarven, etwa den von Andreas Baader, der schon Mitte der sechziger Jahre geprahlt hatte: »Paß mal auf, irgendwann werde ich auf dem Spiegel-Titel sein.« Doch verstärkt das Entlarven am Ende nur wieder die Fixierung auf die Ikonen.

Andere Künstler verfallen gleich ganz dem vermeintlichen Abenteuer RAF, sie fühlen sich angezogen von der kinoesken Selbstinszenierung der Terroristen. Diese planten einmal, aus einem Autotorso einen eigenen Hubschrauber zu bauen und so die Gefangenen zu befreien. 2003 spielte der Künstler Franz Ackermann mit dieser James-Bond-Idee. Erst ließ er die Pläne rekonstruieren, dann den Hubschrauber nachbauen, später deklarierte er ihn als Kunstwerk. Die moderne Sucht nach Spannung fällt hier zusammen mit dem Reiz des

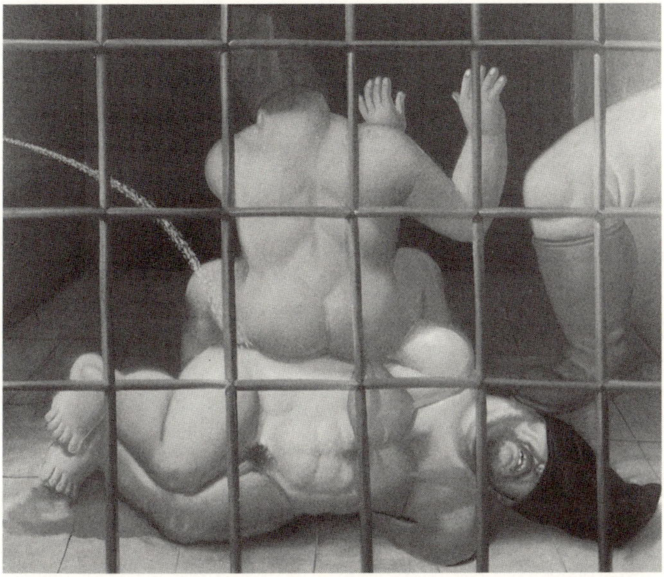

Fernando Botero:
»Abu Ghraib«, 2005

Außenseiterdaseins. Aus politischer Gewalt wird künstlerischer Nervenkitzel.

Für den Betrachter bleibt von solchen Kunstwerken, die mit Terror oder Folter liebäugeln, in aller Regel nur eine schale Erinnerung, wenn überhaupt. In ihrer Offensichtlichkeit sind sie viel zu leicht zu durchschauen. Sie weisen dem Betrachter eine klare Rolle zu: Er ist aufgefordert, den Betroffenen, Schockierten, Aufgewühlten zu geben. Für sein eigenes Selbst bleibt in dieser Inszenierung kaum noch Raum, alles ist festgelegt auf ein vorhersehbares Schema aus Reiz und Reaktion. Und so reagiert er im Zweifel gar nicht, oder er bevorzugt eine gänzlich unschematisierte Gleichgültigkeit.

Weitaus wirkungsvoller als eine Strategie des Übermannens ist die des Anpirschens, wie sie zum Beispiel Thomas Florschuetz beherrscht. In seiner Installation »Zweite Sekunde eines Schrittes« verstreut er 17 kleine Fotoquadrate über eine weiße Wand, ganz heiter wirkt das zunächst. Auf dem einen Bild klammert eine Hand, auf dem nächsten verzieht sich der Mund, und so geht es weiter: Kraus ist die Stirn, Füße baumeln im Luftleeren – ein fliegendes Spiel der Gesten, ein Gemisch aus Verzweiflung und Jux. Dann, ganz am Rande, erst auf den zweiten Blick zu sehen, das Messer. Die Szene stürzt ab: Was eben noch Spiel war, wirkt mit einem Mal bedrohlich.

Ähnlich besitzen viele gute Gewaltkunstwerke einen eher lauernden Charakter. Sie geben sich heiter-absurd, locken den Betrachter aber unversehens hinein ins Albtraumhafte, so etwa der Film »Burn« aus dem Jahr 2001 von Reynold Reynolds, der auf eigentümliche Weise Inferno und Alltäglichkeit durchmischt. Zu sehen sind die Bewohner eines Hauses, dösend im Lehnstuhl, streitend im Schlafzimmer, dann ein paar Flammen, die sich ausweiten und alles zu verschlingen scheinen, Feuer im Kühlschrank, auf der Bettdecke. Die Bewohner aber schlagen sich die Flammen wie Mücken von der Schulter, ganz lässig mit der Zeitung – als wäre die Gefahr keine Gefahr, als hätten sie sich an die Allgegenwart des Todes längst gewöhnt.

Doch nicht nur das Absurde, auch die Melancholie kann eine Alternative zur ungefilterten Aggression vieler Gewaltkunstwerke sein. In den Videos von Eija-Liisa Ahtila kommt das Unheimliche sehr verhalten daher, als eine in sich gekehrte Düsternis. Gemächlich fließen ihre Filme dahin, und aus der Langsamkeit entsteht ein Sog, der den Betrachter mit sich zieht. Oft lässt Ahtila Frauen erzählen, ruhig, fast abgeklärt berichten sie aus ihrem Inneren. Aus anfänglichem Abstand wird eine Nähe, und erst in dieser Nähe wird der Schrecken spürbar. Ahtila zeigt eine Familie, in der alle mit der Stimme des Vaters sprechen, auch die Mutter und die Kinder. Oder eine junge Frau, selbstbewusst ausschreitend, ihre Haare funkeln in der Sonne, die sich plötzlich rücklings in eine Matschpfütze legt. Oder eine Holzhausidylle mit grünen Fensterläden und Veranda, darinnen eine Frau: Der Betrachter schaut mit ihr fern, sieht, wie eine Kuh den Bildschirm verlässt und mit scheppernder Kuhglocke durchs Wohnzimmer stakst. Keiner dieser psychisch Gestörten ist ein Sonderling oder Spinner, es sind extreme Menschen in extremer Normalität. Aus diesem Widerspruch beziehen Ahtilas Filme ihre Kraft. Sie zeigen: Gewaltkunst muss nicht grausam aussehen, um grausig zu sein, muss nicht gewaltsam werden, um gewaltig zu wirken. Sie darf bescheidener auftreten. Wo geballtes Unheil, blutiges Entsetzen den Betrachter leicht verstummen lassen, bleibt in der Ruhe viel eher Raum für Beunruhigung. Und so gründet die Qualität der Gewaltkunst auch nicht in Überbietung und Überreizung, sondern speist sich aus einem Unterstrom, der hinausführt aus dem Kontrollraum gesteuerter Effekte und Affekte.

3. Verheile doch, du bist so schön – Kunst zum Wohlfühlen

Nicht belustigen will diese Kunst und nicht verstören. Ihr Ziel ist nicht Vergnügen und nicht Gewalt, sie strebt nach Höherem: nach der Versöhnung des Menschen mit sich selbst. Sie verheißt Wohlsein, verspricht Erquickung, hofft auf Heilung. »Wir werden uns selbst wieder gegeben, unsre Empfindung erwacht, heilsame Leidenschaften erschüttern unsre schlummernde Natur«, so malte sich Friedrich Schiller die verwandelnde Kraft der Kunst aus. »Der Unglückliche weint hier mit fremdem Kummer seinen eigenen aus, – der Glückliche wird nüchtern und der Sichere besorgt.«[116] Ganz so überschwänglich, so stürmend und drängend, würde es heute wohl kein Künstler mehr formulieren. Spätestens seit die Avantgarden mit ihren großen Plänen, die Welt von allen Entfremdungslastern zu befreien, gescheitert sind, begegnet man allzu großen Utopien mit einiger Skepsis. Geblieben ist aber bei vielen der Wunsch nach einer neuen Ausgeglichenheit, nach Befriedung und Harmonie. Wenn sich mit Schiller schon kein Sturm entfachen lässt, dann doch zumindest eine warme Brise.

In dieser Brise stehen zum Beispiel einige Liegestühle, von Künstlerhand entworfen. Unter dem Namen Deskchair Dreams wurden sie etwa auf der Kunstmesse Frieze Art angeboten, vor allem aber sollen sie ein breites Publikum in den vielen Londoner Parks erfreuen. Ungewöhnliche Gestaltungsvorschläge lieferten unter anderem Wolfgang Tillmans, Rob Nielsen oder Gary Hume; von Yoko Ono ist ein Liegestuhl mit der Aufschrift »Imagine Peace« zu haben. Diese Art von Kunst, die dazu einlädt, sich auf ihr niederzulassen und zurückzulehnen, mag man für eine Possierlichkeit am Rande halten. Doch sie ist es nicht. Verblüffend viele Künstler der Gegenwart verlangt es danach, dem allgemeinen Bedürfnis nach Entspannung und Erholung zu entsprechen. Manche bemühen sich dabei um eine ironische Brechung, etwa Peter Johansson, der 1997 im Kunstmuseum Sjökabelhalle in Helsinki eine riesige Sauna für 60 Gäste aufbauen ließ; jeder Museumsbesucher bekam mit der Eintrittskarte auch gleich ein Museumshandtuch ausgehändigt. Ähnlich lud 2001 der Künstler Surasi Kusolwong auf der Kunstbiennale in Berlin zur Thai-Massage, und bereitwillig warteten die Besucher in langen Schlangen. »Befreien Sie Ihren Geist und Ihre Gedanken«, raunte Kusolwong ihnen zu. »Vergessen Sie alles über Kunst und alles andere auch.«[117] Dieses Versprechen einer neuen Schwere- und Gedankenlosigkeit gab auch Carsten Höller, als er in den Ausstellungsräumen der Berliner Kunst-Werke einen Plastikcontainer aufbaute, darin körperwarmes Wasser, mit Salzen gesättigt, sodass man sich treiben lassen konnte wie im Toten Meer. In Bonn richtete Marina Abramovic einen Soul Operation Room ein, mit brodelnden Kamille-Essenzen und lichttherapeutischen Apparaturen. Und in Hamburg installierte Maria Eichhorn ein Lungensanatorium, eine Aerosolkammer mit viel frischem Sauerstoff.

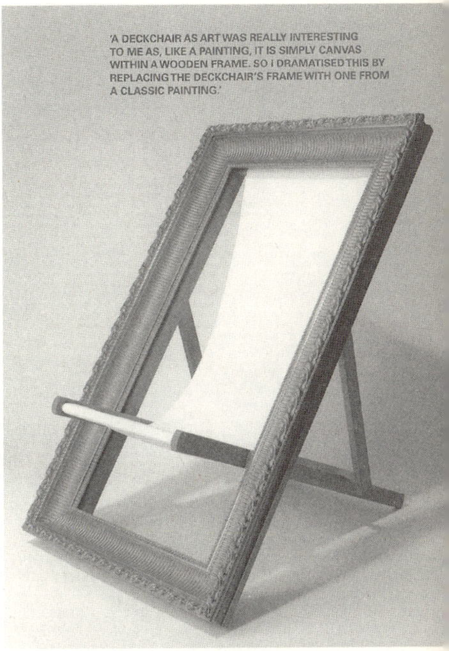

Liegestuhl im Kunstformat (Entwurf: Rob Nielsen)

Ebenso kontemplativ, doch sehr viel ernsthafter geht es bei Benita und Immanuel Grosser zu, die zwar keine Künstler, sondern Yogameister sind, den Besuchern aber einen neuen, innigen Zugang zur Kunst bahnen möchten. Sie laden ein zum Turnen im Museum, zum Recken, Dehnen, Schwitzen vor alten und neuen Meistern. Die Grossers suchen in der Bilder- die Seelensammlung, wollen aus der Kunstbetrachtung eine Kunsterfahrung mit Körpereinsatz machen. In vielen anerkannten Ausstellungshallen haben sie ihre Yogamatten bereits ausrollen dürfen, im New Yorker Dia Center, der Hamburger Kunsthalle oder in der Kunstsammlung Nordrhein-Westfalen, und immer war der Andrang groß.

Viele Menschen lockt diese andere Form der Kunstbegegnung, oftmals erhoffen sie sich eine höhere Intensität, als sie für gewöhnlich im Museum möglich ist. Zahlreiche Besucher stehen dort eher ratlos vor den Installationen und

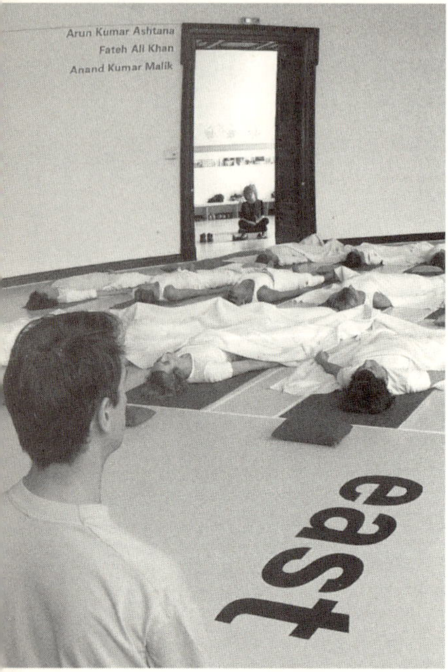

Benita und Immanuel Grosser: Yoga im Museum, 2002

Konzeptkunstwerken der Gegenwart, vieles erscheint ihnen spröde, verkopft, unzugänglich. Andere sind der Bollergesten mancher Künstler überdrüssig, die all jenen, die Trost suchen oder Beruhigung oder sich nach einer neuen Spiritualität sehnen, nur wenig zu bieten haben. Dabei war es über Jahrhunderte selbstverständlich, dass Kunst auch beruhigen, dämpfen und den Betrachter erbauen durfte. War sie nicht Objekt der Anbetung, dann doch der Verehrung, sie konnte Fluchthelfer und Religionsersatz sein, ihre Schönheit kündete nicht selten von einer besseren, geheilten Welt.

Dass sich heute solche Heilsversprechen ausgerechnet in musealisierten Dampfbädern oder Turnstunden erfüllen sollen, ist kein Zufall. In der Fit-for-Fun-Gesellschaft gilt ein wohlgeformter, rundum ertüchtigter Körper als höchster Ausweis glücklichen Lebens. Und dieses Leben soll nun in die Kunst einziehen. Andere Künstler wollen auch das Innere der Menschen erreichen, Gudrun Weerasinghe zum Beispiel, die ein Kunststudium an der Universität Essen absolvierte, sich später das »Arthealing« als Stilrichtung markenrechtlich schützen ließ und nun von »angewandtem, ethischem Bewusstseinsdesign« schwärmt. Ihre »magnetisierten Arbeiten«, meist von pastellfarbenem Liebreiz, verheißen »angenehme energetische Veränderungen«, bestellbar per Internet. Selbst Agenturen für Kunstheilung gibt es bereits, manche vertreten »mehr als 200 Healing Artists«. Gern sprechen die Agenten von Hormonbalance und Gehirnströmungsmustern, von verbessertem Immunsystem und guter Blutzufuhr, von einer Droge namens Kunst, die unsere Lebenshaltung, unsere Gefühle, unser Schmerzempfinden verändert.

Doch nicht allein Esoteriker entdecken die Kunst als ihr Wirkungsfeld, auch Mediziner fahnden nach möglichen Heileffekten. Dass für viele Künstler ihr Malen, Bildhauern oder Filmen eine befreiende, mitunter therapeutische Wirkung besitzt, ist unbestritten. Auch psychisch Gestörten erleichtert das Zeichnen und Tonkneten oftmals, sich selbst besser kennenzulernen. Ob aber Patienten bereits durch das einfache Betrachten eines Bilds geholfen werden kann, gilt immer noch als ungesichert. Das Chelsea und Westminster Hospital in London versucht, einen wissenschaftlichen Nachweis für die Heilkräfte der Kunst zu erbringen. Systematisch setzt man Patienten in kleine Gemäldekammern, lässt sie intensiv schauen, und anschließend bekennt tatsächlich jeder Dritte, er habe sich auf wohltuende Weise abgelenkt gefühlt und sei nun weniger ängstlich. Ebenfalls in London entschied sich das St. Bartholomew Hospital trotz scharfer öffentlicher Kritik dafür, stolze 250 000 Pfund für Kunstwerke auszugeben, um sie in ihrem Brustkrebs-Zentrum zu zeigen – weil sich die Ärzte davon eine gesundheitsfördernde Wirkung erhoffen. In einer Untersuchung der Ärztin Rosalia Staricoff hatten drei Viertel der befragten Patienten angegeben, dank einzelner Kunstwerke weniger Stress zu empfinden. Zu ähnlichen Ergebnissen kam auch Roger Ulrich, ein Verhaltenstherapeut aus Texas. »Emotional angemessene Kunstwerke« könnten dazu führen, dass Patienten weniger Angst empfänden, weniger Medikamente brauchten und frühzeitiger entlassen werden könnten. Allerdings würden provokative Werke den Stress eher verstärken, das gelte selbst für »anerkannte Qualitätsbilder«.[118]

Auch Museen und Galerien zeigen außer der Sauna- und

Fitnesskunst gelegentlich Kunstwerke, denen traditionell Heilwirkungen zugeschrieben wurden. »Art that heals« hieß 2002 eine Ausstellung von Jean-Hubert Martin, der einige Jahre lang das Düsseldorfer Museum Kunst Palast leitete. Wasserbassins mit medizinischen Kräutern, Gerüche gegen Kopfschmerzen, Skulpturen, die böse Geister austreiben – das alles war dort zu bestaunen. Ausgestellt wurden zudem die Künste eines Indianers, der vorführen konnte, wie man die Kranken einbettet in ein Bild aus bunten Steinpulvern, wie man sie besingen und bestreuen muss, um gleich nach dem Ende des Rituals das Pudergemälde zu zerstören.

Vor allem dieses Rituelle ist es wohl, das viele westliche Kunstbetrachter zu den Heilkünstlern hinzieht. Die Grossers folgen mit ihrem Museumsyoga einem festgezurrten Regelkanon, auf den sich jeder Mitturner einlassen muss. Als schlichter Kunstbetrachter war er zurückgeworfen auf seinen eigenen Geschmack, nun darf er sich eingebunden fühlen in eine Gruppe ähnlich Denkender. Die Beliebigkeit der Kunst wird aufgehoben im festen Zeremoniell, die Rituale der Heilungskünstler scheinen den Pluralismus der Meinungen zu überwinden.

Ebenso könnte man meinen, die übliche Oberflächlichkeit des Kunstbetriebs werde hier endlich einmal abgelöst von einer größeren Intensität und Ernsthaftigkeit. Ähnlich wie in der Gewaltkunst geht es darum, alle Distanz aufzuheben, wenngleich nicht durch Konfrontation, sondern durch Kontemplation. Der Einzelne soll sich im Bild versenken, um alles Alltagsweltliche hinter sich zu lassen. Gefragt ist eine Kunst, die dem Ich den ersehnten Frieden schenkt. Karl Philipp Moritz schwärmte für »dies Verlieren, dies Vergessen unsrer selbst«.[119] Arnold Gehlen sprach von einer »Entlastung des Bewußtseins«.[120]

Für einen Betrachter, der sich ein Urteil über die Wohlfühlkunst bilden möchte, sind das nicht gerade günstige Voraussetzungen. Er braucht ja ein geschärftes Bewusstsein, nicht ein entlastetes. Er darf sein Selbst nicht verlieren, sondern muss sich Klarheit verschaffen über das eigene Empfinden. Zunächst bleibt ihm also nichts anderes übrig, als dieser Kunst skeptisch entgegenzublicken. Ihr Streben nach Ausgleich und Harmonie will nicht zu dem passen, was gute Kunst für gewöhnlich ausmacht. Diese lebt von Spannung und Reizung, nicht vom Entspannen und Besänftigen. Wenn alles an der Kunst weich und warm, zugänglich und verständlich wäre, dann bliebe dem Betrachter nur großes Einvernehmen und in der Folge: große Langeweile. Eine Lust am Betrachten entsteht erst, wenn Kunst Neugier weckt, und Neugier weckt sie erst, wenn sie Vertrautes auf unvertraute Weise zeigt. Das ist der Unterschied zu einem Wannenbad oder einer Ayurveda-Massage: Dort darf der Mensch sich ganz auflösen, darf passiv werden, alles gleiten lassen. Kunst hingegen fordert Aufmerksamkeit, sie will erschlossen, befragt, enträtselt werden und wird sich, bei aller Auflösung, doch einen Rest von Rätselhaftigkeit stets bewahren.

Nun könnte der Wohlfühlkünstler einwenden, in seiner Kunst gehe es doch gerade um das Rätselhafte, um eben jene »Tiefenenergien« und »unkontrollierbaren Wirkkräfte«, von denen die Moderne mit ihrem funktionalistischen Kunstbegriff nichts mehr wissen wolle. Allerdings würde er damit seinerseits die Kunst funktionalisieren: Die »Tiefenenergien« sollen ja nicht um ihrer selbst willen entdeckt und wahrgenommen werden, sondern werden dienstbar gemacht, zum Zwecke der Erhebung, wenn nicht gar der Erlösung des Menschen. Gute Kunst ist aber weder ein intravenös verabreichtes Breitbandtherapeutikum noch eine Unterform von Religion. Sie folgt keinem Heilsplan, kennt keine Gebote und Sakramente, sie will auch nicht angebetet werden. Sie verlangt keine Verbindlichkeit, kein Bekenntnis. Deshalb ist das Museum auch kein Tempel und keine Kathedrale: Es bedarf keiner Taufe, nur einer Eintrittskarte.

Kunst ist eben zweckmäßig ohne Zweck und bei aller Wunderlichkeit kein Wunder. Darin liegt ihre Schönheit: Sie entstammt keiner heiligen Sphäre, sie ist menschengemacht und erscheint den Menschen dennoch als etwas Sonderbares und Besonderes. Nicht wegen irgendeiner Heilserwartung oder um ihr Wohlbefinden abzusichern, räumen sie ihr Sonderrechte ein, sondern einfach so, ohne Nebenabsicht, aus freien Stücken.

Zu diesen Sonderrechten gehört auch, die Kunst nicht gleich dem üblichen Leistungsdenken der Leistungsgesellschaft zu unterwerfen. Auch nicht in dem Sinne, der Joseph Beuys vorschwebte: »Dieser Sozialorganismus ist so sehr erkrankt, daß es allerhöchste Zeit wird, Radikalkuren an ihm vorzunehmen, sonst geht die Menschheit zugrunde«, davon war er überzeugt.[121] Die wichtigste Radikalkur war für ihn die Kunst. Nicht auf rein spiritistische Weise sollte sie heilen, Beuys wollte auch nicht allein das einzelne Ego gesunden lassen. Vielmehr hatte er den besagten »Sozialorganismus« im Blick. Für Beuys galt das unerschütterliche »Prinzip, daß unsere Kunst heute nicht mehr Kunst sein kann, wenn sie nicht in das Herz unserer vorgegebenen Kultur hineinreicht und dort transformierend wirkt …, eine Kunst, die nicht die Gesellschaft gestalten kann und dadurch natürlich auch in die Herzfragen unserer Gesellschaft, letztendlich in die Kapitalfrage hineinwirken kann, ist keine Kunst. Das ist die Formel.«[122] Ein Betrachter, der diese Formel ernst nimmt, hat es mit dem Bewerten leicht. Zum Beispiel wäre für ihn die Kunst des Joseph Beuys keine Kunst, denn eine »transformierende« Wirkung, zumal »in die Kapitalfrage« hinein, hat diese offenkundig nicht entwickelt. Von den basisdemokratischen Hoffnungen, von seinem Traum einer Welt ohne Entfremdung, ist in der turbokapitalistischen Gegenwart kaum etwas übrig geblieben. Über 20 Jahre nach seinem Tod hat sich seine Kunst als eine erwiesen, die, um es mit seinen Worten zu sagen, »nicht die Gesellschaft gestalten kann«.

Ähnlich verhält es sich mit vielen Wohlfühl- und Heilungskünstlern: Sie erheben hohe Ansprüche und wecken so Erwartungen, die sich kaum erfüllen lassen. Sie formulieren klare Wirkungsaufträge und programmieren damit zugleich ein Missfallen bei all denen, die sich nicht gewärmt, energetisch aufgeladen und geheilt fühlen.

Allerdings ist die Spezies Beuys heute eher rar geworden, die meisten Wohlfühlkünstler verzichten auf umfangreiche Weltverbesserungsprogramme. Ihre Kunstwerke zeichnet eher eine nebelverhangene, gern auch traumverlorene Unbestimmtheit aus. Bei Laura Owens flattern ein paar Fledermäuse durch die Vollmondnacht, bei Tilo Baumgärtel stehen ein paar schattenhafte Gestalten still und vereinzelt in einer verschwommenen Landschaft herum. Bilder wie diese erfreuen sich seit einigen Jahren großer Beliebtheit, gelegentlich werden sie gar unter dem Label Neue Romantik geführt, wenngleich sie anders als die Romantik vor 200 Jahren keinerlei Widerspruch gegen die herrschenden Verhältnisse erheben. Im Gegenteil, sie laden ein zum Schwelgen, zur großen Gefühlsreise, auch wenn diese nicht unbedingt ins pure Wohlbefinden führt, sondern eher in die Melancholie. Auch solche nebulösen Kunstwerke folgen, so sehr sie sich von den meisten Beuys-Arbeiten zu unterscheiden scheinen, einem durchaus unvernebelten Auftrag: Sie sollen den Eindruck tiefer Gefühle erwecken, ohne dass der Betrachter wirklich etwas fühlen müsste. Sie sollen Bedeutung erzeugen, der ohne Sinn auskommt. Sie sorgen für Stimmung allein durch ihre Unbestimmtheit. Auch diese Formel geht, ganz im Beuysschen Sinne, auf oder nicht. Entweder vermag der Betrachter die große Gefühligkeit zu teilen oder er spürt nur ihre Hohlheit. Wie bei der Massage: Entweder die Verspannung löst sich oder der Nacken bleibt verspannt.

Gute Kunst lässt sich nicht auf ein derart klares Schema von Erfolg und Misserfolg bringen. Sie steckt voller Nuancen, Varianten. Sie meidet diffuse Unbestimmtheit und sucht bestimmbare Ambivalenzen. Sie hat es nicht nötig, eine Atmosphäre des Weihevollen und Geheimnisvollen zu beschwören. Sie braucht sich keine Aura herbeizuraunen, weil eine Aura sie umgibt. Richard Serras ungemein schwerleibige Stahlkörper zum Beispiel ließen sich leicht aufladen als erhabene Zeichen, als neomagische Wunderwerke. Doch Serra sind solche Zuschreibungen fremd. Auch wenn man seine Kunst durchaus in eine Tradition stellen könnte, die zurückreicht bis zu urzeitlichen Steinen, Dolmen oder Stelen, ob in Stonehenge oder auf den Osterinseln, verzichtet sie auf jede Art der Selbstmystifizierung. Sie vertraut den Wirkungen des Materials, dessen urtümliche Widerborstigkeit bei Serra etwas erstaunlich Verspieltes und Sanftmütiges bekommt, etwa in den »Torqued Ellipses«. Wenn solche Werke dann für manche tatsächlich zu einer Art Lebenswegmarke werden oder gar zu einem Kultobjekt, unverrück- und unverfügbar, dann wohl nur, weil sie ihre eigene Kulthaftigkeit nicht auch eigens ausstellen und betonen.

Dass es ein wachsendes Bedürfnis nach Wiederverzauberung und Übersinnlichkeit gibt, eine Hoffnung auf das ganz andere, muss niemanden weiter verwundern. Verwunderlich

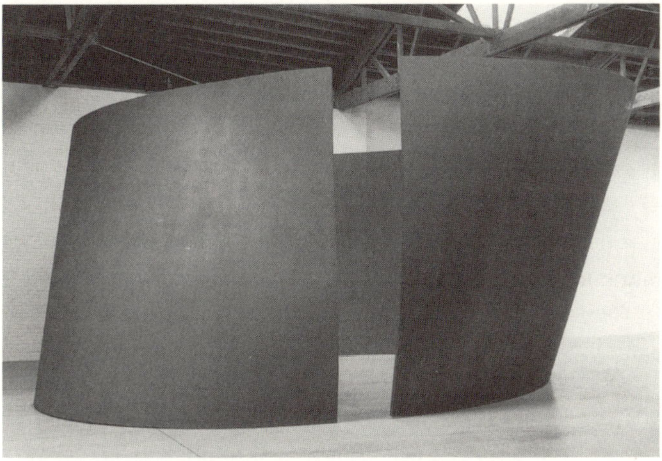

Richard Serra: »Torqued Ellipse I«, 1996

ist hingegen, dass einige Künstler meinen, dieses Bedürfnis mit ein paar Transzendenzgebärden stillen zu können. Kunst unterscheidet sich von Esoterik eben dadurch, dass sie sich freihält von vorschnellen Glücksversprechen und ratgeberhaften Anweisungen zur Selbstfindung.

Für den Betrachter auf Urteilssuche gilt also vor allem eine Formel: Wo Künstler als Missionare und Propheten auftreten, wo die Kunstwerke ein Medium werden sollen, um mit Höherem in Kontakt zu treten, da ist es in aller Regel mit der Qualität nicht weit her. Kunst kann nicht dazu dienen, den Menschen mit sich selbst zu versöhnen, sie kann nicht jene große Geborgenheit stiften, in der alles wieder mit allem verschmilzt, Individuum, Volk und Natur. Kunst ist immer uneigentlich, sie vereinzelt und abstrahiert, hebt einzelne Dinge und Bilder heraus. Sie ist nicht die Welt selbst, sondern immer nur Metawelt. »Jede Kunst [stiftet] eine Entfernung von der Unmittelbarkeit der Dinge, sie läßt die Konkretheit der Reize zurücktreten und spannt einen Schleier zwischen uns und sie, gleich dem feinen bläulichen Duft, der sich um ferne

Berge legt«, so beschreibt der Philosoph Georg Simmel das Distanz-Prinzip.[123] Wollte der Mensch der Moderne diese Distanz aufheben, müsste er schon in die Vormoderne zurückkehren, zurück in jene Zeit also, in der viele daran glauben konnten, dass ein Bild der Mutter Gottes diese Mutter nicht nur zeigte, sondern auch in Realpräsenz verkörperte.

Zumindest bislang hat es solcher Wunderglaube, bei allen esoterischen Umtrieben der Gegenwart, doch schwer. Zwar gibt es das starke Verlangen, die Kunst möge Gemeinschaft schenken und weltliche Entrückung bieten, doch alle Formen der Verbindlichkeit stoßen auf Skepsis. Daraus erklären sich die Erfolge einer Kunst, die im Diffusen weilt und offen steht für alle pseudoreligiösen Projektionen. Manchmal lockt aber auch jene Wohlfühlkunst viele Menschen an, die ohne spirituelle Ornamentik auskommt, die einfach ist, was sie ist.

James Turell zum Beispiel tut im Prinzip nichts weiter, als den Blick des Betrachters gen Himmel zu richten. Er baut in einem Museum wie dem P.S.1 in New York einen Raum im obersten Geschoss so um, dass sich das Dach zur Seite fahren lässt. Unten sitzen dann die Betrachter auf Bänken entlang der Wände und schauen hinauf. Sie erblicken Wolken, die Kondensstreifen eines Flugzeugs, die sanften Farben der Abendsonne, und fast wirkt der Himmelsausschnitt wie ein abstraktes Gemälde, scharf umrissen vom Rahmen der Wände. Je länger sie hinsehen, desto erstaunlicher erscheint ihnen die schleichende Veränderung des Lichts. An klaren Tagen wird das Blau des Himmels mit der Dämmerung immer tiefer, und kaum lässt sich sagen, ob es noch Blau ist oder schon Schwarz. Das Gute dieser guten Kunst: Sie macht sichtbar, was doch eigentlich immer zu sehen ist. Sie lädt ein zur Kontemplation, manche mögen es auch Meditation nennen. Nur Erweckung verspricht sie nicht.

Ähnlich setzt auch Turells Kollege Olafur Eliasson auf die eindringlichen Wirkungen des Lichts, meistens allerdings arbeitet er mit Kunstlicht. Seine bekannteste Installation zeigte er 2003 in der Tate Modern in London, das »Weather Project«, das 2,2 Millionen Besucher anzog. Eine mächtige Sonne ließ Eliasson untergehen, die ganze Turbinenhalle war erfüllt von ihrem Glühen, auch wenn es in Wahrheit von gelben Monofrequenzröhren stammte und durch Spiegel verstärkt wurde. Die Leute legten sich auf den Betonboden wie auf eine Wiese, träumten, unterhielten sich, blickten entspannt in die curryfarbene Kunst, vom Trockeneisnebel halb verhangen. Das war eine Art Stimmungsdesign, das Museum schien sich in eine riesige Chill-out-Lounge zu verwandeln.

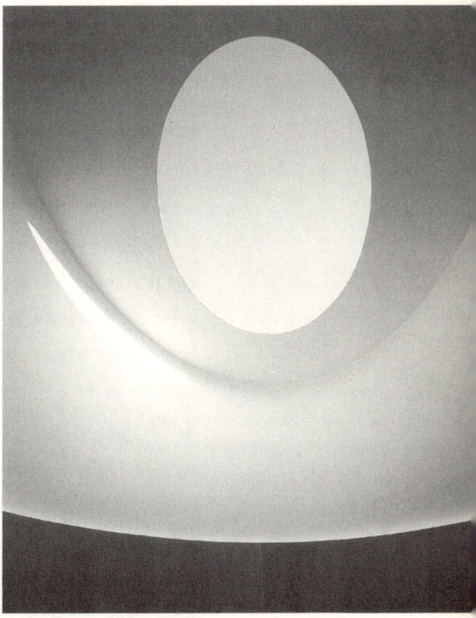

James Turell: »The Elliptic Ecliptic«, 1999

Doch bot Eliasson für den, der mehr suchte als nur wohlige Bestrahlung, auch den einen oder anderen reflexiven Seitenblick. Dafür reichte es schon, den Kopf gen Decke zu heben, dort oben materialisierte sich die Reflexion: Ein gewaltiger Spiegel verdoppelte die gigantische Halle, und der Besucher konnte sich winzig inmitten vieler anderer Betrachter beim Betrachten betrachten. Wer in dieser Kunst nur abtauchen wollte, sah sich dort selber auftauchen. Wer staunen wollte, durfte staunen, bekam aber nebenher auch gezeigt, dass es nicht nur um das Gewaber selbst, sondern auch darum ging, wie der Betrachter das Gewaber wahrnimmt. Die Konstruiertheit des Schönen konnte auch im dichtesten Nebel niemand übersehen. Erkennbar wurde Eliassons neugierige Frage, ob es Wahrnehmungen gibt, in denen Farbe Farbe und Licht Licht ist. Oder ob nicht alles, was der Betrachter sieht, gleich zu einem Symbol gerinnt, sogar Sonne, Mond und Sterne.

So kann gute Wohlfühlkunst sein: In all ihrem Frieden schürt sie doch eine Unruhe, sie weckt die Lust am Eintauchen ebenso wie die Freude am Drüberschweben. Sie will, dass der Betrachter sich den Phänomenen hingibt. Und dass er von ihnen abrückt, um sie zu erkunden.

4. Ungewohnt gewöhnlich – Kunst wird alltäglich

Manchmal ist die Kunst so gewöhnlich, dass sie nicht als Kunst erkannt wird. Legendär ist die Fettecke von Joseph Beuys, die 1988 in der Düsseldorfer Kunstakademie von einer Putzfrau entsorgt wurde. Ähnlich wollte 2002 das Ordnungsamt in Frankfurt ein ausgebranntes Auto abschleppen lassen, das als Kunstwerk von Marc Bijl vor der Schirn Ausstellungshalle parkte. Ebenfalls in Frankfurt vernichteten Müllmänner eine Plastikskulptur von Michael Beutler in der Nähe des Ostbahnhofs, sie hatten die Kunst für Sperrmüll gehalten. Auch für die zerknüllten Autoteile von John Chamberlain oder die braunen Papierverpackungen von Christo sind ähnliche Entsorgungsgeschichten überliefert. Sie alle erzählen von einer Kunst, die nicht verkünstelt sein will, weder in materieller noch in handwerklicher Hinsicht. Sie geht auf in Alltäglichkeit, wird verwechselbar für Putzfrauen, Müllmänner, für den ganz gewöhnlichen Passanten.

Viele Künstler streben nicht mehr nach dem unbedingt Originellen, sie verstehen sich nicht länger als Schöpfer. Eher suchen, basteln, kramen sie sich ihre Kunstwerke zusammen, sie wollen den hehren Ansprüchen des Begriffs Kunst entkommen, wollen dem klassischen Kanon etwas Unverstelltes und Naiv-Ehrliches entgegenhalten. »Der paradigmatische Künstler von heute ist weniger ein Produzent als vielmehr ein exklusiver, vorbildlicher Konsument der anonym produzierten und in unserer Kultur immer schon zirkulierenden Dinge. Man kann behaupten, daß im heutigen Kunstsystem nicht mehr neue Produkte, sondern allein neue Haltungen, Konsummuster und Wünsche entstehen«, so beschreibt es der Theoretiker Boris Groys. »Nicht daß der Künstler einen bestimmten Gegenstand produziert hat«, sei entscheidend, sondern »daß er diesen Gegenstand verwendet hat – und zwar auf besonders interessante Art und Weise«.[124]

Für diese »besonders interessante Art und Weise« scheinen sich vielen Künstlern die gebrauchten Gegenstände anzubieten. Offenbar ergeht es ihnen ähnlich wie den Designern und Werbeleuten, die sich in alten Fabriken oder Lagerhallen einmieten, weil sie für ihr Bildschirmdasein eine Hülle suchen, die noch vom wahren, vom gelebten Leben kündet. Auf der Suche nach diesem Leben durchstöbern Künstler die Flohmärkte und Second-Hand-Läden, nicht selten auch die Müllkippen der Wegwerfgesellschaft. So zahlreich ist mittlerweile die Zahl der Kunstwerke aus Getränkedosen, Zigarettenkippen oder Autoreifen, dass sie sich fast ausnehmen wie eine eigene Gattung. Mal wird der Müll zu großen Bergen aufgetürmt, mal als weitflächige Collage auf den Wänden verteilt. Beliebt sind auch zusammengeschweißte Kleinskulpturen aus Schrauben, Kabeln, Tonnen und alten Maschinenteilen.

Für die Künstler sind solche Müllwerke meistens billig und schnell zu produzieren, doch nicht nur das macht sie attraktiv. In ihnen scheint sich auch etwas von der verwandelnden Kraft der Kunst besonders eindringlich zu verkörpern. Die Künstler schenken jenen Dingen, die sonst für immer vernichtet worden wären, einen zweiten Anfang. Was abgelegt und ausgesondert war, rückt wieder ins Zentrum der Neugier, aus dem Minderen wird etwas Hohes. Das sorgt für Verblüffung, zugleich wirkt es ein wenig provozierend. Denn weiterhin gelten Kunst und Müll eigentlich als Gegenwelten, und wer sie vereint, scheint eine Grenze zu durchbrechen. Gerade im Gewöhnlichen lässt sich daher das Ungewöhnliche recht einfach inszenieren.

Allerdings ist diese Inszenierung immer schutzbedürftig, auch das zeigen die Attacken durch Putzfrauen und Müllmänner. Je alltäglicher ein Kunstwerk in seiner äußeren Erscheinung daherkommt, desto stärker ist es angewiesen auf die Obhut der Galerien und Museen. Je selbstverständlicher es sich gibt, desto mehr müssen ihm Sinn und Bedeutung zugefüttert werden. Es braucht ein Etikett, das es als Kunst ausweist. Das allein muss noch kein Makel sein, doch ist die Gefahr recht groß, dass sich ein Künstler mit dem Etikettaufkleben begnügt.

Für den Betrachter, um ein Urteil bemüht, lässt sich der Unterschied zwischen guter und schlechter Alltagskunst eben an dieser Frage ausmachen: Geht es ihr nur darum, das Alltägliche ins Museum zu holen, um es ins Museum geholt zu haben? Oder verbirgt sich hinter dem schlichten Effekt etwas, das den Betrachter zu eigenen Überlegungen anregt? Und welche Überlegungen wären das?

Der Künstler HA Schult zum Beispiel borgt sich die Aura für seine »Trash People« von den Orten, an denen er sie aufmarschieren lässt. Viele hundert dieser menschengroßen, ganz aus Müll gepressten Figuren stellt er auf den Roten

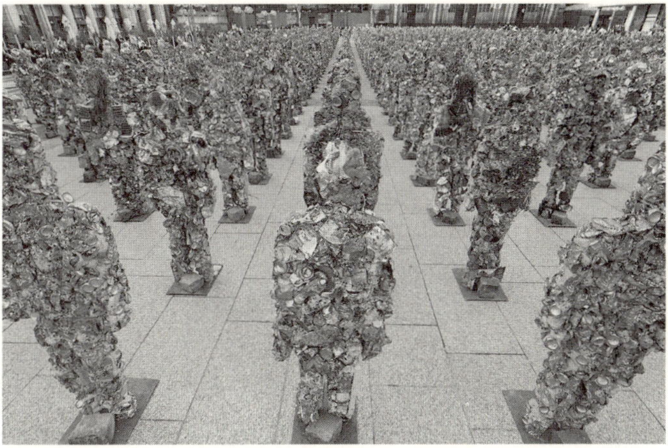

HA Schult: »Trash People« auf dem Kölner Roncalli-Platz, 2006

Platz in Moskau, auf die Piazza del Popolo in Rom, vor die Pyramiden in Gizeh oder den Kölner Dom. Es sind Beeindruckungsspektakel, die sich allein der Größe der Inszenierung und einer scheinbar brisanten Vermengung von Müll, Mensch und Kunst verdanken. Zwar versucht der Künstler, dem Ganzen eine tiefere Wahrheit zu entlocken, wenn er Sätze sagt wie: »Wir produzieren Müll, sind aus Müll geboren und werden wieder zu Müll.«[125] Das Material soll hochgespielt werden zum Bedeutungsträger, denn es fehlt eine Bedeutung, die es tragen könnte. Doch nur weil jemand eine Tüte Abfall in eine skulpturale Form presst und kunsthaft präsentiert, wird daraus noch lange keine gute Kunst.

Ähnliches gilt auch für Künstler, die nicht den Schrott der Wegwerfgesellschaft sammeln, sondern andere Alltäglichkeiten zusammentragen, ob nun Fliegenklatschen oder Kühlschränke oder etwa Einkaufszettel, die andere Menschen auf dem Weg zum Supermarkt verloren haben. Das Horten und Archivieren in jeder denkbaren Form hat sich zu einer der beliebtesten Aufgaben der Gegenwartskünstler entwickelt.

Eifrig sammeln sie auch Bilder aus Werbung, Zeitungen, Internet und verwahren sie zwecks Wiederaufbereitung in den Ateliers. Doch nicht nur die Künstler sammeln die Dinge des Alltags. Ebenso sammeln die Sammler die Dinge des Künstlers und die Museen die Dinge des Sammlers. Nur dem Betrachter wird oft wenig Sammlung vergönnt.

Viele Künstler verstreuen das Material, sie übersäen mit ihren Sammelstücken die Wände der Museen, fast wie einst in vormodernen Zeiten, als die Bilder in Petersburger Hängung dicht an dicht hingen und sich gegenseitig die Bedeutung stahlen. Das mag einigen Reiz besitzen, der Betrachter trifft auf eine große, vielversprechende Fülle, sein Blick findet unablässig neue Eindrücke. So etwa auf der Materialcollage »Genetische Kette des Flohmarkts«, die Daniel Spoerri im Jahr 2000 auf über 100 Metern ausbreitete und die tatsächlich alles Flohmarkthafte in sich aufnahm, ganz gleich ob Kinderpuppe, Blumenvase oder Holzkugel. Zu besichtigen war auf diesem Fries nicht die göttliche Vollkommenheit, nach der die Kunst früherer Jahrhunderte strebte, eher war es das menschlich Unvollkommene, eine hundertfach zerstückte und verworfene Welt. Doch erscheint dieses wilde Durcheinander bei allem Augenreiz doch vor allem eines vorführen zu wollen: seine eigene Kunsthaftigkeit. Für Spoerri ist das Unaufgeräumte und Regellose über die Jahre zu einer Art Markenzeichen geworden. Immer wieder hat er Essensreste und dreckiges Geschirr auf Holzplatten geklebt und sie an die Wand gehängt. Anfangs war das noch ein Aufbegehren gegen die Zeit, gegen das Vergehen. Spoerri fixierte die Überreste von schönen Tafelrunden und großen Gastmahlen, als könnte er damit etwas von der Lebendigkeit dieser Gelage herüberretten. Mit der Zeit aber erstarrte die scheinbar spontane Geste zu einem immergültigen Stil, und damit erlosch der Reiz. Was leichtfertig und unbedacht wirken sollte, bekam etwas Vorhersehbares.

Auf den ersten Blick scheinen sich Künstler wie Spoerri allen Kunsturteilen zu entziehen. Viele wollen nichts komponieren, keine Ordnung entwerfen, nach deren Stimmigkeit der Betrachter fragen könnte. Lieber häufen sie so gewaltige Materialmengen an, dass alle Maßstäbe der Kritik darunter verschwinden. Zumal es sich meistens um kritikresistentes Material handelt, um Fundstücke und Dokumente, die der Künstler zusammengetragen hat. Für Dokumente gelten keine künstlerische Qualitätskriterien, sie sind, wie sie sind, da gibt es für den Betrachter nichts zu deuteln. So gesehen scheint sich die Alltagskunst von den üblichen Bewertungsfragen loszusagen. Dafür aber bieten sich, auch das zeigt der Fall Spoerri, andere Urteilskategorien an.

Denn warum sollte der Betrachter den Sammelkünstler nicht daran messen, inwieweit sich dessen Intentionen in seiner Kunst auch widerspiegeln? Ob diese wirklich so unverkrampft und freimütig und basarhaft erscheint, wie beabsichtigt. Oder ob die erhoffte Lebendigkeit, sobald sie in einer Ausstellung gezeigt werden soll, in sich zusammenfällt? Vor allem wenn ein Künstler sich darauf verlegt, immerzu Spontanes verfertigen zu wollen, wirkt seine Kunst oft recht abgestanden. Sie will zwar vom Prozess der Entstehung künden, von dem Moment also, als sich das freie, frische Collagieren und Kombinieren ereignete. Doch je eifriger der Künstler versucht, dieses Augenblickliche festzuhalten, desto hilfloser wirkt seine Kunst. Sie vermag es nicht, die Spontaneität hinüberzuretten in ein Kunstwerk, das von Dauer sein will und muss. Bestenfalls entstehen dabei Trockensträuße, die täuschend lebendig aussehen; der Duft aber ist verflogen.

Wie viel beim Transfer von der gelebten in die ausgestellte Welt oft verloren geht, zeigt sich auch am Beispiel des Malers und Sammlers Lothar-Günther Buchheim. In einem alten, großen Haus in Feldafing am Starnberger See trugen er und seine Frau Diethild zusammen, was immer ihnen unverfälscht und kraftvoll erschien. Bilder von Erich Heckel und Ernst Ludwig Kirchner ebenso wie Karussellpferde aus Holz, knorzige Wurzelhölzer, Zirkusplakate, Negermasken, Muscheln und Einmachgläser randvoll mit Murmeln, schillernd in allen Farben. Allein von den leuchtenden Briefbeschwerern hatten sie über 3000 Stück um sich versammelt: faustgroße Glaskugeln, die im Inneren die prächtigsten Farben und Formen bergen. Alle Schränke, alle Tische waren belagert von solchen Trouvaillen, die Buchheims lebten in einer Art sammelsurischem Gesamtkunstwerk. Dann wollten sie unbedingt einen Teil ihrer Schätze in einem Museum darbieten, eigens baute der Architekt Günter Behnisch ein passendes Haus direkt am Ufer des Sees. Doch wären die Buchheims besser selbst dort eingezogen, anstelle ihrer Sammlung, und hätten dafür im Gegenzug ihr altes Haus in ein Museum umgewidmet. Denn in den weißen, klaren Räumen, in den Glasvitrinen wirkt die Sammlung steril und mager, das glückhafte Kunterbunt muss jetzt musealen Seriositätsprinzipien genügen.

Nun legen es keineswegs alle Alltagskünstler auf das Überschäumende und Intuitive an. Manche arbeiten auch an einer systematischen Sichtung und Sortierung der gesammelten Alltagsdinge, und der Betrachter kann sich ein Urteil bilden, indem er nach der Logik der Sammlung fragt. Ist das Sammelgebiet klar umrissen? Geht es um Vollständigkeit? Welche Form der Präsentation hat der Künstler gefunden? Passt diese zu den zusammengetragenen Gegenständen? Vor allem aber:

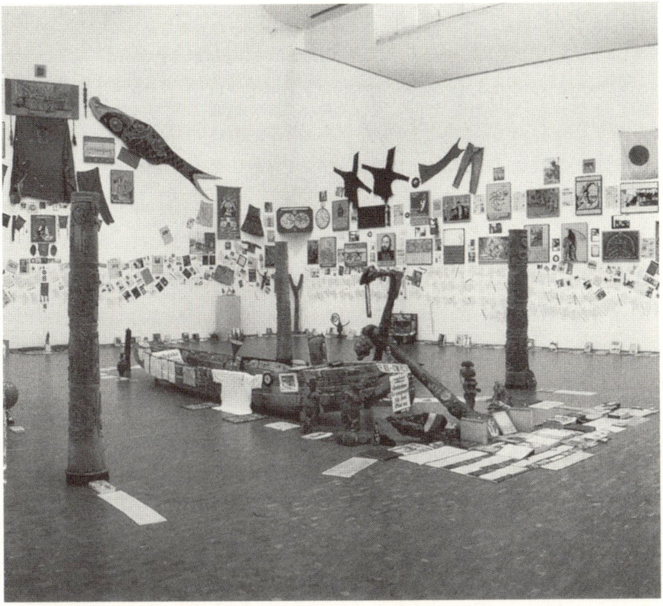

Georges Adéagbo: »Afrikanischer Sozialismus«, 2001

Welche Bedeutung kommt den Alltagsdingen zu? Und finden sie zu einer gemeinsamen Erzählung zusammen?

Manche Künstler versuchen, mit ihren Gegenständen eine Art seelische Landkarte zu entwerfen, der Betrachter soll diversen Wegweisern und Fährten folgen – oft allerdings wird er ausgesetzt im Abseits der Beliebigkeit. So steckt Georges Adéagbo aus Benin für viele seiner Alltagscollagen das Thema recht deutlich ab, ihn beschäftigen die Wechselwirkungen von afrikanischer und westlicher Kultur. Für die Documenta 11 in Kassel beschaffte er einen Einbaum und setzte ihn in einen wilden Motivsee, in dem Martin Walser und James Last ebenso herumtrieben wie eine DDR-Fahne und das Kinderbuch »Kai in Kamerun«. Ähnlich verlangen viele Künstler von dem Betrachter gewaltige Assoziationssprünge, nicht selten muss er frühzeitig aufgeben, zu zerklüftet sind die Materiallandschaften, zu wenig lässt sich erschließen, welcher Pfad von einem Ding zum nächsten führen könnte.

Offenbar fühlen sich viele Künstler von alltäglichen Gegenständen dazu verführt, in persönlichen Erinnerungen zu schwelgen. Manche plündern ihre Jugendzimmer, andere ihre Tagebücher, auch private Fotoalben werden häufig zum Fundus für künstlerische Ideen. Aneta Grzeszykowska zum Beispiel zeigt in ihrem Werk »Album« lauter Fotografien aus ihrer Kindheit, und jeder Ausstellungsbesucher darf frei darin stöbern. Grzeszykowska hat die Motive digital überarbeitet und sich selbst aus den Bildern herausradiert, was allerdings für den Betrachter kaum von Bedeutung ist, da er das Personal dieser Fotos nicht kennt. Viele der Leerstellen werden ihm erst gar nicht auffallen. Ohnehin tritt diese Kunst so privatistisch auf, dass die allgemeinen Fragen, die darin stecken könnten, kaum in den Blick geraten. Die Präsentationsform verleitet dazu, über mögliche Persönlichkeitsstörungen der Künstlerin zu spekulieren. Und kaum jemand dürfte das tun, was Grzeszykowska eigentlich bezwecken wollte: selbst darüber nachdenken, wie die Welt ohne das eigene Ich eigentlich wäre.

Soll die Alltagskunst mehr sein als ein Kuriositätenkabinett oder eine musealisierte Wohnstube, muss der Künstler sich um Abstand und Klarheit, um eine lakonische Distanz bemühen. Martin Parr zum Beispiel zeigt auf seinen Fotos lauter kleine groteske Ausschnitte aus einer Welt, die allen vertraut vorkommt: topfförmige Damenhüte am Strand von Florida, eine riesige Pommes-frites-Portion vor voluminösem Männerbauch oder eine Kunstbetrachterin in buntgeschecktem Sakko vor buntgeschecktem Gemälde. Parr verkriecht sich nicht in seine Privatsphäre, sondern beobachtet, was alle beobachten könnten. Er häuft keine beliebigen Motive aufeinander, sondern greift sich kleine, überschaubare Szenen heraus. Er überfrachtet sie nicht mit Bedeutung, führt auch keine visuellen Klagereden, sondern zeigt belustigt das Unschöne einer auf Schönheit bedachten, aufgestylten Welt. Und er lädt den Betrachter durch das betont Schnörkellose seiner Fotografie dazu ein, selbst in den Blick zu nehmen, wie die westliche Gesellschaft aus den Fugen gerät.

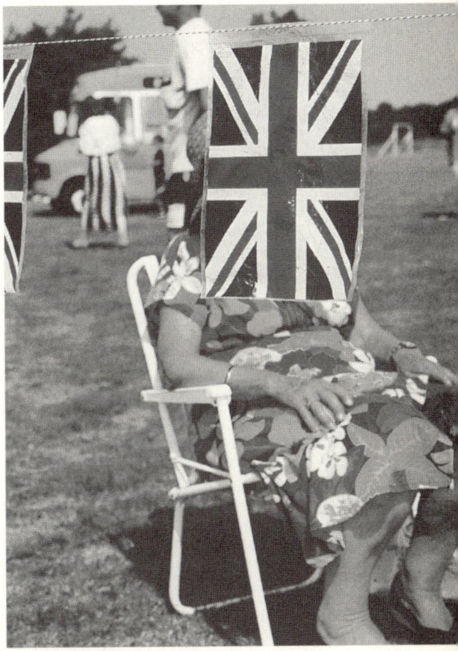

Martin Parr: »Sedlescombe«, aus der Serie »Think of England«, 1995–1999

Ebenso vertraut dürften den meisten Betrachtern die Motive sein, die Stefan Exler auswählt. Auf seinen Fotos findet er einen kontrollierten Zugang zu den Alltagsdingen. Er blickt aus der steilen Himmelsperspektive hinab in die Enge, er inszeniert auf gemäldegroßen Fotos Kellergerümpel als Kammerspiel. Es treten Skistöcke auf, Weinkorken, Campinghocker, Holzkisten, auch ein Landschaftsbild ist zugegen, halb verdeckt von einer Axt. Dazu Wasserlachen, Drahtgespinste, umgestürzte Hocker, ein Stillleben des Alltäglichen, das immer reicher wird, je länger der Betrachter hinsieht, weich in den Farben, spannungsreich in der Komposition. Auch das kann gute Alltagskunst auszeichnen: dass sie die übliche Wirrnis ordnet und dem Durcheinander eine Form gibt, ohne gleich alles einwandfrei aufräumen zu müssen.

Manchmal braucht es aber auch einen kalten Ordnungssinn, um dem Selbstverständlichen etwas Eindringliches abzugewinnen. Um einen Zugang zum Thema RAF-Terrorismus zu öffnen, hat der Künstler Hans-Peter Feldmann die Fotos jener rund neunzig Menschen, die in den Ideologiekämpfen starben, aus Zeitungen und Zeitschriften herausgesucht. Er hat sie auf dasselbe Format gebracht, lauter ungerahmte Alltagsbilder, die zu Andachtsbildern werden, ohne Kommentar, streng in Reihe, nach Todesdatum sortiert. Feldmanns nüchterner, enzyklopädischer Blick bewertet nicht, unterscheidet nicht, er hängt die Pressefotos der Opfer neben die Pressefotos der Mörder. Dieses Prinzip der Sammlung ist nicht ohne Provokation, doch billige Effekthascherei wird vermieden, schon durch das strenge, serielle Aneinanderreihen der Bilder. Der Betrachter schreitet sie ab, er blickt in die vielen schwarzweißen Gesichter, viele kann er nicht zuordnen, sie verraten nichts. Verbunden sind diese Menschen nur durch den Tod. Perfiderweise ist erst er es, der sie eint und eine Gleichheit schafft, die im Leben undenkbar war – und die auch den Noch-Lebenden kaum denkbar zu sein scheint. In Feldmanns Kunst zeigt sich: Je weniger anekdotisch und tagebuchgleich die Rückgriffe auf die Dinge und Bilder des Alltags ausfallen, desto freier kann sich der Betrachter zu ihnen verhalten. Die Fotos selber sind zumeist nur Gelegenheitsbilder, Schnappschüsse und Passfotos ohne jeden künstlerischen Anspruch. Weil sich Feldmann ihnen aber auf eine abstrakte und entschiedene Art nähert, werden sie auch für den Betrachter etwas Herausgehobenes, er bekommt zu spüren, wie nahe sich das Private und das Politische oft sind. Die Qualität dieser Alltagskunst ist es, eine bestimmbare, reduzierte Form zu finden, denn erst sie ermöglicht eine ungewohnte, eine offene Annäherung an ein viel diskutiertes Thema.

Viele andere Künstler wollen von Reduzierung nichts wissen. Die weißen, aseptischen Zellen der Museen sollen sich mit ganz normalem Chaos füllen, das Amateurhafte wird zum Zeichen einer neuen Intimität. Lange war diese Nähe zum Alltäglichen nichts Besonderes, es war selbstverständlich, dass es so etwas wie Volkskunst gab. Nur nannte es niemand Volkskunst, weil es selbstverständlich war, dass Kunst im Volk war. Es entstanden Bilder und Skulpturen, die nicht um große Öffentlichkeit buhlten, die nicht für Klerus und Adel, nicht für Schatzkammer und Museum gedacht waren, sondern allein dem Hausgebrauch dienten. Heute ist der Hausgebrauch etlichen Künstlern suspekt. Widersprüchlicherweise geben sie sich selbst oft alltagsnah und amateurhaft, haben aber für die Alltagskunst der tatsächlichen Amateure nur wenig übrig.

Dabei wollen erstaunlich viele Menschen Kunst nicht nur betrachten, sondern auch selbst gestalten. Sogar Supermarktketten bieten gelegentlich Acrylfarben, Pinsel und Paletten für Gelegenheitskünstler an, und keineswegs wird nur in Hobbykellern oder Volkshochschulen gezeichnet und gemalt. In Hamburg zum Beispiel wurde 2005 die Jam Art Gallery gegründet, die alle Kunstinteressierten dazu einlädt, sich selber einmal an einer Leinwand zu versuchen, ganz unverbindlich und ohne Anmeldung. Jeder darf malen, wie er will, was er will, darf zwischendurch an die Bar gehen oder es sich auf den Sofas im Nebenraum bequem machen. Viele der Besucher haben seit ihrer Schulzeit keinen Pinsel mehr in der Hand gehabt und lernen nun, die eigene Unsicherheit abzulegen und über ihre Vorlieben nachzudenken. Hier ist Kunst eine Erfahrung im Alltag, und oft wird daraus Alltagskunst, für Küche oder Wohnzimmer.

Ohne weiteres könnte die Jam Art Gallery als soziale Skulptur durchgehen oder als Partizipationskunstwerk, denn auch dort kommt es zumeist auf den Prozess an, auf das Machen selbst und nicht so sehr auf das, was dabei entsteht.

Doch ist der Galeriegründer Frank Bade kein Künstler, er will auch keinen Kunstanspruch erheben. Und so bleiben die Amateure unter sich, es gibt keine Kontakte zu den Museen und Hochschulen. Als Kunst gilt eben nur, was von Künstlerhand stammt. Trotz der Öffnung für alle möglichen ästhetischen Phänomene beharrt die Szene meist strikt darauf, ihre Deutungshoheit zu wahren. Der institutionelle Rahmen gilt als unabdingbar.

Verwunderlich ist das schon: Niemand würde sich über Menschen mokieren, die privat Klavier spielen oder Kurzgeschichten schreiben oder gemeinsam mit anderen ein Theaterstück aufführen. Doch wenn Laien sich Pinsel und Farbe kaufen, wenn sie malen, zeichnen, collagieren, dann spottet die Kunstszene über »das Gepinsel«, sie verhöhnt die Aquarellkurse oder Blumenstillleben. Verdrängt wird, dass Alltagskunst immer auch ein demokratisches Versprechen war. Wer es ernst nimmt, wer die traditionellen Grenzen zwischen High und Low, Klassik und Pop, zwischen Amateur und Profi, zwischen privaten und öffentlichen Räumen aufheben möchte, wird sich logischerweise auch für kulturelle Phänomene wie die Jam Art Gallery interessieren. Der Begriff der Alltagskunst umfasst nicht nur das, was diplomierte Künstler an alltäglichen Gegenständen und Bildern ins Museum tragen. Ebenso gehören jene gern belächelten Kunstformen dazu, mit denen Laien ihre Lebenswelt ästhetisieren. Kunst kann viele Eigenschaften besitzen, sie kann verherrlichen oder kritisieren oder zur Diskussion anregen. Sie kann aber auch die Wand über dem heimischen Sofa schmücken, kann ein Accessoire des Alltäglichen sein, eine Erinnerung an den schönen Urlaub, ein Objekt des Wohlgefallens.

Wohnzimmerkunst muss also kein Schmähwort sein. Ihre Qualitäten lassen sich ebenso diskutieren wie die Qualitäten einer musealisierten Alltagskunst. Unbedeutend ist ein Sofabild dann, wenn es nur das leistet, was auch irgendein Designobjekt oder ein beliebiges Poster leisten könnte. Wenn es nur die Farbe der Vorhänge oder der Kissenbezüge aufgreift und für sich kein eigenes Recht behaupten kann. Gute Alltagskunst zeichnet es aus, dass ihr bei aller Privatheit doch etwas Universales innewohnt. Dass sie nicht nur zu ihrem Besitzer spricht und nicht allein von dessen Vorlieben kündet, sondern das allgemeine Gespräch sucht. Egal ob Amateur oder Profi, egal, ob jemand einen Rosenstrauß malt oder eine raumfüllende Installation aufbaut, immer zeigt sich die Qualität der Kunst daran, ob sie mehr kennt als nur sich selbst.

Natürlich haben auch naive Bilder ihren Reiz, die Bilder von Kindern zum Beispiel, die ganz ich-bezogen entstehen. Doch weil kein Erwachsener sich diese Unbescholtenheit bewahren kann, zeichnet es gute Alltagskunst aus, dass sie sich nicht in vermeintliche Naivität flüchtet und nur Kunstklischees reproduziert. Sie muss nach einem Gleichgewicht suchen, muss möglichst unbefangen und zugleich möglichst reflektiert sein. Daran zeigt sich die Qualität von Alltagskunst, egal in welchem Rahmen sie entsteht und auftritt: Sie nimmt zur Kenntnis und will zur Kenntnis genommen werden. Sie verkriecht sich nicht im eigenen Kosmos, sondern ermöglicht Austausch über das, was eigentlich alltäglich ist.

5. Stell dir vor – Kunst führt zu Erkenntnis

Manche Kunstwerke funktionieren nach dem Prinzip Sesamstraße. Sie sollen unterhaltend und lustig sein und nebenher den Betrachter so schlau wie irgend möglich machen. Oft haben sich die Künstler während der letzten 40 Jahre mit Themen wie Migration, Globalisierung, Feminismus, Gentrifizierung, Biopolitik oder Segregation befasst, oft gilt ihnen die Kunst als eine »epistomologische Maschine zur Wissensproduktion«, wie es einer der Kuratoren der Documenta 11, Sarat Maharaj, formulierte.[126] Das Museum soll ein Ort des Lernens sein, der Fortbildung und Welterkenntnis.

Der Künstler Tino Sehgal zum Beispiel, der 2005 im deutschen Pavillon auf der Biennale in Venedig ausstellen durfte, möchte sich mit seiner Kunst auf ein theoretisches Wirkungsfeld begeben. Ihn interessiert »zum einen die Endlichkeit von Ressourcen, zum anderen die begrenzte Kapazität der Erde, menschliche Einwirkungen zu assimilieren, ohne dass sich ihre Disposition derart verändert, dass ein heutiges Leben vielleicht nicht mehr möglich ist. An diesem Punkt versuche ich anzusetzen, und von daher interessieren mich auch andere, durchaus traditionelle Formen des Produzierens, Singen zum Beispiel oder der Tanz. Sie stehen im Gegensatz zum bisher vorherrschenden Modus der Produktion, der Transformation von Materie, und implizieren eine Gleichzeitigkeit von Produktion und Deproduktion. Anders formuliert, könnte die Frage lauten, ob es einen Fortschritt gibt, der kein technischer Fortschritt ist.«[127] In Sehgals Kunst tauchen diese Überlegungen zu Ökologie und Ökonomie allerdings nur sehr vermittelt auf. Er sucht sich Rollenspieler, die für ihn einen Satz aufsagen, die sich stundenlang küssen oder die, wie auf der Biennale 2005, einen munteren Reigen tanzen, weich in den Hüften, die Hände erhoben, auf den Lippen einen fröhlichen Vers: »This is so contemporary.« Manchmal verwickeln sie die Besucher auch in eine Diskussion über Glaubens- oder Wertefragen.

Das dürfte der urteilende Betrachter positiv bewerten: Anders als manche anderen Erkenntniskünstler stellt Sehgal keine Aktenordner aus, er macht seine Kunst nicht zum

Oberseminar und will niemanden zur Wahrheit bekehren. Er vertraut auf die Kraft des Spielerischen. Gemessen an seinen eigenen Erkenntniszielen fällt seine Kunst allerdings recht mager aus. Ihm gelingt keine Form, die etwas von seinen hohen theoretischen Ansprüchen ästhetisch erfahrbar machen würde.

Viele Erkenntniskunstwerke leiden unter einem solchen Missverhältnis von Inhalt und Erscheinungsweise. Die Künstler lesen emsig die Schriften von Michel Foucault, Gilles Deleuze, Félix Guattari, Jacques Lacan oder Giorgio Agamben, und manche würden am liebsten die philosophischen Betrachtungen in Kunst übersetzen. Was dabei herauskommt, ist meist weder ästhetisch, noch inhaltlich besonders reizvoll. Bestenfalls wird eine Erkenntnis verdoppelt, die sich bereits einer allgemeinen Verbreitung erfreut, als müssten die ohnehin schon Überzeugten noch einmal überzeugt werden. So bekam Andrea Fraser 1994 den Auftrag von der Generali Foundation in Wien, die kulturellen Aktivitäten der Stiftung zu untersuchen. Unter dem Titel »Kunstvermittlung« stellte sie ein Jahr später 13 Wandtexte aus, in denen die Mitarbeiter selbstkritisch über ihre Arbeit berichteten. Doch wirkte diese Präsentation eher wie eine Art Selbstbelobigung. Mithilfe der Künstlerin präsentierte die Institution ihre institutionalisierte Selbstkritik – die Erkenntnisse waren nicht weiter der Rede wert.

Andere Künstler verstehen sich gern als Medientheoretiker und wollen darlegen, dass die Wahrnehmung der Wirklichkeit stets abhängig ist von Bewusstsein und Sprache. Sie schmücken sich mit ein paar Zitaten von Jean Baudrillard, verwenden Fotos aus Zeitungen oder Ausschnitte aus Spielfilmpassagen, beliebt sind ebenfalls die Aufzeichnungen von Überwachungskameras. Aus dem gesammelten Material werden dann Collagen hergestellt, die darüber Auskunft geben sollen, wie der Blick des Betrachters gelenkt und manipuliert, wie sein Verhalten von Bildern und Kameras gesteuert wird. Manche verstehen das als emanzipatorischen Akt, zum Beispiel Candice Breitz, die sich mit raffiniert geschnittenen Videomontagen einen Namen gemacht hat. »Wir müssen die Werte nicht übernehmen, die Hollywood, die Soap Operas und Musikvideos anbieten«, sagt sie in einem Interview. »Wir können auswählen, was wir davon wollen und was nicht.«[128] Allerdings ist auch dieser Erkenntnisgewinn eher mager, zumal für jene Betrachter, die sich nicht von der Bilderflut überspült fühlen, sondern eher gekonnt auf ihr zu surfen verstehen. Gerade im Internet lernt ein jeder schnell, dass alles, was nach Wahrheit aussieht, ebenso gut erfunden sein kann. Skepsis gehört zur intellektuellen Grundausstattung des Mediennutzers.

So wirkt es meist reichlich antiquiert, wenn die Kunst meint, dringend medienkritische Aufklärung betreiben zu müssen. Ein ums andere Mal wird vorgeführt, wie begrenzt die Erkenntnisfähigkeit des Menschen ist – ganz so, als hätte es Platons Höhlengleichnis nie gegeben.

In einer Erzählung hatte er vor fast 2400 Jahren geschildert, was heute immer noch das Thema ausufernder Installationen ist: Er beschrieb die Menschen als gefesselt, in einer Höhle sitzend, mit dem Rücken zum Eingang, sie sehen nichts als die Schatten jener Dinge, die andere hinter ihrem Rücken vorbeitragen. »Auf keine Weise also können diese irgendetwas anderes für das Wahre halten …«[129] Dem müsste ein erkenntnistheoretisches Kunstwerk schon etwas Neues hinzufügen, wollte es mehr sein als eine redundante Illustration des ohnehin Geläufigen. Zumindest definiert sich für den urteilenden Betrachter die Qualität eines Erkenntniskunstwerks schlicht über die Frage, ob es ihm eine ungewohnte Einsicht vermittelt oder ihn nur in seinem Weltverständnis bestärkt.

Meistens allerdings funktioniert Kunst ohnehin anders als Philosophie und andere Formen der wissenschaftlichen Forschung. Sie gehorcht keiner binären Logik, sie unterscheidet nicht zweifelsfrei zwischen Richtig und Falsch. Als Erkenntnismedium, das dabei behilflich ist, ergebnisorientiert nach fundierten Wahrheiten zu forschen, ist sie nur sehr begrenzt geeignet. Vielen Künstlern ist diese Begrenztheit durchaus bewusst, sie wissen, dass ihre Kunst nicht mit der Tiefe einer Langzeitstudie, nicht mit der Klarheit eines Diagramms konkurrieren kann. Manche versuchen es dennoch und wollen eine Art Feldforschung betreiben, als künstlerische Soziologen, Stadtethnographen oder Anthropologen.

Die meisten Erkenntniskünstler richten ihren wissenschaftlichen Blick aber auf sich selbst, sie verschreiben sich einer Grundlagenforschung der Kunst. Seit gut 150 Jahren fragen sie nach den Voraussetzungen künstlerischer Tätigkeit, sie erörtern losgelöst von allen Inhalten die Eigenschaften von Farbe oder Licht oder Raum. Bis heute beschäftigen sich viele Künstler damit, wo die Grenze zwischen Bild und Skulptur verläuft oder was eigentlich den Unterschied zwischen einer Fotografie und einer Bleistiftzeichnung ausmacht. Oft sucht solche Erprobungskunst nach einer Antwort im Essentiellen: Sie will ganz und gar Farbe sein, wie zum Beispiel bei Yves Klein, der aus ungebundenen Blaupigmenten ein Kunstwerk machte. Oder sie will ganz allein den Bildträger zeigen, wie bei Tom Friedman, der ein unbeschriebenes Blatt Papier rahmte.

Doch achten auch diese Künstler nur selten darauf, ob andere vor ihnen vielleicht schon an ähnlichen Formen der Selbsterforschung gearbeitet haben. Dabei bemisst sich die Qualität auch der künstlerischen Erkenntniskunst eben daran: Sie darf auf altbekannte Fragen keine altbekannten Antworten geben. So filmte Jiří Skála vier Künstler dabei, wie sie ihre Leinwand grundieren, um anschließend in seiner Videoinstallation »Local Stigma« von 2004 diese vier Filme auf vier leere Leinwände zu projizieren. Der Erkenntnisgewinn solcher Bilder, die vom Entstehen der Bilder und ihrer Bildhaftigkeit erzählen, fällt für den Betrachter recht schmal aus, so lustig die Installation auch sein mag.

Zu oft werden Erkenntnis und Theorie verwechselt, zu oft meinen manche Künstler, sie müssten dem Betrachter etwas beibringen, wahlweise über die Welt oder über die Kunst. Häufig beschränken sie sich auf die Untersuchung politischer, ökonomischer oder ästhetischer Produktionsmechanismen, sie zielen ab auf Analyse. Dass auch Imagination zu Erkenntnis führen kann, scheint sie kaum zu interessieren. Von *Einbildungskraft* ist nur selten die Rede, zu wenig passt das Wort zu den weit verbreiteten Ansprüchen auf Wissenschaftlichkeit.

Immanuel Kant erschien diese Art von aufrichtigem Erkenntnisdenken eher dürftig zu sein: »Wenn die Kunst, dem Erkenntnisse eines möglichen Gegenstandes angemessen, bloß ihn wirklich zu machen die dazu erforderlichen Handlungen verrichtet, so ist sie mechanische«.[130] Dieser mechanischen Kunst setzte er sein Ideal einer ästhetischen Kunst entgegen, die ein »Gefühl der Lust zur unmittelbaren Absicht« hat. Für ihn war die Phantasie eng verschwistert mit dem Verstand, seine Hoffnung war es, sie würden sich gegenseitig beleben. Er sah in der Einbildungskraft »die reine Form aller möglichen Erkenntnis«, denn erst die Fähigkeit des Menschen, sich »alle Gegenstände möglicher Erfahrung« auszumalen, sich von ihnen ein Bild, eine Vorstellung zu machen, ermöglicht es ihm, diese Gegenstände auch zu begreifen. Aus Vorstellungen werden »Erkenntnisarten«.[131]

In diesem Sinne wäre gute Erkenntniskunst nicht eine, die sich als Wissensagentur oder Forschungsstation versteht. Ihre Qualität wäre es vielmehr, den Betrachter eine »Lust der Reflexion« zu bereiten, seine Erkenntniskräfte zu stärken, ihn ästhetisch weiterzubilden. Sie müsste sich daran messen lassen, ob sie sein Auge schult, sein Unterscheidungsvermögen verfeinert, ihn in seiner Fähigkeit bestärkt, selbst eine so tote Sache wie ein Gemälde in seinem Kopf lebendig werden zu lassen. Schiller hoffte sogar, diese Lebendigkeit könnte so stark sein, den Menschen zu einer neuen Erkenntnis seiner Selbst zu verhelfen. »So wie sich ihm von außen her, in seiner Wohnung, seinem Hausgerät, seiner Bekleidung allmählich die Form nähert, so fängt sie endlich an, von ihm selbst Besitz zu nehmen und anfangs bloß den äußern, zuletzt auch den innern Menschen zu verwandeln.«[132]

Erkennen wäre dann schlicht ein anderes Wort für vertieftes Sehen, für ein Betrachten, das nicht auf vorgefertigte Antworten stößt, sondern neue, eigene, innere Vorstellungen von Kunst und Welt hervorbringt. Bildung begänne mit Einbildung, mit der Fähigkeit, die Eigenheit der Dinge zu gewahren.

Eigentlich wären die Museen der ideale Ort für so ein vertieftes Sehen, hier könnte sich alles um das Verfeinern der Sinne drehen, um den Menschen als phantasiebegabtes Wesen. Hier könnte aus dem individuellen ein kollektives Betrachten werden, und damit aus der Erkenntniskunst eine Wir-Kategorie. Doch gehorchen die meisten Museen einer kunsthistorischen Binnenlogik. Ähnlich wie Briefmarkensammler wollen sie bestimmte Epochen und Gebiete nach Möglichkeit vervollständigen, und selbst für die Gegenwartskunst, die nur selten linearen Entwicklungen folgt, streben sie nach einer lückenlosen Darbietung dessen, was üblicherweise Kunstgeschichte genannt wird. Immer noch ist der Glaube weit verbreitet, es gebe objektive Entwicklungsstrukturen, denen eine objektive Auswahl von Kunstwerken zu entsprechen hätte. Daraus folgt erstens, dass sich viele Museen sehr ähneln, und zweitens, dass sie auf private Sammler angewiesen sind, weil nur diese sich noch den Ankauf von aktueller Kunst in größerem Umfang leisten können. Beides, die zunehmende Homogenisierung wie auch die wachsende Abhängigkeit, ließe sich vermeiden. Die Museen müssten nur stärker auf gute Erkenntniskunst setzen.

Denn wenn es vor allem darum ginge, den Betrachtern das erkennende Sehen und den produktiven Austausch darüber zu ermöglichen, dann bräuchte sich das Museum nicht allzuständig fühlen. Es könnte sich von der Logik der Sammlung, die immer auf Stringenz und Vollständigkeit aus ist, verabschieden und müsste sich nicht länger auf die Präsentation historischer Entwicklungslinien fixieren. Bislang wirken viele Museen wie Dokumentationszentren. Jede Form von Kunst wird gesammelt, ganz gleich, ob diese einen Anspruch auf Dauer erhebt. Selbst die Aktionsformen der Fluxusbewegung werden musealisiert, obwohl sie nie musealisiert werden wollten. Doch niemand zwingt die Museen, das allumfängliche Verwahren und Komplettieren zu ihrer Hauptaufgabe zu machen. Sie könnten sich frei fühlen, viel stärker nach den Qualitäten der Kunst zu fragen. Und sie könnten ihre Ausstellungen so gestalten, dass davon vor allem das Formbewusstsein des Betrachters profitierte. Das hieße: Die Kunstwerke nicht in eine vorformulierte Ordnung zu bringen, sondern diese Ordnung immer wieder neu zu suchen.

Dafür bieten sich spielerische Ausstellungsarten an, wie

sie zum Beispiel das Freiburger Museum für Neue Kunst erprobte, als es einige Bürger 1994 dazu einlud, ihr privates Sofa in die hehren Museumsräume zu transportieren und dort unter einem Bild ihrer Wahl aufzustellen, das sie sich zuvor in der ständigen Sammlung ausgesucht hatten. Die dort entstandenen Lücken wurden während der Aktion mit jenen Werken gefüllt, die üblicherweise bei den Bürgern daheim über dem Sofa hingen. Auf heitere Weise durfte sich so zeigen, dass alles auch ganz anders sein kann. Gerade die Konfrontation ungewohnter Motive, Stile, Qualitäten schärfte den Blick.

Ein ähnliches Experiment wagte die Kunsthalle Kiel: Dort bewies der Direktor Dirk Luckow seine Souveränität, indem er sie mit den Angestellten teilte. Sie durften 2004 je einen Saal mit ihren Lieblingsbildern füllen, zum Beispiel mit lauter Seestücken, die lange im Depot gehangen hatten. Oft waren die Mitarbeiter an Kasse und Garderobe nach diesen Werken gefragt worden, nun machten diese aus dem Wunsch Wirklichkeit.

Solche Lockerungsübungen, die das Interesse der Besucher neu wecken und den Blick schärfen, gibt es bislang nur selten. Ebenso selten öffnen sich die Museen einer breiten und womöglich auch streitbaren Diskussion darüber, warum manche Bilder gezeigt und andere nicht gezeigt werden, weshalb das eine Werk angekauft, das andere vielleicht verkauft werden sollte. Dabei könnten solche Debatten für eine Anteilnahme und Bindung sorgen, die sonst von den Museen oft vergeblich eingefordert wird. Es würde für alle augenscheinlich, dass die Kunst nicht den Experten gehört, sondern allen Betrachtern.

Dies bedeutete nicht das Ende des kunsthistorischen Fachverstands, im Gegenteil, das Museum müsste sich wieder stärker um das Forschen kümmern, müsste sich auf ein geschultes Sehen und Vergleichen und Herleiten einlassen, um den Wert eines Bildes darlegen zu können. Das Begründen, Verstehen, auch das Erkennen gelangte zu neuer Bedeutung.

Gute Erkenntniskunst wäre also eine, die sich solchen Debatten nicht verschließt. Das Museum sammelte sie nicht deshalb, weil sie irgendwann einmal ungemein singulär oder innovativ war. Und es sammelte neue Werke auch nicht ihrer Novität halber, sondern um mit den neuen Werken neue Korrespondenzen innerhalb der Sammlung zu ermöglichen. Gelingen kann das allerdings nur, wenn die Erkenntniskunst sich selbst um Erkenntnis bemüht. Für die Gegenwartskünstler bedeutet das: Sie können nicht nur im Heute leben, selbstgenügsam darauf vertrauend, ihre Kunst sei schon deshalb aktuell und fortschrittlich, weil sie in der Gegenwart entsteht. Vielmehr wird von ihnen verlangt, eine Beziehung zum Bestehenden zu suchen und sich am Überlieferten zu messen. Für sie ist das Museum ein Schutzraum, weil es sie von dem modeabhängigen Verlangen des Marktes bewahrt; zugleich ist das Museum aber auch ein Raum ohne Schonung, weil dort alles mit allem verglichen werden kann und also alles neben allem bestehen können sollte.

Natürlich hat jedes Kunstwerk seine Zeit, und erst aus dieser Zeit heraus lässt sich verstehen, welche stilgeschichtliche, politische und soziale Bedeutung es besitzt. Wenn es allerdings um ein ästhetisches Erkennen geht, tritt die Frage, wann und wie etwas entstanden ist, zunächst in den Hintergrund. Wichtiger als die Absicht eines Kunstwerks, wichtiger auch als seine Zeitgebundenheit wird die augenblickliche Erfahrung des Betrachtens.

Egal ob Rembrandt, Kandinsky oder Warhol – die Qualität eines Erkenntniskunstwerks bemisst sich dann nicht nach seiner Bedeutung für die Kunstgeschichte. Sie bemisst sich vielmehr danach, welchen Reichtum an künstlerischen Mitteln, welche Fülle an gewitzten Anspielungen, welches Repertoire an gelehrter Ikonographie es aufbietet, um die Imagination und damit die Erkenntnisfähigkeiten zu beflügeln.

Diese Mittel sind in der Skulptur andere als im Videofilm, der Fotografie oder Malerei. Für alle gleichermaßen kann der urteilende Betrachter aber fragen, ob, wie und wodurch die Einbildungskraft bestärkt wird: Wie steht es um die Komplexität der Komposition? Um Lichtführung und Detailfreude? Passen die gewählten Materialien zum Sujet der Darstellung? Welches Verhältnis zum Raum wählt die Kunst? Findet sie zu einer eigenwilligen thematischen Setzung?

Oft zeigt sich bereits im scheinbar Nebensächlichen, welchen Sehreiz ein Kunstwerk zu bieten vermag. In der gegenständlichen Malerei zum Beispiel ist das besonders offenkundig: Stehen die Figuren wie vor einem verschlossenen Theatervorhang, direkt an der Bühnenkante? Oder zieht das Bild die Blicke hinein, gewinnt es einen Raum, der die Betrachter dazu einlädt, sich auf die Stimmung und das Geschehen einzulassen? Viele Gegenwartsmaler halten ihre Bilder flach, sie vermeiden es, mehrere Figuren in eine räumlich tief gestaffelte Handlung zu verwickeln. In der Konsequenz bleibt oft auch das ästhetische Erkennen an der Oberfläche. Die Imagination wird abgeblockt.

Damit das nicht passiert und ein Bild im Betrachter eigene Vorstellungen aufruft, bedarf es in der Regel zweierlei: Dauer und Nähe. Selbst einem einfachen, kleinen Motiv kann es gelingen, diese Dauer und Nähe herzustellen, es kann den Blick auf sich ziehen, ihn festhalten und den Betrachter dazu bringen, sich neugierig bis auf ein paar Nasenlängen zu nähern. Allerdings wird das ohne eine innere Spannung des Werks nicht gehen, es braucht Kontraste und Farbdruck, und oft sind es auch Details, die den Betrachter anlocken und Assoziationen in ihm auslösen – oder eben nicht. Es ist wie in einem guten Roman, dessen Handlung einfach, dessen Sprache schlicht sein mögen, der aber dennoch in seiner Figurenzeichnung sehr präzise sein muss, weil jede Unstimmigkeit den Leser skeptisch macht und die Geschichte unglaubwürdig erscheinen lässt.

In der Erkenntniskunst ist es oft schon die technische Umsetzung, die über die Stimmigkeit eines Bilds oder einer Skulptur entscheidet und damit auch über seine Glaubwürdigkeit. Beispielsweise stellt sich dem Betrachter bei einer raumgreifenden Installation oft die Frage, wo diese eigentlich beginnt, wo sie endet, ob die Gardinenstangen, die Klimaanlage oder die schiefen Bodenfliesen noch dazugehören. Bei Filmarbeiten oder technischen Kunstapparaturen bleibt nicht selten unklar, wie die klobigen Bildschirme oder der Kabelwust sich zu dem verhalten, was dort an Filmen oder Bewegungen gezeigt werden soll. Bei Videos gehört es sogar zum Standard, dass der Betrachter in den Präsentationsraum kommt und nicht weiß, ob gerade der Anfang läuft oder bereits das Ende. Selbst die Gesamtlaufzeit wird ihm häufig nicht mitgeteilt – so als sei es unerheblich, an welcher Stelle er einsteigt und wie lang der Film insgesamt dauert. Bei gemalten Bildern, die ja in der Regel ungerahmt bleiben, ist oft unklar, wo die Grenze zwischen Werk und Nicht-Werk verläuft. Häufig wirken die Außenkanten der Leinwand eher wie zufällig bemalt, als habe sich der Künstler nicht klar entscheiden können, ob diese noch zum Bild dazugehören sollen oder nicht.

Solche Sorglosigkeiten in der technischen Umsetzung erwecken leicht den Eindruck, dem Künstler komme es nicht weiter drauf an: nicht auf die Stimmigkeit des eigenen Erscheinens, nicht auf die Präzision der Form und schon gar nicht darauf, die Lust des Betrachters am Detail zu wecken.

Selbes gilt nicht nur für die Rahmenbedingungen, sondern auch für den Kern eines Kunstwerks: Vor allem Videoarbeiten oder Materialcollagen wirken in ihrer Gestaltung oft derart unausgegoren, als hätte es die Künstler nicht weiter interessiert, etwas Zwingendes zu entwickeln. Man muss ja nicht gleich so weit gehen wie der Theoretiker Leon Battista Alberti, der für einen »Einklang« plädierte, für eine »gesetzmäßige Übereinstimmung aller Teile ..., die darin besteht, daß man weder etwas hinzufügen noch hinwegnehmen oder verändern könnte, ohne sie weniger gefällig zu machen«.[133] Doch der Eindruck, alles an einem Kunstwerk könnte ebenso gut auch ganz anders sein, fördert nicht unbedingt das aufmerksame Sehen.

In der gegenständlichen Malerei – hier stellvertretend für andere Spielformen der Kunst eingehender diskutiert – ist dieser Hang zum Ungeklärten und Oberflächlichen besonders auffällig – mit den entsprechenden Auswirkungen auf den Betrachter. Je schematischer beispielsweise ein Gesicht gemalt ist, desto lustloser wird er es sich ansehen. Je hölzerner eine Hand aussieht, desto puppenhafter wirkt die ganze Figur. Umgekehrt lenkt auch übertriebene Virtuosität vom Eigentlichen ab, alle Aufmerksamkeit gilt dann der Art und Weise, wie etwas gemalt wurde und nicht mehr dem, was der Maler darstellen wollte. Die Technik soll nicht dem Inhalt die Schau stehlen, gleichwohl beginnt ein gegenständliches Bild erst dann zu pulsieren, wenn es durch eine Vielfalt im Ausdruck überrascht und sich auch den Dingen am Rande noch mit Sorgfalt widmet.

Gerade diese Sorgfalt halten viele Gegenwartskünstler für

überflüssig. Sie malen lieber nachlässig, weil in der Szene allgemein nur der als locker, authentisch und souverän gilt, der sich nicht zu viel Mühe macht und übereifrig jedes Detail ausarbeitet. So entwirft zum Beispiel der Maler Jonas Burgert räumlich wie auch kompositorisch aufwendige Bilder, er scheut sich nicht davor, seine Figuren in ungewöhnlichen Haltungen zu zeigen, sie dürfen sich sogar bewegen, anders als bei vielen seiner Kollegen, die ihre Figuren nur stehen oder sitzen lassen. Doch trotz des Aufwands, den Burgert treibt, fällt dem Betrachter spätestens beim zweiten Hinsehen auf, wie unstimmig seine Menschen sind, etwa auf seinem Bild »Bergung« von 2006. Hier ein überlängter Arm, dort eine aufgedunsene Schulter, und die Hände wirken häufig, als seien sie von unfähigen Chirurgen zusammengeflickt worden. Missratene Details wie diese werden oft mit dem Hinweis entschuldigt, sie seien mit Absicht so gemalt worden und gehörten zum persönlichen Stil des Künstlers. Bei Burgert allerdings ist das Missverhältnis von reichhaltiger Figurenkomposition und dürftiger Detailbehandlung nicht zu übersehen. Und wenn, wie in diesem Fall, für den Betrachter nicht zu erkennen ist, was durch eine vernuschelte oder verschwommene Machart bezweckt wird und auf welche Weise diese die Wirkung des Bildes befördern sollte, kann er ebenso gut unterstellen, dass es sich bei der Nachlässigkeit eben darum handelt: um Nachlässigkeit oder aber um eine Masche oder sogar um Unvermögen. Einiges Können gehört schon dazu, eine Hand oder eine Hautpartie oder ein Schlüsselbein oder einen Haarschopf so zu malen, dass sich das Auge des Betrachters tatsächlich daran schulen kann.

Ästhetische Bildung bedeutet ja immer auch: sich festsehen zu können, so wie man sich festlesen kann. Sich mal im Detail zu verlieren, dann den Blick hin- und herschweifen zu lassen, nicht nur auf dem einzelnen Gemälde, sondern auch von den Werken der Gegenwart zu den Werken der Vergangenheit und zurück. Nicht um von allen Bildern das Gleiche zu erwarten, viel eher geht es darum, dass der Betrachter sein Gespür für Formen, für Licht und Proportionen weit freier zu entwickeln vermag, wenn er quer durch die Jahrhunderte schaut.

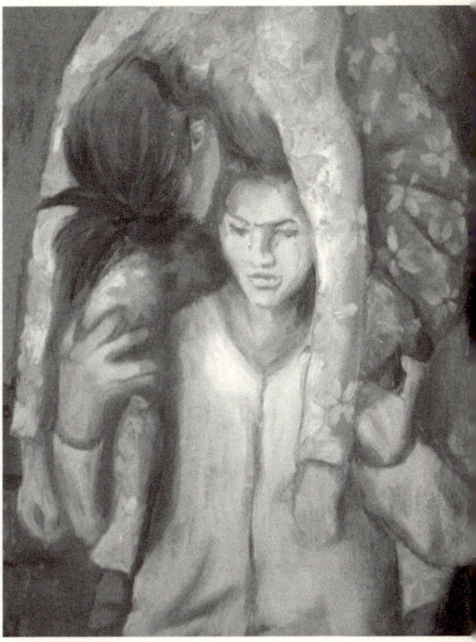

Jonas Burgert: »Die Bergung«, 2006 (Ausschnitt)

Zum Beispiel wird er die Unterschiede in der Farbbehandlung klarer unterscheiden und bewerten können, hat er sich ein Bild wie »Tarquinius und Lucretia« angesehen, 1571 von Tizian gemalt. Dort überfällt ein Mann eine Frau, bedroht sie mit dem Messer, wirft sie nieder, die Frau aber rührt keine Miene. Allein die Farbe erzählt von ihrem Schrecken. Mit seinen Fingerkuppen hat Tizian die Gewalt in das Bild hineingeknetet und -gekratzt, hat einen Sturm der Schlieren und Striche entfacht, der das Geschehen lebendig werden lässt, ohne dass sich der Mund zum Schrei öffnen müsste.

Ganz anders Raffael: Kühl und klar sind seine Bilder, Himmel ohne Wolken, Landschaften nackt und ausradiert. Fast metallisch wirken diese Bilder, so klar und scharf sind die Farben. Viele sind auf holländische Art detailversessen, doch manchmal erlaubt sich Raffael auch einen gelösten, durchsichtigen Pinselstrich wie etwa auf dem Ölberg-Bild (1504/05), auf dem er ganz weich und warm die Schläfrigkeit der Jünger schildert.

Zum Vergleich Eberhard Havekost, 1967 geboren: Da gibt

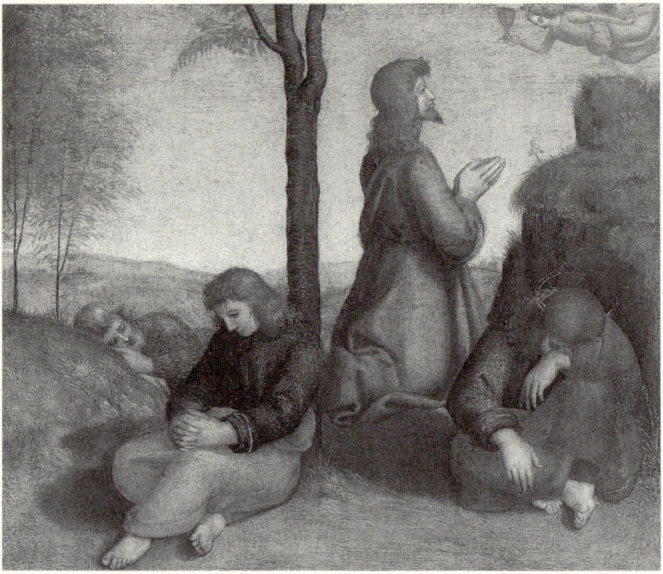

Raffael: »Der Ölberg« (1504/05)

es keinen suchenden Pinselstrich, nichts Spontanes, Abruptes, so wenig wie bei Raffael. Havekost reinigt seine Bilder von den Spuren des Tatsächlichen, er entwirklicht sie. Oft malt er Motive des bewegten Lebens, Flugzeuge, S-Bahnen, Wohnwagen, auch Bilder vom Skifahren, Bergsteigen und Zelten. Doch stets gerinnt ihm das Flüchtige, das Unstille wird Stillleben. Wie anders wiederum sein Kollege Richard Maury, Jahrgang 1935, der ebenfalls nichts dem Zufall überlässt, der aber seine Bilder nicht glatt und dicht malt, dafür ist er viel zu verliebt ins Haarfeine. Auf einem Werk wie »Is it worth it« liegt kein Geheimnis, alles ist offen, gleichwohl bleibt der Blick hängen, wandert über das Gesicht, hinein in die Räume und wieder zurück auf die Hände, deren Finger nicht nur Würstel sind. Sie wollen irgendetwas greifen, das sie nicht zu fassen bekommen, vermutlich die Aufmerksamkeit des Betrachters.

Daran zeigt sich gute Erkenntniskunst: Sie lädt ein zum Vergleichen, sie will den Betrachter spüren lassen, wie ungemein reich die Kunst ist. Natürlich werden dessen Ansprüche mit der Zeit steigen, doch darum geht es ja: den Sinn für Farbe und Licht zu beleben und damit auch die Fähigkeit zur Imagination zu stärken. Es ist die Fähigkeit, etwas zu fingieren, das die üblichen Vorstellungen von Wahrheit und Lüge durcheinanderbringt und vielleicht sogar über die eigene Gegenwart hinausweist. Dafür braucht es nicht das große Traumtheater, wie es ein Künstler wie Neo Rauch in vielen seiner Bilder aufführt. Oft reicht schon ein Gesicht, das so ausdrucksvoll ist, dass es sich einprägt. Solche Gesichter gibt es nicht viele in der Gegenwartskunst, Portraits sind eine Seltenheit, und wenn doch einmal Menschen gemalt werden, dann wirken sie oft wie Schablonen, auch bei Neo Rauch ist das so. Auf vielen Bildern knallt Farbe gegen Farbe, anders als bei vielen klassischen Portraits, wo die Übergänge fast immer weich verlaufen, sodass es für das Auge kaum präzise zu bestimmen ist, wo der Hintergrund endet und wo das Gesicht beginnt. Auch das wechselvolle Spiel von Licht und Gegenlicht, von Schatten und Halbschatten, von innerem und äußerem Leuchten, von Sfumato und Chiaroscuro scheint von vielen Künstlern fast vergessen zu sein.

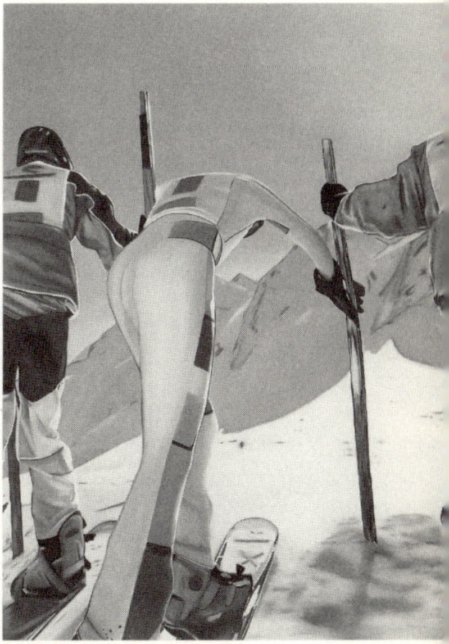

Eberhard Havekost: »Sport hell«, 2004

Das könnte die Aufgabe eines Museums sein, dem es um die Erkenntnislust und die Erkenntnisfähigkeit der Betrachter geht: immer wieder aufzuzeigen, wie raffiniert und schattierungsreich und bedeutungsvoll die Kunst sein kann, über wie viele Dimensionen und Möglichkeiten sie – und damit auch der Betrachter – verfügt. In der Gastronomie gibt es seit längerem schon eine Slow-Food-Bewegung. Die Museen könnten sich der Slow-Art verschreiben, einer Intensität im Sehen, einer Lust an der Versenkung. Viel zeitgemäßer sind sicherlich Tütensuppen und Tiefkühlkost, das gilt auch für das, was man die Fertiggerichte der Kunst nennen könnte, zubereitet in den Mikrowellen der eventösen Großausstellungen. Doch ist es von jeher die Grundidee des Museums gewesen, sich nicht dem Zeitgemäßen, sondern dem Zeitenthobenen zu widmen, also immer zu relativieren, was heute aktuell und unabdingbar erscheint. Das Museum muss frei sein von den Zwängen der Verwertbarkeit und Beschleunigung, von vordergründigen Sammler- und Händlerinteressen, nur dann kann es seiner eigentlichen Aufgabe nachkommen: Erstens ein Erkenntnisraum für Betrachter und Künstler zu sein und zweitens Nachfrage zu stimulieren – nach einer Kunst, die heute nur geringe Chancen hat, weil sie öffentlich kaum eingefordert wird.

Diese Nachfrage ist wichtig, denn Kunst entsteht ja nicht in irgendeinem Vakuum, sie entsteht abhängig von dem, was in den Zirkeln des Kunstsystems geschätzt und befördert wird. Weit mehr als bisher könnte das Museum durch dieses Schätzen und Fördern, durch seine Ausstellungspolitik, durch Aufträge, manchmal sogar durch Ankäufe beeinflussen, dass Kunsterkenntnis weit mehr zählt als bisher.

Das hieße zum Beispiel, dass für den guten Künstler gilt, was für jeden guten Koch selbstverständlich ist. Da geht es um Raffinement und Präzision, um ein Miteinander der Gegensätze, um Erfindungsgabe, die richtige Präsentation – und am Ende doch eigentlich nur darum, was sich davon dem Publikum mitteilt. Es zählt nicht, was der Koch sich bei einem Essen gedacht, aus welchen Motiven und mit welchem Aufwand er es hergestellt hat oder wie teuer die Zutaten waren, es zählt, welches Geschmacksempfinden seine Gerichte anregen. Um eben diese Anregung kann es auch in der Erkenntniskunst gehen.

Sicherlich ist ein Künstler viel freier als der Koch, weil ihm eigentlich alles, was es auf der Welt gibt, zur Zutat werden kann, sogar das, was es nicht gibt. Und doch ist auch er gebunden an den Reiz des Wahrnehmens, der in den Reiz des Reflektierens mündet. Gerade weil man seine Kunst nicht essen muss, um sie zu würdigen, weil sie niemals auf der Zunge zergeht, sondern immer nur auf der Zunge liegt, genussvoll ungenossen, ein inkommensurables Konsumgut, kann er sich frei fühlen.

Gute Kunst, egal welche Funktion sie erfüllt, lebt aus dem Bedürfnis, sich die Welt anzueignen und sie in der Aneignung neu zu erfinden. Sich in ihr selbst zu begegnen, es aber bei dieser Selbstbegegnung nicht zu belassen. Das Bedürfnis nach einer solchen Kunst ist groß: nach Bildern, die etwas teilen wollen und die sich mit anderen teilen lassen. Kant nennt es »eine Vorstellungsart, die für sich selbst zweckmäßig ist, und, obgleich ohne Zweck, dennoch die Kultur der Gemütskräfte zur geselligen Mitteilung befördert«.[134]

Welche Form der Künstler dafür wählt, für welches Medium, welche Materialien er sich entscheidet, ist gleichgültig. Das zeigt ein Maler wie Eric Fischl, der seine Motive auf indischen Märkten ebenso wie in römischen Kirchen findet und manchmal auch dralle Menschen vor drallen Barockskulpturen tanzen lässt. Das Bizarre ist bei ihm allerdings eher die Ausnahme, viel öfter lassen sich seine Bilder auf das Alltägliche ein, schildern zum Beispiel ein Ehepaar am frühen Morgen, sie duscht, er bei der Rasur. Nicht selten wir-

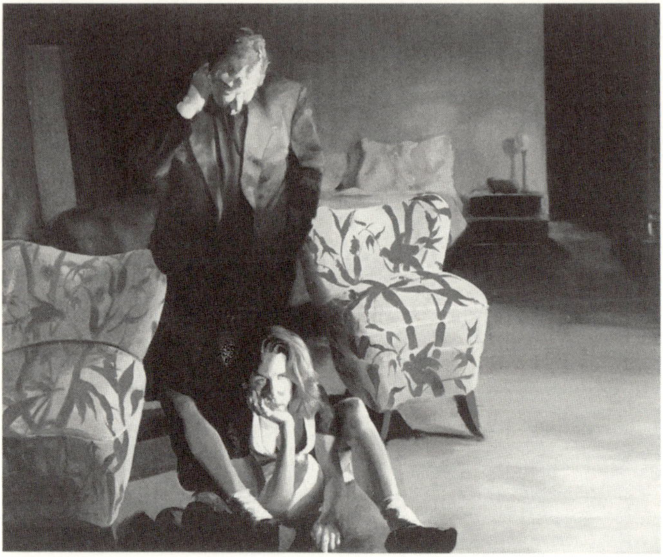

Eric Fischl:
»The bed, the chair,
the sitter«, 2002

ken seine Werke so, als hätte er die Figuren auf eine Bühne gestellt, zum Beispiel auf dem Bild »The bed, the chair, the sitter« von 1999/2000. Der Betrachter ist eingeladen, hinaufzusteigen und die Figuren zu umkreisen, ihre Stimmung zu erforschen. Fischl hält die Balance: Seine Kunst ist reich an Details, doch nicht detailüberladen, ist nicht pedantisch, aber auch nicht nachlässig, kultiviert nicht das Altmeisterliche, zeigt sich gleichwohl offen für das Überlieferte, für Farbvaleurs, Raumtiefen, Lichtspiele, für eine Spannung, die im Historischen wurzelt.

»Mitten in dem furchtbaren Reich der Kräfte und mitten in dem heiligen Reich der Gesetze baut der ästhetische Bildungstrieb unvermerkt an einem dritten, fröhlichen Reich des Spiels und des Scheins, worin er dem Menschen die Fesseln aller Verhältnisse abnimmt und ihn von allem, was Zwang heißt, sowohl im Physischen als im Moralischen entbindet«, so sagt es Schiller.[135] Für die Gegenwartskunst heißt das: Sie braucht nicht ständig ihre Autonomie unter Beweis zu stellen und muss sich auch nicht in ein Überwindungs- und Fortschrittspathos flüchten. Sie kann souverän nach ihren eigenen Themen und Inhalten fahnden und gelassen nach den Erkenntnissen, nach den Bildungs- und Imaginationsstrategien fragen, die sich über die Jahrhunderte angesammelt haben. Weder im Zurück noch im Voran, weder in Traditionsverherrlichung noch in Traditionsnegierung liegt das Glück, sondern in der Fülle dessen, was ist, und in der Gewahrung dessen, was sein könnte.

ANMERKUNGEN

Einleitung

1 http://en.wikipedia.org/wiki/Michael_Stone_(loyalist_paramilitary)
2 André Breton: *Die Manifeste des Surrealismus.* Reinbek 1968. S. 56.
3 Die Zeit, 51/2005.
4 *The Art Newspaper*, 12. 10. 2006.
5 *Kunstzeitung*, Nr. 11, 2005.
6 *Vanity Fair* USA, Nr. 12, 2006, S. 94 ff.
7 Wilhelm Heinrich Wackenroder: *Herzensergießungen eines kunstliebenden Klosterbruders.* Stuttgart 1997. S. 71 f.
8 Theodor W. Adorno: *Ästhetische Theorie.* Frankfurt am Main 1973. S. 280.
9 http://www.kunstwissen.de/fach/f-kuns/allg/art/lh.htm
10 Boris Groys: *Topologie der Kunst.* München 2003. S. 20.
11 *Art*, Nr. 10, 2006, S. 15.
12 *Art*, Nr. 11, 2006, S. 8.

I Wie die neue Macht des Marktes die Kunst verändert

13 *Weltkunst*, Nr. 3, 2007, S. 46.
14 Jeremy Rifkin: *Access – Das Verschwinden des Eigentums: Warum wir weniger besitzen und mehr ausgeben werden.* Frankfurt am Main 2000. S. 183.

15 *Vanity Fair* USA, Nr. 12, 2006, S. 194 ff.

16 Friedrich Schiller: »Über das Erhabene«. In: ders.: *Werke und Briefe*, Bd. 8. Hg. von Rolf-Peter Janz. Frankfurt am Main 1992. S. 828.

17 www.arttactic.com

18 *Spiegel*, Nr. 2, 2006, S. 129.

19 *Vanity Fair* USA, Nr. 12, 2006, S. 194 ff.

20 *Die Zeit*, Nr. 17, 2006.

21 Bruce Chatwin: *Utz*. München und Wien 1989. S. 21 f.

22 Die Geschichte erzählte der Messeleiter der Art Basel, Samuel Keller, in einem Interview; *Schweizer Illustrierte*, 28. 11. 2005, S. 20.

23 http://www.corporate-cultural-responsibility.de/01_content/15_bdi_kulturkreis/bdi_kulturkreis_text.html

24 *Berliner Zeitung*, 18. 1. 2003.

25 Julius Meier-Graefe: *Entwicklungsgeschichte der modernen Kunst*. Stuttgart 1914, Bd. 1, S. 18.

26 *The Art Newspaper*, Nr. 12, 2004, S. 30.

27 Ebd.

28 Immanuel Kant: *Kritik der Urteilskraft*. Frankfurt am Main 1974. S. 117.

29 *Die Zeit*, Nr. 51, 2005.

30 *Die Zeit*, Nr. 16, 2004.

31 *Süddeutsche Zeitung*, 8. 12. 2005.

32 *Süddeutsche Zeitung*, 10. 5. 2006.

33 *The Art Newspaper*, Nr. 6, 2005.

34 Zitiert nach: Beate Eickhoff: »Geschichte der deutschen AICA«. In: *Vom Kunststück, über Kunst zu schreiben*. Hg. von Walter Vitt. Nördlingen 2001. S. 19.

35 Zitiert nach: Horst Richter: »Selbstkritik der Kritiker«. In: *Vom Kunststück, über Kunst zu schreiben*. Hg. von Walter Vitt. Nördlingen 2001. S. 38.

36 Karl Markus Michel: »Heiliger Lukas! Kritik der Kunstkritik«. In: *Kursbuch*, Nr. 99, 1990. S. 153.

37 Nachzulesen ist die Untersuchung aus dem Jahr 2002 durch das National Arts Journalism Program an der Columbia Universität unter http://www.najp.org/publications/researchreports/tvac.pdf

38 Jan Verwoert: »Für eine kritische Kritik. Gegen das mythische Pathos des Aufklärers«. In: *Neue Kunstkritik*. Hg. von Nicolaus Schafhausen. New York 2001. S. 74.

39 Nachzulesen unter: http://www.initiative-qualitaet.de/index.php?id=1364

40 *Texte zur Kunst*, Nr. 45, 2002, S. 4 f.

41 Michael Kirby: »Criticism – Four Faults«. In: *The Drama Review*, Vol. 18, Nr. 3, September 1974, S. 63.

42 Walter Benjamin: »Die Technik des Kritikers in dreizehn Thesen«. In: ders.: *Gesammelte Schriften*. Frankfurt am Main 1980. Bd. 10, S. 108 f.

43 Charles Baudelaire: »Der Salon von 1846«. In: ders: *Der Künstler und das moderne Leben*. Leipzig 1990, S. 17–104; hier S. 20.

44 In einem Interview mit dem Autor im November 2004.

45 *Die Zeit*, Nr. 17, 20. 04. 2006.

46 Julius Meier-Graefe: *Entwicklungsgeschichte der modernen Kunst*. Stuttgart 1904. Bd. 1, S. 27 f.

II Die 10 populärsten Irrtümer der Gegenwartskunst

47 Clement Greenberg: »Avantgarde und Kitsch« (1939). In: ders.: *Die Essenz der Moderne. Ausgewählte Essays und Kritiken*. Hg. von Karlheinz Lüdeking. Amsterdam und Dresden 1997, S. 30.

48 Ad Reinhardt: »Kunst-als-Kunst«. In: ders.: *Schriften und Gespräche*. Hg. von Thomas Kellein. München 1984. S. 136.

49 Zitiert nach Suzi Gablik: *Has Modernism Failed*. New York 1986. S. 12.

50 »Die futuristische Malerei. Technisches Manifest«. In: Christa Baumgarth: *Geschichte des Futurismus*. Reinbek 1966. S. 181 f.

51 Vgl. Hanno Rauterberg: *Die Konkurrenzreliefs. Lorenzo Ghiberti und Filippo Brunelleschi im Wettbewerb um die Baptisteriumstüren in Florenz*. Hamburg 1996.

52 Rainer Metzger: »Aneignung und Auslegung. Über die Komplizenschaft von Kanon und Kunst in den letzten 200 Jahren«. In: *Kunstforum International*, Bd. 162, 2002, S. 50 ff.

53 Christian Demand: *Die Beschämung der Philister. Wie die Kunst sich der Kritik entledigte.* Springe 2003. S. 113.

54 Ebd., S. 80.

55 Isabelle Graw: »Kunst, Markt, Mode. Prinzip Celebrity – Porträt des Künstlers in der visuellen Industrie«. In: *Lettre International*, Nr. 74, 2006. S. 45.

56 Jörg Heiser: *Plötzlich diese Übersicht. Was gute zeitgenössische Kunst ausmacht.* Berlin 2007. S. 131.

57 Aristoteles: *Die Poetik.* Übers. und hg. von Manfred Fuhrmann. Stuttgart 1982. S. 11.

58 Theodor W. Adorno: *Ästhetische Theorie.* Frankfurt am Main 1973. S. 476.

59 Max Imdahl: *Gesammelte Schriften.* Hg. von Gottfried Boehm. Frankfurt am Main 1996. Bd. 3, S. 299.

60 *Die Zeit*, Magazin, Nr. 4, 1995. S. 24 f.

61 Rainer Metzger: »Was ist Kunst? Wann ist Kunst? Anmerkungen zum Nominalismus der Moderne«. In: Irmgard Bohunovsky-Bärnthaler: *Künstler, Kritiker, Vermittler, Rezipienten. Über Abgründe an Grenzen.* Klagenfurt und Wien 2003. S. 26.

62 www.Outlook.gr/news.text.en.phy?id=6, Interview vom 12. März 2003 im Rahmen der Athener Ausstellung Outlook.

63 *Die Tageszeitung*, 26. 9. 06.

64 Friedrich Schlegel: *Studien des klassischen Altertums.* Paderborn 1979. S. 254.

65 Friedrich Schlegel: *Kritische Schriften und Fragmente*, Bd. 1. Paderborn 1988. S. 102.

66 Ernst Ludwig Kirchner: »Programm der Künstlergruppe Brücke«. Zit. nach: *Kunsttheorie im 20. Jahrhundert.* Hg. von Charles Harrison und Paul Wood. Bd. 1. Ostfildern-Ruit 2003. S. 91.

67 *Die Zeit*, Nr. 7, 2004.

68 Clement Greenberg: »After Abstract Expressionism«: In: *Art International*, Bd. VI, Oktober 1962, S. 29.

69 Platon: *Plato's Staat*, 10. Buch, 2. Artikel. Stuttgart 1857.

70 Leon Battista Alberti: *Das Standbild.* Hg. von Oskar Bätschmann und Christoph Schäublin. Darmstadt 2000. S. 143 ff.

71 Wolfgang Ullrich: *Was war Kunst? Biographien eines Begriffs*. Frankfurt am Main 2005. S. 76 ff.

72 Ad Reinhardt: *Schriften und Gespräche*. Hg. von Thomas Kellein, München 1984. S. 137.

73 Friedrich Schiller: *Über die ästhetische Erziehung des Menschen*, 21. Brief. Stuttgart 2000. S. 83.

74 Ebd., 22. Brief. S. 86.

75 Arthur C. Danto: »Beauty and the End of Art«. In: *Outlook*. Ausstellungskatalog. Hg. von Christos M. Joachimides. Athen 2003.

76 http://derstandard.at/?url=/?id=1032645%26sap=2%26_pid=3743231

77 Karl Philipp Moritz: *Werke*. Hg. von Horst Günther. Frankfurt am Main 1981. Bd. 2, S. 557.

78 August Wilhelm Schlegel: *Die Kunstlehre. Kritische Schriften und Briefe*. Hg. von Edgar Lohner. Stuttgart 1963. Bd. 2, S. 13.

79 *Sankt Ziegenzack springt aus dem Ei*. Texte, Bilder und Dokumente zum Dadaismus in Zürich, Berlin, Köln und Hannover. Hg. von Klaus Schuhmann, Zürich 1991. S. 399.

80 Isabelle Graw: »Kunst, Markt, Mode. Prinzip Celebrity – Porträt des Künstlers in der visuellen Industrie«. In: *Lettre International*, Nr. 74, 2006. S. 45, 47.

81 http://www.wochenklausur.at/texte/faq_dt.html

82 *Die Zeit*, Nr. 19, 2004.

83 Nachzulesen im *American Canvas Report*, http://www.nea.gov/pub/AmCan/Chapter5.pdf

84 http://www.psr.keele.ac.uk/area/uk/man/lab97.htm

85 *The Guardian*, 12. 4. 1999.

86 Friedrich Schiller: *Über die ästhetische Erziehung des Menschen*, 27. Brief. Stuttgart 2000. S. 120.

87 José Pierre: *Futurismus und Dadaismus*. Lausanne 1967. S. 99.

88 The Art Newspaper, Nr. 6, 2006.

89 Interview in *Die Zeit*, Nr. 49, 1999.

90 http://www.renewal.org.au/artcrime/pages/hirst.html

91 John Locke: *Versuch über den menschlichen Verstand*. Bd. 1. Hamburg 2000. Vgl. S. 108 ff.

92 Immanuel Kant: *Kritik der Urteilskraft*. Frankfurt am Main 1974. S. 130.

93 Ebd., S. 37.

94 August Endell: *Dekorative Kunst*. München 1898. Bd. 1, S. 75.

95 Johann Georg Sulzer: *Allgemeine Theorie der schönen Künste*. Hildesheim 1970. Bd 1, S. 461.

96 Boris Groys: *Topologie der Kunst*. München 2003. S. 22.

97 Martin Seel: *Die Kunst der Entzweiung. Zum Begriff der ästhetischen Rationalität*. Frankfurt am Main 1985. S. 281.

98 Clement Greenberg: »Avantgarde und Kitsch« (1939). In: ders.: *Die Essenz der Moderne. Ausgewählte Essays und Kritiken*. Hg. von Karlheinz Lüdeking. Amsterdam und Dresden 1997. S. 40.

99 Immanuel Kant: *Kritik der Urteilskraft*. Frankfurt am Main 1974. S. 240.

100 Georg Wilhelm Friedrich Hegel: *Vorlesungen über die Ästhetik*. Frankfurt am Main 1986. Bd. 1, S. 61.

101 Immanuel Kant: *Kritik der Urteilskraft*. Frankfurt am Main 1974. S. 248.

102 Ebd., S. 123.

103 August Wilhelm Schlegel: *Die Gemählde*. Hamburg 1996. S. 20.

104 Klaus Theweleit. *Tor zur Welt. Fußball als Realitätsmodell*. Köln 2004. S. 58.

105 Immanuel Kant: *Kritik der Urteilskraft*. Frankfurt am Main 1974, S. 130.

106 Ebd., S. 240.

107 Olaf Nicolai: *La Lotta*. Ausstellungskatalog Galerie Eigen+Art. Leipzig 2006. S. 42.

108 Moses Mendelssohn: »Rhapsodie oder Zusätze zu den Briefen über die Empfindungen« (1761). In: ders.: *Ästhetische Schriften in Auswahl*. Hg. von Otto F. Best. Darmstadt 1974. S. 139.

109 Johann Georg Sulzer: *Allgemeine Theorie der schönen Künste*. Hildesheim 1970. Bd. 2, S. 1233.

110 Anna Brenken auf der Internetseite http://www.netplanet-harburg.netsamurai.de/HD-info.htm
111 August Friedrich Schlegel: *Kritische Schriften und Fragmente.* Bd. 1. Paderborn 1988. S. 84.
112 Immanuel Kant: *Kritik der Urteilskraft.* Frankfurt am Main 1974. S. 240.
113 Theodor W. Adorno und Max Horkheimer: *Dialektik der Aufklärung – Philosophische Fragmente.* Frankfurt am Main 1969. S. 152 f.
114 Johann Georg Sulzer: *Allgemeine Theorie der schönen Künste.* Hildesheim 1970. Bd. 2, S. 1233.
115 Gotthold Ephraim Lessing: »Laokoon oder Über die Grenzen der Malerei und Poesie«. In: ders.: *Werke.* Bd 6: *Kunsttheoretische und kunsthistorische Schriften.* Hg. von Herbert Georg Göpfert. München 1974. S. 23.
116 Friedrich Schiller: »Was kann eine gute stehende Schaubühne eigentlich wirken?« In: ders.: *Werke und Briefe*, Bd. 8. Hg. von Rolf-Peter Janz. Frankfurt am Main 1992. S. 200.
117 *Die Zeit*, Nr. 42, 2002.
118 http://www.tenantspin.org/downloads/pdf/artscouncil/the_power_of_art/power_of_art_2.pdf
119 Karl Philipp Moritz: *Werke.* Hg. von Horst Günther. Frankfurt am Main 1981. Bd. 2, S. 543.
120 Arnold Gehlen: *Zeit-Bilder. Zur Soziologie und Ästhetik der modernen Malerei.* Frankfurt am Main 1965. S. 222.
121 Zitiert nach: Volker Harlan: *Was ist Kunst?* Stuttgart 1986. S. 28.
122 Zitiert nach: Wolfgang Zumdick: *Über das Denken bei Joseph Beuys und Rudolf Steiner.* Basel 1995. S. 135.
123 Georg Simmel: *Philosophie des Geldes.* Gesamtausgabe, Bd. 6. Frankfurt am Main 1989. S. 658 f.
124 Boris Groys: »Kunst als Avantgarde der Ökonomie«. In: Andreas Grosz und Daniel Delhaas: *Die Kultur AG.* München 1999. S. 22.
125 http://www.muenchow.ch/kuenstler_schult.html
126 *Der Standard*, 11. 6. 2002.
127 *Die Zeit*, Nr. 24, 2005.

128 *art*, Nr. 10, 2006.

129 Platon: *Plato's Staat*, 7. Buch, 106.a. Stuttgart 1857.

130 Immanuel Kant: *Kritik der Urteilskraft*, § 44. Frankfurt am Main 1974. S. 239.

131 Immanuel Kant: *Kritik der reinen Vernunft*, § 15–27. Hg. von Raymund Schmidt. Hamburg 1976. S. 168 ff.

132 Friedrich Schiller: *Über die ästhetische Erziehung des Menschen*, 27. Brief. Stuttgart 2000. S. 119.

133 Leon Battista Alberti: *Zehn Bücher über die Baukunst*. Wien und Leipzig 1912 (Nachdruck Darmstadt 1975). S. 293.

134 Immanuel Kant: *Kritik der Urteilskraft*. Frankfurt am Main 1974. S. 240.

135 Friedrich Schiller: *Über die ästhetische Erziehung des Menschen*, 27. Brief. Stuttgart 2000. S. 120.

DANKSAGUNG

Für die vielen Anregungen und Hinweise, für die Unterstützung, die Ermutigung und Begleitung, ohne die es dieses Buch nicht geben würde, bedanke ich mich herzlich bei Heidi Borhau, Claudia Brink, Evelyn Finger, Jens Jessen, Thomas Ketelsen, Petra Kipphoff, Hinrich Krahnstöver, Björn Kruschke, Katharina Rauterberg, Alexander Roesler, Heinz Rolefs, Christine Schulze-Kruschke, Hilal Sezgin, Tobias Timm und Wolfgang Ullrich.

BILDNACHWEIS

S. 12: Ausriss aus der Bild-Zeitung vom 18. März 2006

S. 23: Jonathan Meese: »Casino Royal (Goldenes Skelett)«, aus: Katalog der Ausstellung »Jonathan Meese. Képi blanc, nackt«, 16. 1.–12. 4. 2004, Schirn Kunsthalle, Frankfurt/Main 2004, S. 36 f.

S. 31: Kunst-Messe Miami Beach, Foto: Hanno Rauterberg

S. 32: Kunst-Messe Miami Beach, Foto: Hanno Rauterberg

S. 36: Kunstbewertung von ArtTactic, Ausgabe Herbst 2006, S. 3

S. 44: Damien Hirst: »Die physische Unmöglichkeit des Todes in der Vorstellung eines Lebenden«, picture-alliance, dpa

S. 62: Entwurf der Zweigstelle des Louvre in Abu Dhabi, Pressematerial Büro Nouvel

S. 82: Gordon McHarg: »Mickey HIM«, 2004, aus: Monopol. Magazin für Kunst und Leben, Nr. 6, 2006, S. 73

S. 109: Installation »245 m³« von Santiago Sierra in Pulheim-Stommeln, aus: Katalog der Ausstellung »Santiago Sierra«, 26. 5.–13. 8. 2006, Centro de Arte Contemporanéo de Málaga, Málaga 2006, S. 216

S. 127: Thomas Demand: »Kitchen«, aus: Katalog der Ausstellung »Thomas Demand«, 6. 6.–20. 8. 2006, Serpentine Gallery, London, München/London 2006, S. 34

S. 133: Monica Bonvicini: Werbung statt Kunst, aus: art, Heft 10, 2002, S. 11

S. 141: Erwin Wurm: »Der Künstler, der die Welt verschluckte«, aus: Katalog der Ausstellung »Erwin Wurm. The Artist who swallowed the World«, 23. 9.–26. 11. 2006, Ludwig Forum für Internationale Kunst, Aachen, hg. v. Museum Moderner Kunst Stiftung Ludwig Wien, Wien/Ostfildern 2006, S. 249

S. 147: Daniele Buetti: Der Körper als Werbeträger, aus: Katalog der Ausstellung »Flirts. Kunst und Werbung. Arte e Publicità«, Museion, 27. 5.–29. 8. 2004, Museum für moderne und zeitgenössische Kunst Bozen, Bozen 2004, Umschlagmotiv

S. 151: Franz West: »Diwan«, aus: Veit Loers, »Franz West«, Köln 2006, S. 140 oben

S. 157: Mark Wallinger, »State Britain«, picture-alliance, dpa

S. 165: Durchamp: »LHOOQ«, aus: Katalog der Ausstellung »Marcel Duchamp«, 20. 3.–30. 6. 2002, Museum Jean Tinguely Basel, Ostfildern 2002, S. 101

S. 173: Guillaume Bijl: Neuer Supermarkt, aus: »Shopping. 100 Jahre Kunst und Konsum«, hg. v. Max Hollein und Christoph Grunenberg, Ostfildern 2002, S. 219

S. 183: Sigmar Polke: »Lotus Mantra«, aus: Katalog der Ausstellung »Sigmar Polke. Werke & Tage«, 8. 4.–19.6.2005, Kunsthaus Zürich, Zürich/Köln 2005, S. 193

S. 185: Erwin Wurm: Bank-Manager vor seiner Bank, aus: Katalog der Ausstellung »Erwin Wurm. The Artist who swallowed the World«, 23. 9.–26. 11. 2006, Ludwig Forum für Internationale Kunst, Aachen, hg. v. Museum Moderner Kunst Stiftung Ludwig Wien, Wien/Ostfildern 2006, S. 68

S. 188: Jeff Koons' Magenta-Pudel, Foto: Hanno Rauterberg

S. 189: Luc Tuymans: »Bird«, aus: Katalog zur Ausstellung »Luc Tuymans. The Arena«, 9. 3.–27. 4. 2003, Kunstverein Hannover, hg. v. Stephan Berg, Ostfildern 2003, S. 33

S. 190: Josephine Meckseper, »The Complete History of Contemporary Art«, Foto: Hanno Rauterberg

S. 199: Olaf Nicolai: Schuluhr, aus: Katalog zur Ausstellung »Olaf Nicolai. La Lotta«, 29. 4.–26. 8. 2006, Galerie EIGEN+ART Leipzig, Leipzig 2006, S. 43 unten

S. 200: Bjarne Melgaard, »Black Low«, aus: Katalog zur Ausstellung »Black Low//The Punk Movement was just Hippies with short Hair«, 5. 5.–14. 7. 2002 in Herford, Bielefeld 2002, o. P.

S. 201: Jeff Wall: »Das geflutete Grab«, aus: Katalog der Ausstellung »Photographs 1978–2004«, 30.4.–25.9.2005, Schaulager Münchenstein/Basel, Göttingen 2005, S. 209

S. 204: Stephan Balkenhol: »Große Frau mit gelbem Hemd«, aus: Katalog zur Ausstellung »Stephan Balkenhol. Skulpturen und Zeichnungen«, 13. 3.–21. 4. 1994, Galerie Löhrl Mönchengladbach, Mönchengladbach 1994, S. 25

S. 205: Wolfgang Tillmans: Installationsansicht »I Didn't Inhale«, aus: Parkett, Nr. 53, 1998, S. 128 f.

S. 208: Christo und Jeanne-Claude, »The Gates«, Foto: Hanno Rauterberg

S. 214: William Kentridge: »Tide Table«, aus: Katalog der Ausstellung »William Kentridge«, 10. 1.–29. 2. 2004, Castelo di Rivoli Museo d'Arte Contemporanea Rivoli/Torino, Mailand 2003, S. 199

S. 223: Sarah Lucas: »Christ You Know It Ain't Easy«, aus: Telegraph Magazine, 28. 2. 2004

S. 226: Jan Steen: »Die verkehrte Welt«, aus: Katalog zur Ausstellung »Jan Steen. Maler und Erzähler«, 28.4.–18.8.1996, National Gallery of Art Washington, hg. v. H. P. Chapman, W. Th. Kloek u. A. K. Wheelock Jr., Stuttgart/Zürich 1996, S. 167

S. 229: Anna und Bernhard Blume: »Vasenekstase«, aus: Anna und Bernhard Blume, »Großphotoserien 1985–1990«, Köln 1992, S. 133 f.

S. 235: Fernando Botero: »Abu Ghraib », aus: John Sillevis, »The Baroque World of Fernando Botero«, Alexandrai/New Haven/London 2006, S. 46 unten links

S. 239: Liegestuhl von der Frieze Messe, aus: Broschüre »Deckchair Dreams«, The Royal Parks Foundation 2006, S. 55

S. 240: Benita und Immanuel Grosser: Yoga im Museum, picture-alliance, dpa

S. 247: Richard Serra: »Torqued Ellipse I«, aus: Katalog zur Installation »Richard Serra. The Matter of Time«, Guggenheim Museum Bilbao, Bilbao/Göttingen 2005, S. 92

S. 249: James Turell: »The Elliptic Ecliptic«, aus: »James Turell. Eclipse«, London/Ostfildern 1999, S. 53

S. 253: HA Schult: »Trash People« am Kölner Roncalli-Platz, picture-alliance, dpa

S. 257: Georges Adéagbo: »Afrikanischer Sozialismus«, aus: »Moderne Kunst. Die Kunst des 20. Jahrhunderts und der Gegenwart im Überblick«, hg. v. Ulrich Wilmes, Köln 2006, S. 325

S. 259: Martin Parr: »Sedlescombe«, aus: Martin Parr, »Think of England«, Paperback edition London 2004, S. 56

S. 277: Jonas Burgert: »Bergung«, Foto: Hanno Rauterberg

S. 278: Raffael: »Der Ölberg«, aus: Katalog der Ausstellung »Raphael. From Urbino to Rome«, 20. 10. 2004–16. 1. 2005, National Gallery London, London 2004, S. 151

S. 279: Eberhard Havekost: »Sport hell«, aus: Katalog der Ausstellung »Eberhard Havekost. Harmonie. Bilder/Paintings 1998–2005«, 5. 11. 2005–19. 2. 2006, Kunstmuseum Wolfsburg, Ostfildern 2005, S. 55

S. 282: Eric Fischl: »The bed, the chair, the sitter«, aus: Katalog der Ausstellung »Eric Fischl. Gemälde und Zeichnungen 1979–2001«, 13. 9. 2003–4. 1. 2004, Kunstmuseum Wolfsburg, Ostfildern 2003, S. 75

NAMENREGISTER

Abramovic, Marina 239
Ackermann, Franz 234
Adéagbo, Georges 257
Adjaye, David 27
Adorno, Theodor W. 16, 104, 222, 285, 288, 291
Agamben, Giorgio 265
Ahtila, Eija-Liisa 236 f.
Alberti, Leon Battista 124, 275, 288, 292
Almarcegui, Lara 28
Ammann, Jean-Christoph 59 f.
Aristoteles 103, 177, 288
Art Basel, Miami Beach 25, 27, 30
Art Cologne, Köln 14, 53
Art Forum, Berlin 30
Arts Council, Großbritannien 160
Asher, Michael 131
Ataman, Kutlug 83

Baader, Andreas 234
Bade, Frank 261 f.
Baldessari, John 98
Balkenhol, Stephan 203 f.
Barschak, Aaron 170
Barschel, Uwe 126
Barthes, Roland 99
Baselitz, Georg 58, 84
Bastian, Heiner 55 f.
Batliner, Herbert 59
Baudelaire, Charles 75, 287
Baudrillard, Jean 265
Baumgärtel, Tilo 245
Beckmann, Max 34
Behnisch, Günter 256
Benjamin, Walter 48, 74, 287
Bernheimer, Konrad O. 25
Beutler, Michael 250
Beuys, Joseph 55, 69, 192, 244 f., 246, 250, 291
Bidlo, Mike 166
Biennale, Venedig 108, 181, 226, 264
Bijl, Guillaume 173
Bijl, Marc 250
Blair, Tony 160
Blocher, Christoph 109
Blume, Anna und Bernhard 228

Bock, Dieter 59
Bock, John 118
Bonvicini, Monica 132 f., 134, 136
Botero, Fernando 233 f.
Breitz, Candice 266
Breton, André 9 f., 115, 285
Breughel, Pieter 204
Bridger, Mark 170 f.
Brighton, Andrew 160
Brock, Bazon 181
Brunelleschi, Filippo 93, 287
Brunnet, Bruno 14
Buchheim, Lothar-Günther 256
Buetti, Daniele 147
Bundeskunsthalle, Bonn 60
Burda, Frieder 53
Burgert, Jonas 276
Büttner, Werner 224
Buxbaum, Roman 159

Catellan, Maurizio 86, 227
Chamberlain, John 84, 250
Chapman, Jake 170 f.
Chatwin, Bruce 42, 286
Christo und Jeanne-Claude 207 ff., 250
Claaßen, Marek 42
Cohen, Steven A. 43
Cragg, Tony 126, 152
Currin, John 166

Dalí, Salvador 66
Dammbeck, Lutz 234
Danto, Arthur C. 141, 143, 289
Darboven, Hanne 206 f.
Deitch, Jeffrey 30, 81 f.
Deleuze, Gilles 265
Demand, Christian 96, 288
Demand, Thomas 126
Dercon, Chris 65 f.
Deschamps, Emile 96
documenta 11, Kassel 257, 264
Doeringer, Eric 166
Doig, Peter 44
Drews, Jürgen 61
Droese, Felix 11
Duchamp, Marcel 64, 99, 164 ff., 168 f., 170, 171, 172, 173
Dürer, Albrecht 84
Durham, Jimmie 166

Edison, Thomas 96
Edvard Munch-Museum, Oslo 61
Eichhorn, Maria 239
Einstein, Albert 111
Eliasson, Olafur 86, 187, 249 f.
Eminem 218
Endell, August 178, 290
Ensslin, Gudrun 234
Eschenbach, Wolfram von 136
Essenhigh, Inka 148
Evans, Walker 166
Evaristti, Marco 13
Exler, Stefan 259
Export, Valie 231

Fabri, Albrecht 70
Feldmann, Hans-Peter 259 f.
Fine Art Fair, Frankfurt 27
Fischl, Eric 281 f.
Fischli, Peter 229

Flatz, Wolfgang 105
Flavin, Dan 84
Flick, Friedrich Christian 47, 49, 56 f., 111, 112
Florschuetz, Thomas 235 f.
Fluxus-Bewegung 138, 225, 270
Fontana, Lucio 84
Foucault, Michel 99, 265
Fraser, Andrea 265
Friedman, Tom 267
Friedrich Christian Flick Collection, Berlin 110
Friedrichs, Georg 66
Frieze Art, London 27 ff., 39, 238
Fritsch, Katharina 60
Fritsch, Lutz 13

Galerie Levy, Hamburg 66
Gandhi, Mahatma 111
Gauguin, Paul 158
Gehlen, Arnold 242, 291
Gehry, Frank O. 61
Géricault, Théodore 230
Ghiberti, Lorenzo 93, 287
Gilbert & George 85
Goetz, Ingvild 15
Gogh, Vincent van 41, 93, 99
Goldin, Nan 232
Goodrow, Gérard 14, 53
Goya, Francisco de 103, 170 f., 230
Graw, Isabelle 97, 156, 288, 289
Greenberg, Clement 90, 121, 129, 188, 287, 288, 290
Grosser, Benita und Immanuel 239, 242
Grosz, George 156, 291
Grothe, Hans 58
Groys, Boris 16, 169, 185, 251, 285, 290, 291
Grünewald, Matthias 193, 230
Grünfeld, Thomas 227 f.
Grzeszykowska, Aneta 258
Guattari, Félix 265
Guggenheim Museum, Bilbao 77
Guggenheim Museum, New York 60, 61
Gursky, Andreas 64

Haacke, Hans 166, 189, 233
Habsburg, Francesca von 83
Hagens, Gunter von 103
Hamburger Bahnhof, Berlin 55 ff.
Haus der Kunst, München 65 f.
Havekost, Eberhard 277 f.
Haw, Brian 157
Heckel, Erich 256
Heeswijk, Jeanne van 117
Hegel, Georg Friedrich Wilhelm 191, 290
Heger, Swetlana 85
Heiser, Jörg 97, 194, 288
Herzfelde, Wieland 156
Herzogenrath, Wulf 56
Heygy, Lorand 16
Heyl, Karin 45
Hirschhorn, Thomas 109 f., 231
Hirst, Damien 34, 43, 84, 126, 166, 170, 289
Hobe, Edgar von 167

Hohenbüchler, Irene und Christine 158, 159
Höller, Carsten 107, 239
Holstein-Augustenburg, Herzog von 135
Hoppe-Ritter, Marli 52
Horkheimer, Max 222, 291
Hörl, Ottmar 228
Huebler, Douglas 131
Humboldt, Alexander von 96
Hume, Gary 238

Imdahl, Max 104, 288
Immendorf, Jörg 11, 58, 99
Institute of Contemporary Arts, London 85
Iserman, Jim 82

Jackson, Matthew Day 204
Jam Art Gallery, Hamburg 261 f.
Jankowski, Christian 226 f.
Jochum, Richard 83
Johannes Paul II. 227
Johansson, Peter 238
Judd, Donald 23, 151

Kandinsky, Wassily 272
Kant, Immanuel 52, 177, 190, 191, 192, 194, 195, 196, 221, 268, 286, 290, 291, 292
Kentridge, William 213 ff.
Kiefer, Anselm 55, 58
King, Scott 234
Kippenberger, Martin 57, 98, 193, 226
Kirby, Michael 74, 287
Kirchner, Ernst Ludwig 256, 288
Klee, Paul 97
Klein, Yves 131, 267
Klimt, Gustav 60
Kokoschka, Oskar 60
Koons, Jeff 64, 81, 84, 189, 192
Krens, Thomas 61
Kunstakademie, Düsseldorf 250
Kunstbiennale, Berlin 238
Kunsthalle, Kiel 60 f., 271
Künstlergruppe *Art & Language* 141
Künstlergruppe *Die Brücke* 114, 288
Künstlergruppe *Gelitin* 225
Künstlergruppe *Wochenklausur*, Wien 157 f., 289
Kunstsammlungen Nordrhein-westfalen, Düsseldorf 239
Kunst-Werke, Berlin 239
Kupferstichkabinett, Dresden 54
Kusolwong, Surasi 238

Lacan, Jacques 265
Lagerfeld, Karl 59
Landau, Sigalit 231
Last, James 257
Lennon, John 223
Leopold Museum, Wien 60
Lessing, Gotthold Ephraim 231, 291
Levine, Sherrie 166
Libera, Zbigniew 228
Lilienthal, Otto 96
Locke, John 177, 290
Louvre, Abu Dhabi 61

Louvre, Paris 68
Lucas, Sarah 223
Luckow, Dirk 271
Lüpertz, Markus 106, 193

Maharaj, Sarat 264
Majerus, Michel 211
Malewitsch, Kasimir 116
Mandiberg, Michael 166
Manifesta 2004, Frankfurt 30
Manzoni, Piero 140, 145, 164
Martin, Jean-Hubert 242
Martínez, David 34
Marx, Erich 55
Matisse, Henri 111
Maury, Richard 278
McCarthy, Paul 65
McHarg, Gordon 82 f.
Meckseper Josephine 190
Meese, Jonathan 23, 64, 116
Mehdorn, Hartmut 72
Meier-Graefe, Julius 48, 84, 86, 286, 287
Meinhof, Ulrike 234
Meins, Holger 234
Melgaard, Bjarne 199 f.
Mendelssohn, Moses 203, 290
Merz, Mario 96
Metzger, Rainer 94, 105, 287, 288
Meyer, Tobias 37, 82
Michel, Karl Markus 71, 286
Miyake, Issey 114
Mlecko, Martin 12
Mondrian, Piet 152
Monet, Claude 34, 60, 62
Morgner Haus, Soest 66
Moritz, Karl Philipp 151, 242, 289, 291
Moss, Kate 27
Mueck, Ron 199
Munch, Edvard 61, 62
Murakami, Takashi 148
Museum der bildenden Künste, Leipzig 67
Museum der Moderne, Salzburg 59
Museum für Moderne Kunst, Frankfurt 59
Museum für Neue Kunst, Freiburg 271
Museum of Modern Art, New York 62
Museum Ritter, Waldenbuch 53

National Endowment for the Arts, USA 160
Nauman, Bruce 47, 57
Neshat, Shirin 189
Neue Nationalgalerie, Berlin 55, 64, 218
Neuger, Tim 14
Neumeister, Michaela 14
Nicolai, Olaf 198 f., 204, 290
Niehus, Hans 234
Nielsen, Rob 238
Nitsch, Hermann 199
Noble, Tim 44
Nouvel, Jean 62

Oehlen, Albert 224
Ono, Yoko 238

Oppenheim, Meret 66
Osthaus-Museum, Hagen 54
Owens, Laura 245

P. S. 1, New York 248
Paltrow, Gwyneth 27
Parr, Martin 258 f.
Pettibone, Richard 166
Peyton, Elisabeth 166
Picasso, Pablo 60, 66
Pinault, François 25, 52, 53
Pittman, Lari 35
Platon 37, 122 ff., 142, 158, 266, 288, 292
Polke, Sigmar 183
Pollock, Jackson 34
Porebski, Mieczyslaw 71 f.
Pynchon, Thomas 48

Rae, Fiona 148
Raffael 277 f.
Rancière, Jacques 29
Rauch, Neo 67, 279
Reinhardt, Ad 91, 131, 133, 287, 289
Rembrandt van Rijn 99, 103, 277
Renoir, Pierre-Auguste 41
Reynolds, Reynold 236
Rhoades, Jason 81, 118, 166, 212
Richter, Gerhard 192
Rieu, André 218
Rifkin, Jeremy 26, 285
Rist, Pippilotti 193, 228
Rodin, Auguste 60
Roth, Dieter 116
Royal Academy, London 68
Rubell, Donald und Mera 51, 53
Rubens, Peter Paul 34, 97

Saatchi Gallery, London 204
Saatchi, Charles 49, 50, 51, 52, 53, 82
Saito, Ryoei 41
Sammlung Herbig, München 59
Sammlung Kraetz, Bern 59
Schiele, Eugen 60
Schiffer, Claudia 59
Schiller, Friedrich 34, 135 ff., 161, 237, 238, 269, 283, 286, 289, 291, 292
Schirn, Frankfurt 250
Schlegel, August Wilhelm 155, 192, 207, 289, 290
Schlegel, Friedrich 107, 109, 155, 288, 291
Schmid, Karlheinz 14 f.
Schmidt, Hans Werner 67
Schneider, Gregor 84
Schult, HA 13, 252, 291
Seel, Martin 187, 290
Sehgal, Tino 264
Serrano, Andres 104
Serra, Richard 246
Sherman, Cindy 85
Sierra, Santiago 108 f.
Simmel, Georg 248, 291
Sjökabelhalle, Helsinki 238
Skála, Jiří 268
Slominski, Andreas 226
Smith, David 91

Speer, Albert 189
Spielberg, Steven 119
Spoerri, Daniel 254 f.
Staatlichen Museen, Berlin 55 ff.
Staatlichen Sammlungen, Dresden 54
Staatsgalerie, Stuttgart 69
Starck, Philippe 144
Staricoff, Rosalia 241
Steen, Jan 225
Stockhausen, Karlheinz 29, 141, 181, 218
Stone, Michael 9 f., 285
Ströher, Sylvia und Ulrich 58
Struth, Thomas 181
Sturtevant, Elaine 165, 166
Sulzer, Johann Georg 161, 182, 203, 231, 290, 291

Tate Modern, London 179, 187, 249
Theweleit, Klaus 194, 290
Tillmans, Wolfgang 116, 204, 238
Tizian 277
Tolaas, Sissel 213
Tomaselli, Fred 148
Trump, Donald 82
Turell, James 248
Turner, William 34
Tuymans, Luc 189

Uecker, Günther 84
Ullrich, Wolfgang 121, 125, 289, 293
Ulrich, Roger 241

Vermeer, Johannes 33
Verwoert, Jan 72, 287
Von der Heydt-Museum, Wuppertal 54
Vostell, Wolf 234

Wackenroder, Wilhelm Heinrich 15, 285
Wall, Jeff 200 ff., 205
Wallinger, Mark 156 f.
Wallraf-Richartz-Museum, Köln 54
Walser, Martin 257
Warhol, Andy 55, 69, 166, 272
Wearing, Gilian 233
Webster, Sue 44
Weerasinghe, Gudrun 240
Weischer, Matthias 21, 35
Weiss, David 229
Werneburg, Brigitte 107
West, Franz 151
Wiener Aktionisten 138
Wilp, Charles 13
Winkler, Kay 78 f.
Wirth, Iwan 81
Witt, Winfried 102
Wurm, Erwin 140, 185
Museum Würth, Künzelsau 53

Yu, Xiao 103
Yu, Zhu 103

ZeitWenden-Schau 1999, Bonn 81
Ziermann, Luzius 13
Zinggl, Wolfgang 157
Zittel, Andrea 28